Minun Elämäni Minun Uskoni I

"Minä rakastan niitä, jotka minua rakastavat;
ne, jotka etsivät, löytävät minut."
(Sananlaskut 8:17)

Minun Elämäni Minun Uskoni I

Tri. Jaerock Lee

URIM BOOKS

MINUN ELÄMÄNI, MINUN USKONI I

Englanninkielinen alkuteos
MY LIFE MY FAITH: Volume 1 by Tri. Jaerock Lee

Julkaisija Urim Books (Edustaja: Seongnam Vin)
235-3, Guro-dong 3, Guro-gu, Soul, Korea
www.urimbooks.com

Julkaistu aikaisemmin koreaksi 2006, The Christian Press, Soul, Korea
ISBN: 978-89-88390-16-4

Ensimmäinen painos kesä/heinäkuu 2010

Toimittanut Eunmi Lee
Kääntäjä: Petri Suila
Suunnittelu: Editorial Bureau of Urim Books
Painaja: Yewon Printing Company
Lisätietoja varten ota yhteyttä: urimbook@hotmail.com

Syvä henkinen aromi

Sanotaan, että kaikkein tuoksuvin ruusuparfyymeistä saadaan Balkanin vuorien ruusuista. Sitä ei kuitenkaan saada mistä tahansa Balkanin vuoren ruususta, vaan sellaisen ruudun esanssista, joka on poimittu kello kaksi aamuyöstä, eli kylmimpään ja pimeimpään aikaan.

Tri. Jaerock Leen omaelämänkerta *Minun Elämäni, Minun Uskoni I* tarjoaa lukijoilleen kaikkein tuoksuvimman uskonnollisen aromin. Hän nimittäin perustaa elämänsä Jumalan rakkauteen, ja hän on joutunut kokemaan synkät aallot, kylmän ikeen ja syvimmän epätoivon.

Miksi Tri. Lee ei unelmoinut muiden nuorten tavoin loistavasta ja hienosta elämästä? Kerran hän pyrki valmistumaan hienosta koulusta, opiskelemaan ulkomailla ja tulemaan eteväksi ja menestyväksi mieheksi. Mutta tästä unelmasta huolimatta hänen elämänsä alkoi vajota synkkään epätoivon laaksoon. Hänen kehonsa oli täynnä sairauden aiheuttamia haavoja. Hänestä ei tullut kuuluisa, vaan päinvastoin hän oli muiden hylkimä ja halveksima.

Hän ymmärsi läpikotaisin, miten merkityksetöntä tämän maailman rakkaus on. Hän ymmärsi köyhyyden merkityksen sekä sen, miten sydäntä särkevää on olla perheen päänä voimaton. Hän jopa yritti tehdä itsemurhan kahdesti.

Kulkiessaan tukahduttavassa epätoivon laaksossa hän tapasi Jumalan. Siihen asti hän oli ponnistellut yksin uuvuttavassa elämässään. Mutta kaikkivaltias Jumala, joka on täynnä rakkautta, tuli hänen luokseen, tapasi hänet ja alkoi kulkea hänen kanssaan. Jumala vapautti hänet epätoivosta ja täytti hänet toivolla taivaan valtakunnasta! "Miten voin maksaa takaisin tämän uskomattoman Jumalan armon?" tuli keskeiseksi kysymykseksi Tri. Leen elämässä. Hän teki, mitä Jumala käski. Hän ei tehnyt sitä, minkä Jumala kielsi. Hän meni, kun Jumala sanoi: "Mene." Hänestä tuli Jumalan korkean ja suuren rakkauden palvoja, ja hänen suurimmaksi päämääräkseen tuli Jumalan miellyttäminen.

Apostoli Paavalin syvän rakkauden tunnustus on myös pastori Tri. Leen tunnustus. *"Mikä voi erottaa meidät Kristuksen rakkaudesta? Tuska tai ahdistus, vaino tai nälkä, alastomuus, vaara tai miekka? On kirjoitettu: 'Sinun tähtesi meitä surmataan kaiken aikaa, meitä kohdellaan teuraslampaina.' Mutta kaikissa näissä ahdingoissa meille antaa riemuvoiton hän, joka on meitä rakastanut. Olen varma siitä, ettei kuolema eikä elämä, eivät enkelit, eivät henkivallat, ei mikään nykyinen eikä mikään tuleva eivätkä mitkään voimat, ei korkeus eikä syvyys, ei mikään luotu voi erottaa meitä Jumalan rakkaudesta, joka on tullut ilmi Kristuksessa Jeesuksessa, meidän Herrassamme." (Kirje roomalaisille, 8:35-39).*

Sananlaskuissa 8:17 sanotaan: *"Minä rakastan niitä, jotka minua rakastavat; ne, jotka etsivät, löytävät minut."* Jos jokin oli Herran tahto, Tri. Lee vastasi aina täydestä sydämestään ainoastaan "Kyllä" ja "Aamen". Herra verhosi hänet sanansa voimaan ja lähetti hänet maailmaan. Hänen kirkkonsa, Manmin (Kaiken Luodun) Joong-ang (Keskus) Church (Kirkko), rukoilee jokaisen missä tahansa maassa olevan ihmisen puolesta, sanan "Manmin" mukaisesti. Se saavuttaa Jumalalta saadut visiot yksi kerrallaan, ja siitä on tullut Pyhän Hengen kiihkeiden tekojen keskus.

Tri. Lee ymmärtää sairaiden kärsimyksen, koska on itse kärsinyt hyvin monenlaisista sairauksista. Koska häntä itseään halveksittiin ja häntä vastaan hyökättiin, hän ymmärtää niitä, joiden sydän on murtunut. Koska hän kärsi pahasta köyhyydestä, hän ymmärtää niiden sydäntä, jotka kärsivät köyhyyden raskaasta taakasta. Juuri tästä syystä tuhannet hänen kirkkonsa jäsenet kerääntyvät hänen ympärilleen nähdäkseen hänet silmästä silmään.

Tri. Leen elämä on yksi niistä dramaattisimmista tapauksista, missä elämä muuttuu Jumalan kohdattaessa valtavasti. Hänen elämänsä osoittaa, miten elämänsä omistaminen Jumalan tottelemiselle ja palvomiselle voi tuottaa suunnattomasti hedelmiä sekä henkisesti että aineellisesti.

Hänen elämäntapansa kertoo voimallisesti, että kaikkien näiden siunausten avain on pyhittää itsensä ja tehdä itsestään kristallinpuhdas, niin kuin Herra meidän Isämme on pyhä, joskus raivoisa kuin karjuva leijona ja joskus kuin äidin pehmeät, lempeät kädet.

Aivan kuten Tri. Leen elämä levittää ympärilleen voimakasta parfyymin tuoksua, toivon että kaikki tämän kirjan lukijat pystyvät levittämään tuoksua, joka on Balkanin vuorten ruusuja rikkaampi.

Päädiakoni Tri. Esther K. Chung

Entinen Soulin naisten yliopiston rehtori, Soul, Korea
Manmin International Seminaryn presidentti, Soul, Korea
Kunniaprofessori, Universidad Nacional de San Antonio Abad del Cusco, Peru

Tulinen koettelemus ja valta

"Minun Elämäni, Minun Uskoni I" vastaa selkeästi kysymykseen: "Miten meidän tulisi elää kristittyinä?" Näin ollen se on kirja jokaiselle, joka on hyväksynyt Jeesus Kristuksen ja uskoo hänen ristiltä vuodattamaansa vereen.

Rehellisesti puhuen, en tuntenut hyvin Tri. Jaerock Leetä, Manmin Keskuskirkon pääpastoria. Eräs kollegani antoi minulle yhtenä päivänä kirjan *"Minun Elämäni, Minun Uskoni I"*. Kun luin kirjaa, en voinut estää silmiäni kyyneltymästä. Avasin kirjan, kun en saanut unta yöllä, ja se vangitsi minut täysin.

Minun oli pakko itkeä, kun luin hänen kärsimyksistään kaikenlaisisten sairauksisen, köyhyyden ja perheongelmien keskellä – aivan kuin olisin lukenut Jobin kärsimyksistä. Kirja kertoi myös ainutlaatuisesta korealaisesta surun tunteesta. Hänen sairautensa olivat niin vakavia, että hän turvautui jopa juomaan kehon jätenesteitä ja yritti kahdesti itsemurhaa. Olen myös kärsinyt paljon elämässäni, mutta silti oli valtavan tuskallista estää itseäni itkemästä.

Monet korealaiset, jotka elivät 50- ja 60-luvun lama-aikaan, joutuivat kärsimään paljon. Vielä tänäkin päivänä on ihmisiä, joilla ei ole varaa lämmitykseen talvella eikä kolmeen ateriaan päivässä. On myös monia sairaita, joilla ei ole varaa sairaalahoitoon. Jotkut kärsivät tilapäisessä majapaikassa selviydyttyään tulvasta tai muusta luonnonmullistuksesta. Me korealaiset emme ole vielä täysin vapaita köyhyydestä ja kärsimyksestä.

Tri. Jaerock Lee alkoi kuitenkin elää täysin erilaista elämää voitettuaan nämä kivut ja kärsimykset. Tämä kirja kuvaa hänen askeleensa hyvin liikuttavalla tavalla. Tämä ei kuitenkaan tarkoita sitä, että kirja olisi kirjoitettu hienoin ja koristeellisin sanoin ja kirjallisella aromilla. Se koostuu pikemminkin sydäntä koskettavista rehellisistä ja yksinkertaisista lauseista.

Voisin kutsua sitä "totuuden aromiksi". Hänen tunnustuksensa, joka kertoo pelastuksesta Jumalan kautta ja ainoastaan Jeesus Kristuksen kunnioittamisesta, voi antaa lukijoille saman Jumalan armon tunteen.

Ehkä kaikki johtuu siitä, että en löytänyt yhtään "todella hyvää kirjaa", mutta joka tapauksessa tämä kirja kosketti minua niin syvästi sen takia, että hänen elämänsä, johon sisältyi kaikkien hänen syntiensä katumista hänen kohdattuaan Jeesuksen, Jumalan kutsumuksen noudattamista opiskelemalla pastoriksi pappisseminaarilla ja jopa hiilenpalojen säästämistä, oli eräänlainen symboli omalle elämälleni ja naapureidemme, perheenpäänä toimivien lasten ja ruumiinvammoista kärsivien elämälle. Kirjan luettuani olen muuttanut kristittyä elämääni suuresti.

Uskon, että Tri. Jaerock Leen elämä voi toimia esimerkkinä kristityn elämästä. Uskomme, että saamme syntimme anteeksi kun kuuntelemme kirkon saarnoja, muta sitten palaamme arkipäivän maailmaan ja jatkamme syntien tekemistä. Tämä on uskomme noidankehä.

"Minun Elämäni, Minun Uskoni I" vastaa siis selkeästi kysymykseen: "Miten meidän tulisi elää kristittyinä?" Pastori Tri. Jaerock Lee kehottaa meitä toistuvasti kirjassaan puhkeamaan rukoilemaan. "Rukoile saadaksesi syntisi anteeksi ja palvellaksesi Jumalan tarkoitusta", "Rukoile saadaksesi osaksesi Jumalan vallan", "Rukoile saadaksesi Pyhän Hengen lahjat", "Rukoile kirkkosi, pastorisi ja muiden Jumalan palvelijoiden puolesta", "Rukoile

saadaksesi osaksesi Jumalan valakunnan ja oikeamielisyyden" ja "Rukoile henkistä rakkautta". Hänen kokemuksiin pohjautuva uskontunnustuksensa koskettaa kaikkien elämää.

Ne ihmeet, jotka tapahtuivat heti kun hän avasi kirkon, kuten niin monet parannustapaukset ja kuolevien ja jopa kuolleiden elvyttämiset, voisivat herättää kateutta muissa pastoreissa. Hän opiskeli ortodoksisessa pappisseminaarissa, missä hänet sitten vihittiin papiksi. Miksi he sitten karkottivat hänet? Myös tuon kirkkokunnan noudattama paheellinen prosessi selitetään yksityiskohtaisesti.

Kun katsomme hedelmää, voimme nähdä täysikasvuisen olennon. Pyhän Hengen tuli palaa nykyään joka viikko Manmin Keskuskirkossa, missä lukuisat parantumattomasti sairaat paranevat. Yhdysvalloissa, Venäjällä, Lähi-idässä, Euroopassa ja Latinalaisessa Amerikassa suoritettiin laajoja kampanjoita, ja monet ihmiset kautta maailman katselivat tunnustekoja ja ihmeitä. Koreasta on tulossa maailman "lähetyskeskusten keskus"!

Hän elää ainoastaan vuorirukouksista ja paastorukouksista jopa senkin jälkeen, kun hän laajensi Manmin Keskuskirkon yhdeksi maailman suurimmista kirkoista. Hän voitti koettelemukset yksinomaan uskollaan jopa kun hänen tyttärensä olivat kuoleman partaalla ja hän itse oli vähällä kuolla, koska oli vuotanut verta päiväkausia ylirasitettuaan itseään äärimmilleen. Hän ei kuitenkaan koskaan rehentele kertoessaan kokemuksistaan. Meidän tulee ottaa esimerkkiä hänen uskostaan.

Meille on suuri mysteeri, miten Jeesus muutti veden viiniksi hääjuhlissa, paransi vertavuotavia ja spitaalisia ja herätti Lasaruksen kuolleista. Miksi sitten on ihmisiä, jotka kritisoivat Tri. Jaerock Leen kautta ilmeneviä Jumalan parannustöitä ja -voimia? Pystymmekö puhumaan Korean kristinuskon satavuotisesta historiasta puhumatta parannustöistä?

Koreassa on maailman suurin määrä kirkon ristejä. Siellä ihmisten nähdään rukoilevan ääneen yhdessä, heidän ruumiinsa tärisevän rukouksen voimasta ja jopa tanssivan kiitoksena; syöpätapauksia parannetaan "Rukousvuoren" rukousistunnoissa ja kuolevia elvytetään. Korea on valtuuttanut lukuisia lähetystyöntekijöitä. Kun luin pastori Tri. Jaerock Leen kirjan, tunsin taas kerran, että Korea on saanut osakseen suuren siunauksen. Tri. Jaerock Lee saarnaa nykyään "Taivaasta", emmekä tiedä koska se päättyy. Jos joku haluaa keskustella tästä aiheesta, hänen ei tarvitse puhua mistään muusta kerrottuaan tätä viestiä pari viikkoa. Tri. Jaerock Lee kertoo aiheesta yhä eloisammin ja yhä yksityiskohtaisemmin. Se saattaa johtua siitä, että hän on saanut profetoinnin ja monen muun kyvyn lahjat, joten kaikki hänen saarnansa juoksevat aivan kuin silkkilanka juoksee silkkitoukan kotelosta.

Aivan kuten kuningas Salomon sanoi vertauskuvauksellisesti Sananlaskuissa, pastori Tri. Jaerock Leen sanoma puhutaan hiljaa ja ymmärretään helposti. Se ennustaa Herran sanaa, kuin kultaomenoita hopeamaljoissa (Sananlaskut 25:11). Hän huokuu ihmeiden voimaa kuljettuaan polttavien koettelemusten poikki.

Yoorim Han (TV-kirjailija)

Sisällysluettelo

Kiitokset

Kirjan arvostelu

Luku 1
Vauvaa luultiin mykäksi

1. Vanhempani opettivat hyvyyttä ja oikeamielisyyttä   2
2. Nuoruuteni   10
3. Avioliittoni ja kohtaloni   15
4. Vaimoni oli epätoivoinen   23

Luku 2
Jumala todella elää!

1. Kun viimeinen terälehti putoaa, samoin putoaa elämäni   32
2. Ovatko kaikki täällä hulluja?   37
3. Minä kuulen! Minä kuulen!   40
4. Avioero ja vaimoni paluu   45

Luku 3
Kutsumukseni

1. Vilpittömän kristityn elämän alku 56
2. Jumala johti minut alhaiseen asemaan 63
3. Miten elän Jumalan sanan mukaisesti? 68
4. Ainut toiveeni 74
5. Koulutus erottamaan Pyhän Hengen ääni 80

Luku 4
Jumalan kutsu

1. Herra, miten voit valita kaltaiseni henkilön? 86
2. Jumala antaa meidän niittää mitä kylvämme 93
3. Suuri Pyhän Hengen inspiroima paasto 101
4. Miten paastorukous tarjotaan 106
5. Jumalan kädet valmistelivat kirkon avaamisen 113

Sisällysluettelo

Luku 5
Kirkon perustaminen

1. Jumalan sanan valmistelu kolmen vuoden ajan   126
2. Seitsemällä dollarilla   130
3. Vastaus kirkon avaamisesta   137
4. Aloittaminen tyhjästä   145
5. "Te ette usko, ellette näe tunnustekoja ja ihmeitä"   150
6. Komentaminen Jeesuksen Kristuksen nimessä   158
7. Eikö puhdistettuja ollut kymmenen? Missä ne yhdeksän ovat?   167
8. Vaikeiden kohtien selitys ja "ristin sanoma"   179
9. Herra työskenteli kanssamme   187
10. Pyhän Hengen inspiraatio kertoo tulevista   199
11. Ilmoittamatta suunnitelmiaan palvelijoilleen, profeetoille   209

Luku 6
Kirkon kasvu ja testit

1. Puheenvapauden riisto ja särkynyt nuija   216
2. Herätyskokouksia ympäri maata   224
3. Uuteen pyhättöön muutto uskolla   229
4. Muistotilaisuus uudelle pyhätölle ja jatkuvat häiriöt   234
5. Harhaoppisuutta raamatun mukaan   239
6. Kuoliaaksi vuotamisen testi   242
7. Vaikka varoitin aikarajaisesta eskatologiasta   248

Luku 7
Jumala laajensi papiston rajoja

1. Evankeliumin avaamat ovet   252
2. Usko on vakuus toiveista   257
3. Kirkkoyhteisöjen papistoissa toimiminen   263
4. Mikä on kirkon kasvun salaisuus?   271
5. Koti- ja ulkomaiset lähetyskeskukset kokonaisuudessaan   276
6. L. A. 1995   289

Luku 1

Vauvaa luultiin mykäksi

Vanhempani opettivat hyvyyttä ja oikeamielisyyttä

"Oi voi...Vauva on mykkä. Miksi hän ei itke?" Koska en itkenyt syntyessäni, vanhempani olivat huolissaan ja piiskasivat minua. En itkenyt silloinkaan, vaan hymyilin. Perheeni tuli surulliseksi, koska he ajattelivat että olen mykkä. Koettuani Jumalan armon ihmettelin kerran, miksi en itkenyt vauvana. Ehkä henkeni tiesi, että tulisin elämään siunatun elämän Jumalan palvelijana ja johtaisin lukuisia sieluja pelastukseen. Synnyin 20. huhtikuuta 1943 (lunaarisen kalenterin mukaan) isäni, Chabeom Leen, ja äitini, Gamjang Chon, viimeisenä lapsena (kolmesta pojasta ja kolmesta tyttärestä). Syntymäpaikkani on pieni kylä Haeje Myeonissa, Muan Goonissa, Joellanam-do-provinssissa. Isäni oli kiinalaisten klassikkojen opettaja ja nautti eleganssista ja musiikista. Aikana, jona japanilaiset olivat vallassa Koreassa, hän kävi moneen kertaan liikematkalla Japanissa, mutta kun Koreasta tuli itsenäinen, hän sulki liikeyrityksensä ja löysi hiljaisen elinpaikan.

Kun olin kolmevuotias, perheeni muutti Changsungiin, kylä Boon-hyang Rissa, Nam Myeonissä, Changsung Goonissa. Se oli suljettu kylä. Sanottiin, että ainoastaan "Chun"-perhe voisi asua siellä, mutta isäni onnistui jotenkin muuttamaan sinne suhteellisen helposti.

Isäni – sellaisena kuin hänet lapsuudesta muistan – oli henkilö, joka sulki itsensä pois maailmasta ja luki paljon kirjoja kotona. Muistan kuitenkin, että meillä kävi paljon vieraita. Kun isälläni oli vieraita, hänellä oli tapana juoda heidän kanssaan ja lausua vanhoja runoja tai kilpailla kiinalaisten klassikkojen tuntemuksesta.

Isäni halusi aina kasvattaa minusta merkittävän henkilön.

Hän kertoi minulle usein: "Jaerock, miehellä on oltava uskoa. Sinusta pitää tulla jonakin päivänä merkittävä henkilö." Kaikki vanhemmat kai haluavat, että heidän lapsistaan kasvaa suoraselkäisiä, ja että he menestyvät. Muistan kuitenkin, että isäni yritti aina juurruttaa minuun hyvän arvojen tuntemuksen ja että äitini palveli aina muita ja uhrasi itseään perheen puolesta.

Isäni alkoi opettaa minulle "tuhat kiinalaista piirrettä", kun olin vasta viisivuotias. Hän kertoi myös monta tarinaa kuuluisista sankareista. Kun kuulin tarinat "kolmesta valtakunnasta", Guan Yusta, Zhang Feistä ja Zhao Yunista, jotka uhrasivat henkensä taistelussa suojellakseen herraansa Liu Beitä, ja tarinan Zhu Ge Lianista, joka sai tuulen puhaltamaan, olin niin innoissani että käteni hikosivat yltä päältä. Isäni kertoi viisaiden miesten, kuten Kungfutsen ja Menciuksen, opetuksista sekä suurmiesten integriteetistä. Tarinat Mongju Jungista, joka palveli Koryodynastiaa (vaikka se tulikin tuhoutumaan) loppuun saakka vaikka tiesikin tulevansa tapetuksi, ja amiraali Soonshin Leestä, joka pelasti maan tuholta, koskettivat minua aina syvästi, kuulin ne miten monta kertaa tahansa. Tarinat suurmiehistä, jotka säilyttivät asemansa ja uskonsa – jopa heidän uhmatessaan kuolemaa – syöpyivät tämän nuorukaisen sydämeen. Kun kuuntelin näitä tarinoita, pidin mielessäni että minun tuli kunnioittaa vanhempiani, kävellä oikealla tavalla ja maksaa aina takaisin jokainen vastaanottamani hyvä teko koko elämäni ajalta, ilman että muuttaisin koskaan mieltäni.

Unelma kongressin jäseneksi tulemisesta

Kun aloitin peruskoulun, unelmani oli tulla kongressin jäseneksi. Isälläni oli tapana viedä minut vaalikampanjatilaisuuksiin. Kävelimme jopa 10-15 kilometriä päästäksemme sinne. Hän vei minut provinssin vaaleihin, yleisiin vaaleihin ja presidentin vaaleihin. Hän halusi kasvattaa minusta poliitikon, joka tekisi suuria töitä maansa puolesta.

Siihen aikaan vallassa oli Freedom Party, ja monet tulivat kuulemaan puheita. Puhujat herättivät minussa ihailua, ja he vaikuttivat suurmiehiltä. Ajattelin: "Kun kasvan isoksi, minusta tulee heidän kaltaisensa..." Kun kuuntelin ehdokkaiden puheita, unelmoin joka päivä tulevani kongressin jäseneksi. Unelmani säilyi vielä yrä-asteella ja lukiossakin. Tavakseni tule mennä kuuntelemaan ehdokkaiden puheita yksin.

Olin oppinut jo ennen peruskoulua kertomataulun ja

Hangulin (Korealaisen kirjoituksen) veljiltäni ja sisariltani, joten koulu ei tuntunut kovin kiinnostavalta. Leikin mieluummin ystäveni kanssa koulun jälkeen. Pidin hieman väkivaltaisista leikeistä, kuten sodasta, painista ja potkimisesta. Olin ystäviäni vahvempi ja halusin aina voittaa. Olin itsepäinen ja hyvin ylpeä. Minun oli aina jatkettava leikkiä, kunnes voitin. Terveyteni oli hyvä. Vaikka meillä olikin taloudellisia vaikeuksia, äitini antoi minulle varsin kalliita vahvistavia lääkeyrttejä. Siihen aikaan maaseudulla oli harvinaista ottaa sellaisia lääkkeitä. Äitini rakasti nuorimmaistaan kovasti. Kun menin ulos käsi kädessä äitini kanssa, kylän vanhukset sanoivat usein: "Poika näyttää fiksulta... Hänestä tulee vielä jotakin... Hänen kasvoistaan näkyy, että hänestä tulee suurmies... Pidä hänestä hyvää huolta!" Äitini ilahtui aina kuullessaan sellaisia huomautuksia. Nuoruudessani näin hänen ajoittain käyvän buddhalaisessa temppelissä viemässä riisilahjoja ja rukoilemassa siunausta perheelle.

Äitini rukoili hartaasti

Äidilläni oli tapana iltaisin ottaa suihku, vaihtaa Hanbokiin (perinteinen korealainen puku), mennä ulos, asettaa alustalle kulhollinen puhdasta vettä ja rukoilla tähtiä. Koska olin perheen nuorin, yritin pysyä hereillä kunnes hän palasi. Joskus, jos hän viipyi tavallista kauemmin, katselin häntä paperi-ikkunassamme olevan reiän läpi, kunnes nukahdin.

Kysyin kerran: "Äiti, miksi kumartelet ja rukoilet niin paljon?" Hän vastasi: "Koska kun rukoilin Otavaa, isoveljesi palasi turvallisesti Koreansodasta, ja te lapset olette niin terveitä, koska rukoilen niin kovasti." Kun myöhemmin tulin sairaaksi ja sairastelin vuosia, hän rukoili tähdiltä parantumista, mutta hänen rukouksensa eivät enää toimineet. Mutta heti kun hän kuuli, että Jumalan voima oli parantanut minut täysin kertaheitolla, hän alkoi käydä kirkossa. "Olin tarjonnut Buddhalle ja tähdille monta rukousta monen vuoden ajan, mutta Buddha ja Otava eivät pystyneet parantamaan poikaani. Koska poikani parani kirkossa, menen kirkkoon." Sen sanottuaan hän heitti menemään kaikki idolinsa, ja hänestä tuli uskollinen uskova, joka palveli ainoastaan Jumalaa.

Vanhempani painottivat voimakkaasti koulutusta

Koska olin nuorimmainen, olin tottelevainen, joten vanhempani rakastivat minua erityisen paljon. Vanhempani painottivat voimakkaasti koulutusta ja kuria kaikilla alueilla. He opettivat minulle ja sisaruksilleni ihmissuhteiden perusteiden lisäksi hyviä tapoja ja kohteliaisuutta sekä oikean tavan kävellä, puhua, pukeutua, syödä, pidellä lusikkaa, nukkua ja herätä. He myös opettivat, että emme saa korottaa ääntämme puhuessamme; että emme saa alkaa puhua ennen kuin toinen henkilö on lakannut puhumasta; että emme saa katsoa vanhempia ihmisiä suoraan silmiin kun he puhuttelevat meitä; että naapureita ei saa häiritä kun olemme kylässä; että olimme miten köyhiä tahansa, jos ovellemme tulee kerjäläinen, hän ei lähde tyhjin käsin; jne. He myös opettivat meitä pohjaamaan tekomme hyvyyteen ja kärsivällisyyteen. Uskoisin, että koska vanhempani kouluttivat minut tällä tavalla, seurasin omaatuntoani jo ennen kuin tutustuin Jumalaan, ja minut tunnettiin "miehenä, joka ei tarvitse lakeja". Luulisin, että saan kiittää vanhempieni tiukkaa koulutusta siitä, että kun päästin Herran elämääni, pystyin helposti sanomaan "aamen" ja toimimaan jokaisen Jumalan sanasta tulevan käskyn mukaisesti.

Kiinalaisten klassikkojen tuntijana isäni opiskeli fysionomiikkaa, mikä tarkoittaa luonteen arvioimista fyysisten piirteiden perusteella, ja kämmenestä ennustamista. Hän ennusti täsmällisesti tärkeitä maassa tapahtuvia asioita sekä monia kylässä tapahtuvia asioita. Hän tapasi sanoa: "Jaerock, sinusta tulee tärkeä henkilö. Kaikki näyttää hyvältä, mutta elämänviivasi on lyhyt ja poikki keskeltä, joten tulet kuolemaan nuorena. Elämänviivaasi yhdistyy kuitenkin ohut viiva, joten jos elät yli 30-vuotiaaksi, olet siunaus monille ihmisille.

Isäni ilahtui kovasti luettuaan fysionomiikkaani ja kämmentäni. Hän sanoi, että saatoin kuolla nuorena, mutta jos eläisin yli 30-vuotiaaksi, matkustaisin ympäri maailmaa ja monet kunnioittaisivat minua. 30-vuotiaana sairastuin. Olin monasti lähellä kuolemaa. Usein en edes tiennyt, selviytyisinkö seuraavaan päivään saakka. Sellaisissa olosuhteissa en edes voinut uneksia tulevani jonakin päivänä tärkeäksi henkilöksi. Isäni sääli minua, koska ajatteli että saattaisin kuolla nuorena, joten hän yritti parhaansa mukaan opettaa minua ja tarjota minulle hyviä asioita. Myös äitini oli hyvin uuttera ja uskollinen sekä minua että koko perhettä kohtaan.

Onnettomuus peruskoulussa

Olin lapsesta saakka hyvin terve. Koska olin äitini nuorimmainen, hän rakasti minua kovasti ja syötti minulle kaikenlaisia luonnollisia yrttiravinnelisiä ja -uutteita. Olin näin ollen tavallisesti vahvempi kuin muut ikäiseni lapset. Vaikka olinkin nuori, keräsin aina kaikki mitalit korealaisessa painissa, ja ihmiset kutsuivat minua "Vahvaksi mieheksi". Monet lapset seurasivat minua ja pitivät minua johtajanaan.

Kuten monet Korean sodasta vaikutuksia saaneet lapset, leikin ystävieni kanssa monia väkivaltaisia leikkejä. Leikimme mielellämme sotaa, miekkataistelua, potkimista, painia ja peliä nimeltä "Sahbi", missä vastustajaa kuristetaan kunnes hän antautuu. Kun lapset painivat toisiaan vastaan, heidän tuli nostaa kätensä antautumisen merkkinä, jos heistä saatiin kuristusote. Kerran pyörryin, koska kieltäydyin antautumasta.

Oli kilpailu mikä tahansa, kilpailin aina kunnes voitin, koska olin ylpeä ja itsepäinen. Kerran neljännellä luokalla leikin keskikoululaisen ystäväni kanssa ja loukkasin rintaluuni. Meillä ei ollut varaa viedä minua sairaalaan, joten sain lääkeyrttejä ja odotin vamman parantumista. Siihen kuitenkin koski joka kesä. Kyljessäni oli pistävä kipu, minun oli vaikea hengittää enkä pystynyt juoksemaan. Koska siihen ei ollut määrättyä hoitoa, isäni laittoi kaksi myrkkykäärmettä "Soju"-alkoholiin ja juotti sitä minulle joka aamu ja ilta. Se opetti minut juomaan jo nuorena.

Toisen kerran neljännellä luokalla koulussani oli eräs opettaja. Hänen lempinimensä oli "Hullu opettaja". Leikin koulun pihalla "Sabi"-painileikkiä ystävieni kanssa, ja hän luuli, että tappelimme. Hän kutsui meidät opettajien toimistoon. Hän nuhteli meidät ja alkoi läimäytellä meitä. Hän pakotti sitten meidät läimäyttämään toisiamme kaksikymmentä kertaa. Minua ei läimäyttänyt ainoastaan opettaja vaan myös ystäväni. Kasvoni turposivat ja toinen tärykalvoni repesi. Korvastani vuosi nestettä, ja siitä muodostui myöhemmin kuulovamma. Opettaja erotettiin myöhemmin koulusta, mutta minä kärsin seurauksista edelleen.

Nuoruuteni

Olin sulkeutunut ja ujo. Valmistuin vuonna 1959 keskikoulusta Kwangjun kaupungissa ja muutin Souliin, jotta voisin mennä lukioon. Asuin isosiskoni luona Shindang Dongissa, Seongdong Gussa, Soulissa, Koreassa. Kerran viimeisen vuoteni aikana olin poissa koulusta yli 40 päivää, koska olin sairas. Maatessani sängyssä joku vieras henkilö tuli taloon kertomaan minulle evankeliumista ja Jeesuksesta. Ajattelin: "Millainen typerys! Mistä ihmeen Jumalasta hän puhuu? En usko Jeesukseen, mutta vaikka uskoisinkin, miten voisin kulkea ympäriinsä saarnaten evankeliumista? Olisin siihen aivan liian ujo."

Säälin niitä, jotka kulkivat kertomassa Jeesuksesta. Koska olin ateisti ja ujo ja sulkeutunut, ajattelin: "Siinä on toinen syy, miksi en halua uskoa Jumalaan – koska en halua kulkea kertomassa evankeliumista." Isäni, kiinalaisten klassikkojen tuntija, kertoi: "Synnyit sellaiseksi, että et pystyisi edes pyytämään lainaksi

Yläasteella

Keskikoulussa

kupillista suolaa." Vaikka maalaiset olivatkin siihen aikaan köyhiä, suola oli varsin yleistä. Hän yritti kertoa minulle, että luonteeni oli sellainen, että en pystynyt tukeutumaan toisiin ja vaivaamaan heitä. Kun sain peruskoulussa opintomaksulapun, en pystynyt pakottamaan itseäni näyttämään sitä vanhemmilleni. Maksuni olivat aina myöhässä, ja opettajani nuhtelivat minua ankarasti ja käskivät viedä lapun vanhemmilleni. Vasta tällöin näytin sen äidilleni. Kun hän näki lapun, hän antoi heti rahat. Tiesin, että hän antaisi rahat, mutta minun oli hyvin vaikea pyytää niitä häneltä. Niin sulkeutunut ja ujo olin. Tämä persoonallisuuteni vaikutti myöhemmin myös pappisuraani.

Itsemurhayritys muistinmenetyksen jälkeen

En menestynyt hyvin lukiossa, koska olin poissa niin usein huonon terveyteni takia. Olin asettanut päämääräksi osallistua yliopiston pääsykokeeseen ja päästä Soulin yliopiston insinöörikouluun. Otin päivittäin piristepillereitä, jotta pysyisin hereillä ja pystyisin opiskelemaan enemmän. Ajan mittaan pillerien sietokykyni kuitenkin kasvoi, ja minun oli otettava niitä enemmän. Myöhemmin tulin niistä riippuvaiseksi, ja minun täytyi ottaa niitä jatkuvasti. Jos en ottanut niitä, minusta tuli horteinen enkä pystynyt keskittymään. Nukuin neljä tuntia päivässä ja opiskelin päivittäin kansalliskirjastossa, mikä sijaitse paikassa minne myöhemmin rakennettiin Lotte-tavaratalo. Kun olin opiskellut tällä tavalla vuoden, aloin uskoa että voisin läpäistä Soulin yliopiston insinöörikoulun kokeen.

Marraskuussa 1962, kun kokeet lähestyivät, huomasin

että olin kadottanut muistini. Luin sanomalehteä tauolla, mutta yhtäkkiä en pystynytkään muistamaan silloisen Korean presidentin, Tri. Synman Rheen, nimeä. En myöskään pystynyt muistamaan yhtään englanninkielen sanaa enkä matemaattista kaavaa, joita olin niin kovasti opiskellut. En pystynyt muistamaan mitään. Kyse ei ollut ohimenevästä asiasta. Yritin muistaa kaikken, mitä olin niin kovasti opiskellut, mutta en muistanut edes perusteita. Minusta tuntui siltä kuin olisin pudonnut pohjattomaan kuiluun. Minulla ei ollut toivoa tulevaisuudesta, ja olin joutumassa syvään masennukseen. Koska luonteeni oli sulkeutunut ja ujo, opiskelin pääsykokeeseen ylimääräisen vuoden – ja nyt olin menettänyt muistini.

Miten voisin millään kohdata vanhempani kaiken sen tuen ja niiden vaikeuksien jälkeen, jotka he olivat vuokseni uhranneet? Olin niin häpeissäni, että en halunnut elää. Päätin tappaa itseni, ja aloin kerätä apteekeista amerikkalaisia unilääkkeitä. Niiden sanottiin olevan vahvimpia ja tehokkaimpia. Siihen aikaan minulla oli vuokralla huone sisareni talon vieressä ja söin ateriani hänen luonaan.

Kerroin hänelle: "Sisko, menen tänä iltana ystävän luokse opiskelemaan. En tule tänne illalliselle. Älä odota minua."

Siskoni ei tiennyt suunnitelmistani ja vain nyökkäsi. Pakkasin tavarani ja kirjoitin viimeisen kirjeeni vanhemmilleni, siskoilleni ja veljilleni ja lukitsin oven sisäpuolelta. Avasin huovan, söin kasan pillereitä ja paneuduin makuulle. Olin jonkin aikaa täysin tajuissani, mutta sitten menetin yhtäkkiä tajuntani. On kuitenkin olemassa sanonta: "Tämän elämän kuolema on vain seuraavan alku."

Veljelläni ja langollani oli lakanakauppa Dongdaemoon-torilla. He sulkivat tavallisesti kauppansa kello 22, tekivät sitten hetken muita töitä ja palasivat kotiin puolenyön aikaan. Kummallista kyllä, juuri sinä päivänä he päättivät palata tavallista aikaisemmin.

Veljeni sanoi langolleni: "Veli, suljetaan kauppa ja mennään tänään kotiin aikaisin."

"Niinkö? Minäkin halusin palata aikaisin," hän vastasi.

He sulkivat kaupan aikaisin. Tavallisesti siskoni luokse tullessaan he eivät koskaan käy huoneessani, koska eivät halua häiritä opiskelujani, mutta sinä päivänä he halusivat jostain syystä nähdä minut.

"Missä Jaerock on?" hän kysyi. "Hän sanoi, että menee jonkun ystävän luokse opiskelemaan," vastasi siskoni. Siitä huolimatta veljeni tuli huoneeseeni. Hän huomasi, että ovi oli lukossa, ja hänestä tuntui että jotain pahaa oli tapahtumassa. Hän murtautui huoneeseeni ja löysi minut kylmänä kuin kuollut ruumis. Hän sanoi langolleni: "Hän saattaa jäädä henkiin, jos viemme hänet sairaalaan ja tyhjennytämme hänen vatsansa." He kiidättivät minut sairaalaan, mutta koska olin ottanut niin monta pilleriä, lääkäri sanoi että oli hyvin epätodennäköistä, että selviytyisin. Tulin silti muutaman päivän kuluttua tajuihini. Menetin kuitenkin yritykseni seurauksena sen pienen muistikyvyn, mikä minulla oli jäljellä. Muistini ei palannut täysin edes vuoden päästä. Opiskeltuani ahkerasti vielä kerran läpäisin siitä huolimatta pääsykokeet, ja maaliskuussa 1964 aloitin opiskelut Hanyangin yliopiston insinöörikoulussa.

Avioliittoni ja kohtaloni

Minut värvättiin yliopistoaikoinani armeijaan, missä aloitin 29. lokakuuta 1964. Palvelusaikani lopussa eräs sukulaiseni esitteli minut kirjeystävälle, josta tuli myöhemmin vaimoni.

Menetin kaikki perintörahat

Päätin sotilaspalveluni toukokuussa 1967, jolloin vapauduin armeijasta. Minua odotti kuitenkin ikävä yllätys. Ennen kuin liityin armeijaan, sain toisen lukukauden opintomaksurahat vanhemmiltani etukäteen. Lainasin rahat sukulaiselleni sillä lupauksella, että hän maksaisi sen takaisin korkojen kera, kun pääsisin pois armeijasta. Tämän sukulaisen perheellä oli kuitenkin ongelmia, enkä saanut takaisin edes lainaamaani summaa. Veljeni ja lankoni kuulivat tapahtuneesta ja antoivat minulle opintorahat. Armeijan jälkeen tapasin kirjeystäväni

– nykyisen vaimoni – ja rakastuin häneen heti paikalla. Lupasimme toisillemme mennä naimisiin.

Hänellä oli suuret, lähteenkirkkaat silmät. Hän kuuli, että olin saanut opintorahat, ja pyysi niitä lainaksi hetkeksi. Lainasin ne hänelle, mutta hän ei pystynyt maksamaan takaisin lupaustensa mukaisesti. Tämän takia ei pystynyt ilmoittautumaan toiselle lukukaudelle, ja minun oli odotettava useita kuukausia. Päätin lopulta palata kotikaupunkiini. Kerroin vanhemmilleni: "Äiti, isä, menen kohta naimisiin, joten voisitteko antaa perintörahani etukäteen? Tarvitsen ne mennäkseni naimisiin, ja koska morsiameni on kampaaja, haluamme avata kampaamon. Talletan loput rahat pankkiin ja laitan korkotulot säästöön. Opiskelen stipendien turvin. Ja kun valmistun, menen Yhdysvaltoihin opiskelemaan tohtoriksi." Esitin tulevaisuudensuunnitelmani kuin ne olisivat olleet pohjapiirroksia ja suostuttelin vanhempiani. Heidän oli pakko kuunnella poikaansa, ja he antoivat perintörahat hieman vastentahtoisesti. Palasin Souliin ja unelmoin ruusuisesta tulevaisuudesta suuren perintösumman varjossa. Asiat alkoivat kuitenkin mennä pieleen. Minun oli määrä tavata morsiameni Soulin asemalla, mutta hän ei ollut paikalla. En löytänyt häntä viikkoon.

Siskoni soitti ja sanoi: "Veli, kuulin että olet jo saanut perintörahasi! Paljonko pankki maksaa korkoa? Eräällä ystävälläni on kauppa, ja jos sijoitat häneen, voitat paljon rahaa. Saat lisäksi takuut, joten sinun ei tarvitse huolia asiasta." Kuuntelin siskoani naivisti. Koska morsiameni ei ottanut yhteyttä, vuokrasin talon ja annoin loput rahat siskolleni.

Muutaman päivän kuluttua morsiameni palasi. Hänen perheensä eivät halunneet, että hän naisi minut, joten hän oli yrittänyt kaiken aikaa suostutella heitä. Lopulta hänkin oli yrittänyt itsemurhaa unilääkkeillä. Hänet vietiin sairaalaan, ja hän selviytyi juuri ja juuri. Hänet oli juuri päästetty ulos sairaalasta.

Siskoni antoi minulle kahden kuukauden koron hänelle antamistani rahoista, mutta sen jälkeen en kuullut hänestä. Soitin hänelle ja sanoin: "Sisko, minun on maksettava seuraavan lukukauden opintomaksu. Ole hyvä ja anna rahani takaisin." Hän ei vastannut. Uuden vuoden jälkeen menin siskoni luokse ja pyysin häneltä rahaa, jotta voisin jatkaa opintojani. Hän oli selvästikin vaivaantunut. Hän sanoi: "Veli, luulin että se ystäväni, jolle lainasin rahat, omisti kaupan, mutta hän olikin salakuljettaja. Hän jäi kiinni ja joutui vankilaan. En saa rahoja takaisin." Tämä masensi minut. Ajattelin: "Onpa kamalaa! En ole edes vielä valmistunut yliopistosta! Millainen katastrofi tämä oikein on?" Koska siskoni ei pystynyt palauttamaan rahojani, menetin kaikki perintörahat noin vain, yhdessä hetkessä. Päätin mennä töihin ja alkaa käydä iltakoulua. Sain paikan sanomalehden toimittajana, ja tammikuussa 1968 menin naimisiin rakkaan morsiameni kanssa.

Luotin kykyyni juoda

Kun olimme menneet naimisiin, pidimme tupaantuliaiset eräänä sunnuntaina maaliskuussa 1968. Valmistauduimme juhliin ostamalla 40 pulloa viskiä Dongdaemoonista, ja ystäväni toivat lisää juotavaa. Tapasin kollegani aamulla, Soulissa asuvat ystäväni iltapäivällä ja ystäväni kotikaupungista illalla. Juhlimme myöhäiseen yöhön. Uskoin, että siedin alkoholia erinomaisesti,

Uutistoimittajana

joten en kieltäytynyt yhdestäkään lasillisesta jonka ystäväni tarjosivat, edes aikaisin aamuyöstä. Join varmaankin ainakin seitsemän pullollista viskiä. Koska join niin paljon vahvaa alkoholia, vatsani meni pahasti sekaisin. Sen jälkeen kun kaikki vieraat olivat lähteneet myöhään yöllä, makasin sängyssä helpottuneena siitä, että juhlat olivat olleet menestys.

Yhtäkkiä huoneen katto alkoi kiertää kehää. Lamput alkoivat pyöriä, ja kaikki muukin pyöri. Sitten aloin oksentaa. Oksensin niin paljon, että tuntui kuin sisälmykseni olisivat tulleet ulos kurkusta. Vaimoni haki apteekista lääkettä, mutta oksensin sen ulos ennen kuin pystyin nielemään sen kunnolla. Olin niin tuskissani, etten edes pystynyt juomaan vettä. Sen päivän jälkeen en pystynyt enää edes syömään kunnolla. En pystynyt sulattamaan ruokaa vatsavaivojeni takia. Kokeilin kaikkea, jopa lääkeyrttejä. Mikään ei kuitenkaan toiminut. Uskoin vaimoni kanssa, että paranisin ajan mittaan, mutta mitä enemmän aikaa kului, sitä pahemmaksi tilanne tuli, ja kehoni ajautui pois hallinnastani.

Paranemisyritykset

Minun oli sanouduttava irti työstäni. Otin kaikenlaisia lääkkeitä ja kävin monessa sairaalassa saadakseni kunnollisen diagnoosin. Mahahaavaa lukuun ottamatta emme kuitenkaan löytäneet tiettyä sairautta. Painoni laski jatkuvasti, ja minulla oli monia komplikaatioita. 3 tai 4 neljän vuoden kuluttua kehossani tuskin oli tervettä kohtaa. Olin kuin "kävelevä sairauksien tavaratalo". Kokeilin kaikkia lääkkeitä, joita väitettiin hyviksi. Kärsin kutinasta, kesällä jalkasienen takia ja talvella pakkasenpuremien takia. Koko kehoni oli ekseeman vallassa, ja kaikki tulehdukset märkivät ja olivat aamuisin kovettuneita. Nenätulehdus sai pääni tuntumaan jatkuvasti painavalta. Nenäni oli aina tukossa, ja muistini huononi huononemistaan.

Minulla oli myös imukudossairaus. Aluksi se oli kuin pieni pallukka kurkussani, mutta se kasvoi ja kasvoi ja tuli lopulta viinirypäleen kokoiseksi. Tämän sairauden takia en pystynyt kääntämään päätäni kunnolla. Itämaisten lääkkeiden tuntija sanoi, että hän ei voinut antaa minulle lääkettä imusolmuketulehdusta vastaan, koska otin jo liikaa lääkkeitä. En potenut ainoastaan imusolmuketulehdusta vaan hermoromahdusta, unettomuutta, ekseemaa, anemiaa ja keskikorvan tulehdusta, ja sisäelimeni – vatsani, ohutsuoleni ja paksusuoleni – olivat epäkunnossa.

Yritin jopa muuttaa nimeni

Vaimoni haki minulle kaikenlaisia lääkkeitä ja yritti lisäksi parantaa tautini kansankeinoin. Kun hänen ponnistuksensa eivät edes vuosien kuluttua tuottaneet tulosta, hän kokeili

taikakeinoja. Jotkut sanoivat: "Hänet voidaan parantaa.
Kannattaisi kokeilla kutsua paikalle manaaja." Jotkut sanoivat
hänelle: "Hän paranee, jos kutsut buddhalaisen munkin ajamaan
hänestä pahat henget." Vaimoni kävi kuuluisten munkkien luona
ja kokeili manausta munkkien ohjeiden mukaan. Muutimme
lopulta jopa nimemme.

Meille kerrottiin, että jos muuttaisimme nimemme,
myös kohtalomme muuttuisi. Se kuulosti järkevältä. Siihen
aikaan keskushallintorakennuksen vieressä oli monia
nimenrekisteröintitoimistoja. Menimme aikaisin aamulla
"Bongsoo Kim nimeämistoimistoon." Meidän täytyi odottaa
häntä keskipäivään saakka. "Nimenne ovat huonoja. Teidän
kannattaa muuttaa ne." Aloimme käyttää hänen antamiaan
nimiä, mutta se ei auttanut.

Sairaan isän kärsimykset

Koska olin hyvin sulkeutunut, yritin salata rappeutuvan tilani
muilta – jopa vaimoltani. Perheeni velkaantui yhä enemmän,
enkä voinut vain katsella ja odottaa. Niinpä kuljin paikasta
toiseen etsimässä töitä. Mutta koska en pystynyt korvavammani
takia kuulemaan, en saanut töitä. Kuuloni huononi niin pahaksi,
etten voinut edes käyttää puhelinta, mikä teki työnteon hyvin
vaikeaksi.

Minun oli etsittävä riippumattomampaa ammattia. Lopuksi
ryhdyin myymään pieniä pöytiä. Yritin myydä niitä kadulla,
mutta koska olin ujo, en pystynyt huutamaan: "Pöytiä! Pöytiä
myytävänä!" Työskenneltyäni menestyksettä muutaman päivän
onnistuin keräämään rohkeuteni ja aloin myydä niitä.

Eräänä päivänä vuonna 1972 olin matkalla myymään pöytiä.

Yhtäkkiä tunsin, että jalkani alkoivat halvaantua, ja kävelemisestä tuli valtavan tuskallista. Jätin pöytäni läheiseen paikkaan ja palasin bussilla. Olin siitä lähtien vuodepotilas. Minulla oli nyt nivelreuma. Käveleminen oli aina hyvin kivuliasta, ja kohta minun täytyi turvautua kävelykeppiin. Kärsin kuitenkin enemmän ruumiillisesta kivusta kuin henkisestä tuskasta. Oli hyvin ikävää, että en pystynyt kuulemaan. Toisen korvani tärykalvo oli revennyt mainitsemassani onnettomuudessa peruskoulussa. Mutta koska olin ollut 5-6 vuotta voimakkaan lääkityksen alainen, toinenkin korvani alkoi olla huonossa kunnossa. Vaikka yritin kovasti lukea ihmisten huulilta, en pystynyt ymmärtämään heitä meluisassa ympäristössä. En pystynyt edes kertomaan perheelleni, että olin tulossa kuuroksi. Pelkäsin, että he nimeäisivät minut "rammaksi". Kun muut puhuivat minulle, vastasin usein väärin koska en kuullut heitä, tai en pystynyt vastaamaan ollenkaan. Punastuin tällöin, koska tunsin niin kovaa häpeää ja alemmuudentunnetta.

Vaimoni oli vaikea huolehtia minusta ja saada lisäksi maksettua velkojen korot. Koska vuokrasimme aina halvimman mahdollisen asunnon, jouduimme muuttamaan jatkuvasti. Muutimme Ah-hyeong Dongista Kimpoon, Sangdo Dongiin, Chongnoiin, Ddooksumiin ja niin edelleen. Joskus kun olimme hyvin epätoivoisia, yövyimme vaimoni vanhempien tai hänen sisarensa luona. Lopulta kaiken muuttelun jälkeen asetuimme asumaan Keumho Dongin vuoristokylään. Talomme oli tehty tiilistä ja oli aivan kuutiomainen. Kun astuimme ulos etuovesta, näimme kaukaisuudessa Han-joen.

Anoppini on nyt kuollut, mutta hän itki paljon puolestani. Hän vei minut sairaalaan ja yrttilääkärille saamaan akupunktuuria ja lääkeyrttejä. Koska en pystynyt kävelemään, ystäväni tapasivat kantaa minut selässään alas vuoren rinnettä, jotta voisin mennä anoppini kanssa taksilla sairaalaan. Anopillani oli tapana ostaa minulle sairaalasta palatessamme riisiviinaa – varmaankin siksi että hän sääli minua. "? Poika, ymmärrän kärsimyksesi, mutta juo ja piristy..."

Vaimoni oli epätoivoinen

Vaimoni kulki ympäriinsä lainaamassa rahaa lääkkeisiini. Velkamme kasvoivat kasvamistaan. Kun tarvitsimme rahaa kipeästi, kävimme lainaamassa hänen vanhemmiltaan, siskoltaan tai veljeltään. Hän maksoi velkojemme korot ja käytti loput rahat lääkkeisiini. Vaimoni perhe leimasi minut pian hyvin pahaksi ihmiseksi. Heidän mielestään tuotin heidän nuorimmalle ja rakkaimmalle tyttärelleen kärsimyksiä, koska en huolehtinut perheestäni kuin hyvän aviomiehen kuului. Koska sairastuin heti häiden jälkeen, emme edes päässeet nauttimaan ensimmäisistä vuosistamme vastanaineina. Vaimoni oli pakko omaksua sekä ansiotyöntekijän että perheenhuoltajan rooli. Hänen täytyi kasvattaa kaksi tytärtä samalla kun hän hankki rahat elantoomme. Hän uupui, ja hänen hellä ja pehmeä luonteensa alkoi kovettua, mikä oli väistämätön seuraus elämästä, jota hänen oli pakko viettää.

Hän oli huolehtinut minusta 5-6 vuotta siinä toivossa, että

tulisin jälleen terveeksi, mutta koska tilani yhä vain paheni, hän alkoi pakostakin tulla epätoivoiseksi. Hän oli hieman äkkipikainen, ja aina kun hän ärsyyntyi jostakin, hän pakkasi tavaransa ja lähti vanhempiensa luokse...

"En tarvitse rakkautta. Juuri nyt tarvitsemme rahaa. Ala ansaita sitä!" Hänen täytyi maksaa velat yksityisille lainaajille, joilla oli kovat päivittäiset korot. Hän ei voinut kestää sitä, että häneltä vaadittiin maksua, ja hän lähti aina kotoa sanoen että hän ei voinut enää kestää avioliittoamme. Muutaman päivän kuluttua hän kuitenkin aina palasi.

Eräänä päivänä hänen siskonsa auttoi häntä avaamaan pienen pikabaarin Keumho Dongin torilla. Vaimoni on hyvä kokki, joten hän sai monia asiakkaita. Hän työskenteli torilla aikaisesta aamusta myöhäiseen iltaan. Hän palasi kotiin puolelta öin lopen uupuneena. Hän pakotti itsensä raatamaan, jotta voisi maksaa mahdollisimman paljon velkoja. Mutta kun hän palasi ja näki minut sairaana sängyssä, hän menetti kaiken toivon ja ärtyi pienimmästäkin asiasta. Yhteiskunta oli jo alkanut hyljeksiä kahta tytärtämme. Pyrin huolehtimaan ensimmäisestä tyttärestämme Miyoungista aina siitä lähtien kun vaimoni avasi kampaamon, mutta toinen tyttäremme Mikyoung asui äitini kanssa veljeni talossa.
"Miten hän voi muistuttaa isäänsä niin kovasti?"

Johtuiko se siitä, että hän muistutti niin paljon sairasta isäänsä? Mikyoung ei tilanteemme vuoksi edes päässyt paljon nauttimaan rakkaudestamme. Kun vierailin veljeni kotona ja näin hänen leikkivän lattialla rätinpala suussaan, sydämeeni koski. En kuitenkaan voinut sairauteni takia ottaa häntä mukaani ja huolehtia hänestä kotona. Olin täynnä tuskaa. Kärsin siihen aikaan neuroosista, joten pieninkin asia vaikutti minuun voimakkaasti. Jos vaimoni sanoi jotain mikä loukkasi ylpeyttäni, meille tuli riita. Hän sanoi sitten, että halusi eron, ja pakkasi tavaransa ja lähti taas vanhempiensa luokse.

"Miten voit jatkaa sitä? Sinun olisi parasta ottaa ero, teidän molempien vuoksi."

Vaimoni sukulaiset kävivät luonani ja osoittivat, että eivät hyväksyneet minua, ja moittivat minua kovaäänisesti niin, että naapurit kuulivat. Punastuin suuttumuksesta ja häpeästä. Vaimoni palasi kotiin ja sanoi: "En tullut katsomaan sinua. Tulin katsomaan tytärtäni. Jos koskaan paranet, otan sinusta eron. Haluaisin tehdä sen heti paikalla, mutta jos teen niin, minua osoitellaan ja sanotaan, että hylkäsin sairaan miehen. Eli ei vielä!"

Maallinen rakkaus muuttuu

Vuonna 1972 katsoin itseäni ja näin ruumiin, joka oli täynnä parantumattomia sairauksia. Koska olin ottanut niin paljon vahvoja lääkkeitä, mitkään ruiskeet ja lääkkeet eivät enää tehonneet. Vanhempani, veljeni, sisareni ja muut sukulaiseni alkoivat osoitella minua sormellaan ja pysyä minusta etäällä. Vaimoni vältteli minua. Jopa äitini luovutti. Äitini tuli 70-vuotiaana luokseni. Kun hän näki vuoteen omana olevan poikansa, hän alkoi itkeä katkerasti. Hän piti minua toivottomana tapauksena.

"Oi! Oi! Nopea kuolema olisi sinulle parasta. Voisit

kunnioittaa minua sillä tavalla."

Kuinka kamala oli tilanteeni, kun oma äitini, joka rakasti minua eniten, toivoi että kuolisin ja kunnioittaisin häntä sillä tavoin? Olin luullut, että äitini ei koskaan hylkäisi minua, vaikka koko maailma olisi minua vastaan. Sillä hetkellä oivalsin, että ihmisten rakkaus on hetkellistä. Jos olosuhteet eivät ole oikeat, sellainen rakkaus voi muuttua. Jos äitinikään ei ymmärtänyt kärsimyksiäni, miten voisi velikään? Eräänä päivänä veljeni tuli juovuksissa luokseni ja sanoi, että halusi lohduttaa minua. Mutta hänen sanansa eivät tarjonneet lohtua vaan pahensivat kärsimyksiäni.

Toinen epäonnistunut itsemurhayritys

Tunsin olevani kuin pikkulintu, joka turhaan räpyttelee siipiään yrittäessään selviytyä hengissä. Aluksi, kun vaimoni pakkasi tavaransa ja muutti vanhempiensa luokse, menin hakemaan hänet takaisin. Mutta kun hän teki sen toistuvasti, en uskaltanut hakea häntä takaisin koska pelkäsin hänen perheenjäsentensä halveksuntaa ja väheksyntää. Aina kun ajattelin nuorten tyttärieni tulevaisuutta, minussa puhkesi vahva toivon lähde, mutta kun seisoin todellisuuden pelottavan muurin edessä, tunsin itseni voimattomaksi. Ajattelin, etten voisi mitenkään vapauttaa itseäni kuoleman varjosta, ja yritin jälleen päättää surkean elämäni mahdollisimman pian kokoamalla tarpeeksi unilääkkeitä. Oli jo tarpeeksi paha, että kärsin sairauksistani, mutta asiaa huononsi entisestäänkin se, että vaimoni ei kohdellut minua lempeästi vaan pikemminkin satutti minua. Menetin elämänhaluni täysin. Ajattelin, että olisi parempi jos kuolisin, eikä minun tarvitsisi hakea vaimoani takaisin hänen vanhempiensa luota. Niin ollen söin ne 20 unitablettia, jotka olin kerännyt.

Vaimoni oli vanhempiensa luona sinä päivänä, kun otin tabletit. Hän ei kyennyt nukkumaan ja tunsi olonsa hyvin hermostuneeksi. Hän kertoi, että ei voinut karkottaa mielestään tunnetta, että kotona tapahtui jotakin hyvin pahaa. Tunne vahvistui, ja lopulta hän otti taksin ja kiiruhti kotiin, missä hän löysi minut kuolemaisillani. Hän vei minut kiireesti sairaalaan, missä minut onnistuttiin elvyttämään. "En edes pysty päättämään elämääni, kun haluan. Paras, että en yritä enää itsemurhaa." Kun palasin tajuihini sairaalassa, ajattelin kahta epäonnistunutta itsemurhayritystäni. Minuun iski ajatus, että elämääni ohjaili jokin korkeampi voima. Päätin, että en enää ikinä yritä itsemurhaa.

Kissojen tulisi olla hyväksi nivelreumalle

Joskus kun ruumiini oli hieman paremmassa kunnossa, lähdin kävelylle keppi kädessä. Mutta kun tilani taas paheni, jouduin vuoteenomaksi enkä pystynyt liikuttamaan niveltäkään. En edes pystynyt siivoamaan ulosteitani itse. Vaimoni oli kuullut, että kissat olivat hyväksi nivelreumalle, joten hän osti niitä kaikilta Sungdong Kun toreilta ja muiltakin toreilta, kuten Dongdaemoonista ja Joongbusta. Hän keitti ne minulle. Mutta joskus hän ei keittänyt niitä tarpeeksi, ja ne haisivat niin pahalta että olisin mieluummin kuollut kuin syönyt niitä.

Äitini ja vaimoni toivat minulle kaikkea, minkä sanottiin

olevan minulle hyväksi. He keittivät minulle tuhatjalkaisia, nukulaa ja lakkapuun kaarnaa. He syöttivät minulle myös koirien ja karhujen sappirakkoja. Kokeilin myös käärmeistä tehtyä alkoholia. Taistelu sairauksiani vastaan jatkui. Sanottiin, että saksalaiset spitaalipillerit olivat eräänlaista myrkkyä, joka parantaisi spitaalin. Koska minulla oli koko kehoa vaivaava ihotauti, yritin parantaa sen näillä pillereillä, mutta tulokset olivat surkeita.

Join ulosteita 15 päivää

Kokeilin kaikenlaisia lääkkeitä, lääkehoitoja, kansanparannuskeinoja, lääkeyrttejä ja jopa taikakeinoja ja manausta, mutta terveyteni luisui yhä syvemmälle pohjattomaan kuiluun.

"Jaerock, kaupungissa on hyvin kuuluisa lääkäri. Voisit pyytää häneltä diagnoosia."

"Mikäs siinä. Eihän minulla ole mitään menetettävää." Noudatin Keumho Dongin ystävieni neuvoa ja menin lääkärin puheille. Lääkäri mittasi pulssini ja tutki minut. Hän sanoi: "On todellinen ihme, että olet vielä hengissä. Sydämesi tuntuu sykkivän, mutta se ei syki. On todellakin ihme, että olet elossa. Mutta sairautesi voidaan parantaa. Kun olit nuori, harrastit varmastikin kovasti urheilua. Saitko silloin paljon kolhuja? Kehosi on täynnä kohtia, joissa on kuolleita verisoluja, kokkareisia verisoluja ja verenpurkaumia. Ne aiheuttavat huonon terveytesi."

"Todellako? Millaisen reseptin saan?"

"Maaseudun rautatieasemalla on julkinen vessa. Vessojen alla oleva ulosteneste on ollut mätänemässä yli 10 vuotta. Kerää sitä ja juo kolme kertaa päivässä olutkolpakollinen 15 päivän ajan. Kaikki verenpurkaumat häviävät, ja tulet taas terveeksi."

Lääkäri antoi täsmälliset ohjeet, miten ulostenesteet saisi talteen. Minun oli sidottava pullon suuhun suodattimeksi männynneulasia, kiinnitettävä sen pohjaan kivi ja pudotettava se vessaan. Pullon täyttäisi sitten puhdas ulosteneste. Lupasin maksaa lääkärille huomattavan summan rahaa, jos paranisin juomalla noita nesteitä. Sekä vaimoni että minä tulimme hyvin iloisiksi, koska pidimme sitä äärimmäisenä hoitokeinona. Kiiruhdimme maaseudun rautatieasemalle ilosta tanssien. Kerroin äidilleni, miten tätä lääkettä valmistettiin, ja hän keräsi nestettä koko yön siistiin astiaan ja toi sen minulle hyvin huolellisesti.

Join ulostenestettä 15 päivää jättämättä kertaakaan väliin. Sen kamala haju teki hyvin vaikeaksi niellä edes yhtä kulausta, mutta join sitä pillillä vahvan taudinvoitonhalun siivittämänä. Harjasin jälkeenpäin hampaani ja söin äitini antaman makeisen. Haju ei kuitenkaan hävinnyt. Ja 15 päivän kuluttua huomasin, että tämäkään ei ollut toiminut.

"Äiti, jos nyt joka tapauksessa kuolen, haluan kuolla talossani Soulissa."

Luku 2

Jumala todella elää!

Kun viimeinen terälehti putoaa, samoin putoaa elämäni

Toinen siskoni kertoi minulle evankeliumista

Kun viimeinen toivomme – ulostusnesteiden juominen – epäonnistui, palasin vaimoni kanssa Souliin suuren epätoivon vallassa. Ainut toiveeni oli nyt kuolla nopeasti, joten makasin sängyssä ja odotin ajan kuluvan. Päivärutiini kevyttiilitalossamme koostui romaanien lukemisesta ja korealaisen riisiviinan juomisesta. Pienessä yhden huoneen talossamme oli astia riisiviinaa varten, ja joka puolella oli hajallaan lääkkeitä ja lainattuja kirjoja.

Toinen siskoni oli perheen ainoa uskova. Hänen toinen silmänsä oli sokeutunut lapsena, kun hän oli saanut korkean kuumeen. Hän meni naimisiin erään naapurikyläläisen kanssa ja sai 3 poikaa ja 2 tytärtä. Hän oli uskollinen. Eräänä päivänä joku kertoi hänelle gospelista, ja hän alkoi käydä kirkossa. Äitini ja veljeni pitivät häntä fanaatikkona eivätkä pitäneet siitä, että hän kävi kirkossa. "Työskentelet niin ahkerasti maatilalla, ja sitten menet antamaan kaiken kirkolle. Et edes tee töitä sunnuntaisin, koska olet kirkossa. Tulet jäämään köyhäksi ikiajoiksi. Miten aiot rikastua?" Silloinkin kun äitini nuhteli häntä, hän vain hymyili ja sanoi: "Äiti, on niin suuri ilo uskoa Jeesukseen. Sinäkin voisit alkaa käydä kirkossa."

Sunnuntaisin hän teki kotityöt aikaisin aamulla ja lähti sitten kirkkoon. Hän pesi saarnatuolin ja työskenteli kirkossa. Jos hän sai ensi hedelmän tai mitään arvokasta, hän jätti sen salaa pastorin kotiin ja livahti pois huomaamatta. Hän palveli mielihyvin Jumalan palvelijaa kaikin tavoin.

Hän osallistui tunnollisesti herätyskokouksiin ja tavoitteli Jumalan armoa. Hän jopa antoi kultasormuksensa kolehtiin – sitä pidettiin siihen aikaan hyvin arvokkaana.

"Luoja, anna minulle uskoa, mikä on arvokasta kuin kulta. Anna minulle usko, joka on kuin kultaa, mikä ei koskaan muutu vaikka vuodet vierivät."

Toinen siskoni oli ollut lempisisareni lapsuudesta lähtien. Soulin opiskeluaikoinani käytännöllisesti katsoen asuin hänen kotonaan, kun olin lomalla. Hän yritti aina tilaisuuden tullen kertoa minulle evankeliumista. Kun sairastuin, hän sääli minua. Hän yritti jatkuvasti suostutella minua menemään kirkkoon sanomalla: "Veli, jos menet kirkkoon, Jumala parantaa sinut. Sinusta tulee jälleen terve."

"Sisko, älä ole naurettava. Elämme aikaa, jona avaruusraketit laskeutuvat kuuhun. Missä on Jumalan valtakunta? Jos Hän elää, astukoon esiin."

Siskoni kehotti minua usein uskomaan Jumalaan, mutta

olin itsepäinen ja väitin itsepintaisesti, että jos Hän todella on olemassa, Hänen tulisi näyttäytyä.

Kun viimeinen terälehti putoaa, samoin putoaa elämäni

Tunsin itseni kuuluisan romaanin sankarittareksi. Hän eli jatkuvassa epätoivossa, eikä hänellä ollut mitään toivoa tulevasta. Hän uskoi, että sinä päivänä kun erään seinäkasvin viimeinen lehti putoaisi voimakkaassa tuulessa, myös hänen elämänsä päättyisi. Elin jatkuvassa epätoivossa, eikä minulla ollut mitään toivoa tulevasta.

Huhtikuussa 1974 kaikki maaseudun pellot ja kukkulat olivat täynnä vaaleanpunaisia atsaleoja ja keltaisia kissankelloja. Niiden tuoksu tulvi kaikkialle. Elämäni kuitenkin kuihtui, ja jokainen hengenvetoni tuntui vievän minut lähemmäs kuolemaa.

"Koko luomakunta on tähän vuodenaikaan niin täynnä elämää. Mutta koska minun elämäni, joka sinnittelee kuin syksyn viimeinen lehti, tulee päättymään?"

Kukaan ei ilahtunut minut nähdessään. En pystynyt syömään riisiä enkä lihaa, mutta pystyin juomaan alkoholia. Viina oli ainut ystäväni. Juuri tähän aikaan, kun juuri ja juuri selvisin päivästä toiseen, tulin riippuvaiseksi alkoholista. Vanhempani, veljeni ja siskoni kävivät luonani yhä vähemmän. Lopulta en uskonut kenenkään enää tulevan, mutta eräänä päivänä oveeni koputettiin. Se oli toinen siskoni, se sisko jota rakastin valtavasti.

"Sisko, mikä toi sinut tänne Souliin? Astu sisään!"

"Minulla oli täällä asioita."

Koska maatilalla oli juuri silloin kiireisin aika, olin hyvin iloinen nähdessäni hänet – vaikkakin täysin yllättynyt.

Minua pyydettiin opastamaan häntä

"Veli, tee minulle palvelus. Sinun on autettava minua. Olen halunnut jo kauan käydä eräässä paikassa. Vie minut sinne."

"Mitä? Mitä tarkoitat? Tiedät kyllä, että minun on hyvin vaikea kävellä." "Tiedän. Tiedän. Mutta haluan käydä siellä niin kovasti, että minun täytyy pyytää sinun apuasi."

Kieltäydyin aluksi ja sanoin, että en voinut lähteä sairaan ruumiini takia. Hän kuitenkin anoi niin hartaasti, että minun tuli paha olo, ja lopulta en voinut enää kieltäytyä.

Paikka, johon hän halusi mennä, oli yksi päädiakoni Shinae Hyunin johtamista parannusristiretkistä. Hän oli kuuluisa jumalaisesta parannuslahjastaan. Tutustuin myöhemmin päädiakoni Hyuniin sen takia, että siskoni rukoili jatkuvasti puolestani ja yritti saada minut kirkkoon. Siskoni tiesi, että kieltäytyisin jos hän pyytäisi minua menemään kirkkoon parannettavaksi. Hän oli rukoillessaan saanut Jumalalta näyn, jossa hänen tuli viedä minut kirkkoon pyytämällä minua opastamaan häntä.

Ennen kuin uskoin Jumalaan

Olin ateisti, koska olin saanut koulutukseni darwinilaisessa koulussa. Saatoin häpeämättä sanoa, että minkäänlaisia henkiä ei ollut olemassa. Mutta syvällä sisimmässäni en kuitenkaan voinut kieltää Jumalan olemassaoloa. Kun otin kaiken huomioon, en voinut luopua ajatuksesta, että on olemassa tuonpuoleinen. Sydämeni sisimmässä hyväksyin, että Jumala, Luoja, on olemassa. Tapasin ajatella: "Jos Jumala todella on olemassa, niin on varmasti helvettikin, ja sen täytyy olla samanlainen kuin elokuvissa. Millaista tuonpuolisesta elämästäni sitten tulee?"

Koska en pystynyt sydämessäni kieltämään Jumalan olemassaoloa, minun oli hyväksyttävä myös kuoleman jälkeinen elämä. Ja eräs sydämeni sopukka pelkäsi helvettiä. Sen takia pyrin elämään hyvää ja oikeamielistä elämää jopa ennen kuin aloin uskoa Jumalaan.

Mutta koska siskoni ei pyytänyt minua lähtemään kirkkoon parannettavaksi vaan vain opastamaan häntä kristittyjen tapaamispaikkaan, suostuin hänen pyyntöönsä. 17 huhtikuuta 1974 hän heräsi aikaisin ja sanoi, että meidän täytyi lähteä kiireesti jotta hän pääsisi istumaan eturiviin. En ollut astunut ulos talosta pitkään aikaan. Minun oli vaikea kävellä Keumbo Dongin kukkulaisesta kaupungista, joten matkaan kului paljon aikaa. Astuimme Seodaemoonissa bussiin ja saavuimme lopulta päädiakoni Shin-ae Hyunin kirkkoon.

Ovatko kaikki täällä hulluja?

Vaikka molemmat tärykalvoni olivat revenneet, pystyin kuulemaan ääniä, vaikkakin vain heikosti. Kirkon toinen kerros oli jo täynnä ihmisiä, joten menimme kolmanteen kerrokseen. Portaat olivat loivat, jotta rampojen olisi helpompi kulkea. Mutta koska minun oli käytettävä kävelykeppiä, minun oli vaikea pysyä siskoni perässä.

Kun saavuimme, meneillään oli joukkorukous. Ihmiset kohottivat käsiään ja huusivat äänekkäästi. En ollut koskaan nähnyt mitään sellaista, joten en tiennyt mitä tehdä. Tuijotin vain näkemääni. Näin siskoni polvistuvan ja rukoilevan tärisevin, kohotetuin käsin.

Kaikki näyttivät hulluilta, jopa sisareni. Minua nolotti ja poskeni punehtuivat. Halusin vain lähteä pois. Mutta sisään tuli yhä lisää ihmisiä. He istuivat taaksemme, joten en päässyt pois. Halusin lähteä kiireesti. Muuta se ei käynyt päinsä. En voinut vain jättää siskoani ja mennä yksin kotiin! Koska en ollut milloinkaan nähnyt kenenkään rukoilevan sillä tavalla – tai rukoilevan joukolla – minua nolotti katsella näitä ihmisiä, jotka heiluttivat käsiään ja huusivat rukouksiaan kovalla äänellä. Minun oli kuitenkin jäätävä, koska en voinut palata yksin. Ajattelin, että voisin yhtä hyvin polvistuakin. Polvistuin ja suljin silmäni. Selkäni alkoi yllättäen hikoilla, ja hiki virtasi valtoimenaan paitaani pitkin. Oli kevät, mutta päivä ei ollut erityisen kuuma. Olin hyvin laiha – melkein luuta ja nahkaa – joten oli mahdotonta, että olisin hikoillut niin kovasti. Se oli merkillistä. Ajattelin: "Olen varmaankin niin nolo ja häpeissäni täällä olosta, että se saa minut hikoilemaan näin paljon!"

Ymmärsin vasta myöhemmin, että heti kun polvistuin, Jumala poltti pois kaikki sairauteni Pyhän Hengen tulella. Valkoisiin pukeutunut päädiakoni Shin-ae Huyn saarnasi innolla kaukaisesta saarnatuolistaan. Ääni tulvi kaiuttimista hyvin äänekkäästi, mutta en pystynyt kuulemaan sitä hyvin. Kuulin vain sanan sieltä, toisen täältä. "Olisipa mukavaa kuulla selvästi, mitä tuo nainen sanoo!" ajattelin.

Mieleni oli muuttunut samalla, kun olin hikoillut niin vuolaasti (itse asiassa Pyhä Henki oli koskettanut minua). Halusin nyt kuulla päädiakoni Shin-ae Hyunin sanat. Siskoni sanoi: "Veli, ota rukous vastaan niin kuin muutkin tänne tulleet."

Saarnan jälkeen siskoni kasvot hohtivat, kun hän kehotti minua vastaanottamaan rukouksen. Noudatin siskoni neuvoa ja ahtauduin muiden väliin mennäkseni päädiakonin eteen.

Kaiuttimista virtasi jatkuvasti puhetta – tällä kertaa kiitoksia niiltä, jotka rukoukset olivat parantaneet. Kuulin puheen paloittain. Joku kertoi vastaanottaneensa "Pyhän Hengen tulen", joka oli parantanut hänet kun päädiakoni Shin-ae Hyun oli asettanut kätensä hänen ylleen.

"Rukousten on täytynyt parantaa heidät. Mutta en silti pysty uskomaan sitä."

Päädiakoni Shin-ae Hyun kosketti jokaisen ohikulkevan päätä ja selkää kädellään kerran ja työnsi heidät eteenpäin. Siinä kaikki. Hän kosketti päätäni ja selkääni ja työnsi minut pois, samoin kuin muutkin. Ajattelin: "Hän kohtelee ihmisiä kuin he olisivat matkatavaraa! Hän varmaankin huiputtaa heitä." Hän ei rukoillut jokaisen ihmisen puolesta – varmaankin sen takia, että hänen luokseen tulleita oli valtavasti. Kuitenkin se, että hän vain kosketti heitä ja työnsi heidät sitten pois, loukkasi minua.

Mieleeni tuli silloin eräs tapahtuma peruskouluajoilta. Jung-eupin alueella oli nainen, joka oli ollut kuuluisa parantajan lahjoistaan. Koska hänen kokouksistaan kerrottiin sanomalehdissä päivittäin, monet kerääntyivät Jung-eupiin. Myös veljenpoikani kävi kokouksessa, koska hänellä oli vuotava korvatulehdus. 15 päivän päästä kuultiin, että nainen oli huijari. Hänet pidätettiin. Siitä tuli etusivun uutinen moniin sanomalehtiin. Ajattelin, huijasiko edessäni oleva nainen ihmisiä Jung-eupin alueen naisen tavoin. Kuljin uppoutuneena ajatuksiini. Yhtäkkiä huomasin olevani jo alakerrassa.

"Kummallista! Tulin alas aivan kivutta ja vaikeuksitta."

Minä kuulen! Minä kuulen!

Siskoni oli hyvin iloinen, aivan kuin hänen unelmansa olisi toteutunut. Nousimme bussiin. Yhtäkkiä kuulin hyvin voimakasta ääntä – kuin ukkosen jylinää. Ajattelin: "Kummallista! Miten voin kuulla ääniä niin voimakkaasti?" Ukkosen jylinä lakkasi, kun nousin bussista Keumhon torilla. Hyvästelin siskoni ja menin vaimoni omistamaan pikaruokalaan. Hyllyillä oli kaikenlaista ruokaa, lihaakin. Sisällä ruokalassa pystyin kuulemaan asiakkaiden keskustelut, kun he söivät ja joivat. Olin niin innoissani, että iskin nyrkilläni pöytää.

"Minä kuulen! Minä kuulen!"

Yllättynyt vaimoni kysyi: "Mitä, kuuletko todella? Mitä sinä kuulet, ja miten pystyt yhtäkkiä kuulemaan?"

"Kuulen nuo asiakkaat selkeästi. Kulta, minun on nälkä. Haluan syödä. Voisitko antaa minulle riisiä ja lihaa?"

"Mitä? Saat vatsavaivoja ja ihottumaa ylt, ympäriinsä!"

"Olen kunnossa. Minusta tuntuu, että ruoansulatukseni toimii. Älä huoli. Anna vain ruokaa."

Ahmin riisin ja lihan heti kun vaimoni toi ne. Tavallisesti pystyin syömään vain vähän riisiä. Tämä oli loistava muutos. Minusta tuntui, että ruoka suli oikein hyvin. Siitä ei koitunut minkäänlaisia ongelmia.

Kiistämätön ihme!

Seuraavana aamuna menin heti herättyäni tavalliseen tapaan vessaan. Aamurutiinini alkoi sillä, että menin vessaan, kiedoin tulitikun ympärille puuvillaa ja pyyhin märkävuodon korvistani. Tein niin, koska en halunnut säikyttää sillä vaimoani. Yritin pyyhkiä sen tavalliseen tapaan, mutta mitään vuotoa ei ollutkaan. Korvani olivat puhtaat. Vieläkin kummallisempaa oli se, että herättyäni kärsin tavallisesti anemiasta. Olin niin aneeminen, että minun oli hetken rohkaistava itseäni ennen kuin pystyin nousemaan sängystä.

Mutta sinä aamuna huomasin, että olin mennyt vessaan heti herättyäni. Eikä siinä kaikki. Vakavan nivelreuman takia minulla tapasi olla märkää kämmenissäni, kyynärpäissäni, polvissani, nilkoissani ja muissa nivelissä. Sinä päivänä valkoinen märkä oli kuitenkin muuttunut mustiksi ruviksi.

"En ymmärrä tätä. Miten merkillistä!"

Sydämeni alkoi yhtäkkiä hakata. Palasin innoissani huoneeseen. Riisuin vaatteeni ja tutkin kehoani tarkasti. Tavallisesti en nukkuessani pystynyt kääntämään päätäni vapaasti, ja minun oli imusolmuketulehduksen takia nukuttava toisella kyljelläni. Viinirypäleen kokoinen möykky oli kuitenkin täysin hävinnyt imusolmukkeestani. Muistin lisäksi jotain, mikä oli tapahtunut kun olin vielä ollut sairas. Se tapahtui talvella. Pidimme aina keittiössä kuumaa vettä kattilassa. Eräänä aamuna kumarruin tavalliseen tapaan ottamaan kuumaa vettä. Kattila oli vain puolillaan ja ilma-aukko oli auki, joten hiilet saivat paljon happea. Vesi kiehui raivokkaasti.

Kun otin vettä kurpitsasta tehdyllä kauhalla, sain kasvoilleni kuumaa höyryä. Yritin väistää sitä ja läikytin päälleni kuumaa vettä. Sain palovammoja käsivarsiini ja rintaani. Niistä jäi rumat arvet, enkä tavallisesti suostunut riisumaan paitaani.

Jopa nämä arvet olivat poissa! Tämä oli uskomaton ihme. Ruumiini oli nyt täysin kunnossa.

Muistin silloin, mitä edellisenä päivänä oli tapahtunut. Pystyin kulkemaan portaissa täysin vaikeuksitta. Paluumatkalla kuulin ukkosen kaltaisia ääniä. Pystyin kuulemaan asiakkaat vaimoni ruokalassa. Siitä aamusta lähtien en enää ollut aneeminen. Korvani eivät enää vuotaneet, eikä polviini enää koskenut kumartuessani.

"Auttoiko Jumala minua todellakin?"

Minusta tämä uusi todellisuus oli täysin uskomaton. En ollut ottanut mitään lääkkeitä enkä saanut leikkausta – ei mitään sellaista! Mutta kaikki sairauteni olivat parantuneet! Enemmän kuin kymmenen sairautta, joita minkäänlaiset lääketieteelliset keinot eivät olleet parantaneet, olivat kaikki parantuneet hetkessä!

"Jumala todella elää!" Vaikka olinkin typerä, en voinut enää epäillä. Polvistuin ja kohotin käteni taivasta kohti.

"Hyvä Luoja! Sinä todellakin elät! Miten on mahdollista, että paransit minut tällä tavoin? Anna minulle typerykselle anteeksi. En kuunnellut saarnaajia, kun he kehottivat uskomaan Jumalaan. Mutta Sinä todella elät, ja olet parantanut minut täysin!" Yritin epäillä tapahtunutta ja pitää sitä sattumana, mutta asiasta ei ollut epäilystäkään. Oloni oli hyvin kevyt. En kuitenkaan pystynyt uskomaan, että se oli totta. Vaimoni kuuli viereiseen huoneeseen minun rukoilevan ja tuli sisään yllättyneenä.

"Kulta, katso ruumistani. Jumala paransi minut!" Vaimoni tutki hämmästyneenä kehoani, ja hänenkin oli uskottava, että Jumala oli parantanut minut. Hän tuli äärimmäisen iloiseksi ja halasi minua ja puhkesi sitten kyyneliin. Itkimme molemmat. Kaikki suru ja tuska suli pois ja niiden tilalle tuli ilo ja kiitollisuus.

Hän joka paransi minut

Sillä hetkellä kun polvistuin kirkossa, Jumala paransi Pyhän Hengen tulella kaikki sairauteni täysin. Jumala oli parantanut minut Pyhän Hengen tulella jo ennen kuin päädiakoni Shin-ae Hyun rukoili puolestani. Olin ollut ateisti, enkä ollut uskonut Jumalaan. En ollut koskaan pyytänyt Jumalaa parantamaan minua, joten miksi Hän sitten paransi minut? Uskon, että Jumala vastasi siskoni rukoukseen. Hän oli paastonnut ja rukoillut pitkään, että pelastuisin. Jumala varmasti tiesi, että kun tutustuisin elävään Jumalaan, en ryhtyisi materialistiksi tai muuten pettäisi Häntä vaan eläisin yksinomaan Hänen sanansa mukaisesti ja rakastaisin Häntä loppuun saakka.

Avioero ja vaimoni paluu

Kolmen kuukauden onni

Tuntui kuin tarinan onnen sinilintu olisi tullut perheeni luo. Suurin muutos perhe-elämässäni oli, että aloimme käydä sunnuntaisin läheisessä kirkossa. Teimme niin, koska minut oli parantanut elävän Jumalan armo, ja meistä tuntui, että olimme hänelle velkaa.

Mutta meillä oli vielä taloudelliset velkamme, eivätkä monet muutkaan tilanteet muuttuneet. Olimme kuitenkin onnellisia ja iloisia. Olin kiitollinen siitä, että olin vapautunut kivuista ja taudeista. Nimenomaan toivon ja unelmieni ansiosta pystyin työskentelemään ahkerasti ja ansaitsemaan itse elantoni.

Keskustelimme vaimoni kanssa tulevaisuudesta. Koska kaikki taudit olivat tiessään, voisin taas parin kuukauden päästä alkaa työskennellä. Sitten maksaisimme velkamme ja laajentaisimme ruokalaa. Työskentelisimme yhdessä, ansaitsisimme paljon rahaa ja hankkisimme ison ravintolan. Tunsin siihen aikaan henkilön, joka osasi tehdä sukelluspukuja. Työskentelin hänen avustajanaan siinä toivossa, että se auttaisi minua pääsemään hyvään kuntoon. Ensin vähäkin työnteko väsytti minua valtavasti, mutta sain kohta lisää energiaa. Ansaitsin rahaa ja tein tulevaisuudensuunnitelmia. Isäni syntymäpäivä oli tulossa. Parantumisestani oli kulunut noin 90 päivää.

Sairastuiko poikasi muka minun takiani?

10. heinäkuuta 1974 oli isäni syntymäpäivä, ja koko perheeni oli tullut kotikaupunkiimme. Matkustin muutama päivä aikaisemmin, ja koska vaimoni täytyi työskennellä ruokalassa, hän saapui syntymäpäiviä edeltävänä iltana.

Vaikka se ei ollut loistokas paluu, olin kuitenkin onnellinen. Aina kun olin käynyt sairauteni aikana kotona, minun oli täytynyt viettää suurin osa aikaani sulkeutuneena huoneeseeni, missä vältin ihmisten katseet. Olin vain ottanut lääkkeeni ja palannut Souliin. En halunnut, että naapurit pitäisivät minua rampana. Olin niin onnellinen siitä, että olin nyt terve!

Tunnustin uskoni Jumalaan sanomalla:"Koska olin niin sairas, odotin ainoastaan kuolemaa. Menin kuitenkin isosiskoni kanssa Shin-ae Hyunin alttarille, missä parannuin."

Tunnustin, että Jumala oli minut parantanut. En tuntenut raamattua hyvin, mutta kerroin että Jumala todella elää, ja jaoin iloni vanhempieni ja veljieni kanssa.

Syntymäpäivälounaan jälkeen vaimoni alkoi pakata valmistelleen paluutaan Souliin. Join veljieni kanssa ennen lähtöä. Kuulin ulkoa meteliä. Ovi läimähti kiinni. Kun katsoin ulos, näin vaimoni juoksevan pois laukkujensa kanssa huutaen, että hän ottaisi eron. Siskoni ja kälyni yrittivät saada hänet kiinni. Oli tapahtunut seuraavaa.

"Tyttäreni, poikani sairastui sen jälkeen kun meni kanssasi naimisiin, ja olet joutunut kärsimään paljon. Mutta nyt sinulla on edessäsi hyvät ajat, jos vain työskentelet ahkerasti." Äitini oli hyvin iloinen siitä, että hänen nuorimmaisensa, joka oli ollut kuolla hetkenä minä hyvänsä, oli taas terve. Hän yritti neuvoa miniäänsä. Vaimoni kuitenkin ymmärsi, että häntä syytettiin sairauksistani ja kärsimyksistäni. Hän kalpeni.

"Syytätkö minua poikasi sairauksista?" Siinä tapauksessa lähden perheestäsi. Otan eron. Aivan varmasti!"

"Sisko, tämä on väärinymmärrys. Äiti ei tarkoittanut sitä sillä tavalla!"

Vaimoni palasi Souliin välittömästi. Juhlien tunnelma muuttui muistuttamaan hautajaisia vaimoni lähdettyä sillä tavalla. Äitini oli raivoissaan. Hän sanoi: "Et parantunut niin pitkään aikaan, koska sinulla on tuollainen vaimo! Jaerock, unohda kaikki. Illallinen on valmis. Nautitaan ateriasta!"

"Unohda?" Sanoin: "Miten voit sanoa niin? Miten voisin unohtaa?"

Veljeni ja siskoni yrittivät lohduttaa minua, mutta he onnistuivat vain pahentamaan asiaa. Olin niin vihainen siitä, mitä veljeni sanoivat, että menin keittiöön ja join koko pullon

Sojua muutamalla kulauksella.

Isäni järkyttyi siitä, että nostin sellaisen metelin. Vaikka hän oli jo 70-vuotias, hänellä oli hyvä näkö ja terveys. Hän pystyi lukemaan kiinalaisia kirjoja ja sanomalehtiä. Tämä järkytys kuitenkin sokeutti hänet. Hän ei enää nähnyt pilkahdustakaan ennen kuolemaansa. Isäni piti minun epätavallista käytöstäni hyvin epäkunnioittavana. Olen siitä hyvin häpeissäni, ja näin tulee olemaan lopun ikääni.

Vaimostani tuntui, että hänen oli täytynyt kärsiä ja nähdä vaikeuksia seitsemän vuotta, koska hänen oli täytynyt huolehtia sairaasta miehestään ja ansaita perheensä elanto. Hän luuli, että hänen anoppinsa syytti häntä siitä kaikesta. Sen on täytynyt olla hänelle suuri pettymys. Hänen on täytynyt tuntea musertavaa surua muistaessaan, miten paljon uupumusta ja epätoivoa hän oli seitsemän vuoden aikana kärsinyt. Hän ei ollut edes pystynyt puhumaan vapaasti kenenkään kanssa.

Neljän tuskallisen kuukauden jälkeen

Palasin seuraavana päivänä Souliin vanhimman tyttäreni, Miyoungin, kanssa. Etsin vaimoani, mutta hän ei ollut kotona eikä ruokalassa. Hän palasi seuraavana päivänä, mutta hän oli muuttunut täysin.

Hän sanoi: "Nyt otan eron. Meidän täytyy mennä kotikaupunkiin, missä voimme erota. Tule mukaan allekirjoittamaan paperit." Yritin muuttaa hänen mielensä, mutta tuloksetta. Noudatin vaimoni pyyntöä ja menin kotikaupunkiimme allekirjoittamaan paperit.

Koska kaupunki oli pieni, huhu kulki nopeasti. Olin

pahoillani vanhempieni puolesta, ja minua nolotti nähdä naapurit. Palasin Souliin nopeasti, aivan kuin pakolaisena. En ollut koskaan uskonut, että vaimoni todella ottaisi eron. Odotin vaimoni paluuta, ja muutaman päivän kuluttua hän tulikin perheensä kanssa.

Minulle sanottiin: "Haluamme häälahjamme takaisin, koska olette nyt eronneet. Otamme myös toriruokalan takuurahat takaisin."

Koska olimme muuttaneet 17 kertaa sairauteni aikana, miellä ei ollut tavallisia talousesineitä. Vaimoni kuitenkin pakkasi perheensä kanssa kaiken, minkä oli tuonut mukanaan. Tunsin heitä kohtaan suurta halveksuntaa. Sillä välin kun he pakkasivat tavaroita, menin Keumho Dongin torille hakemaan takuurahat.

Tori oli tulvillaan ihmisiä. 5-vuotias Miyoung ymmärsi, mitä oli tekeillä. Hän riippui kiinni äitinsä hameessa.

"Äiti, älä mene! Jää minun luokseni! Älä jätä minua! Kuolen, jos lähdet!" Miyoung seurasi häntä itkien. Hänen kenkänsä olivat pudonneet jalasta. Vaimoni kuitenkin vain pudisti päätään.

"Isä, hän ei enää ole äitini. En kutsu häntä enää äidiksi. Älä koskaan päästä häntä takaisin kotiin." Tyttäreni oli niin täynnä surua, että sanat putoilivat hänen huuliltaan kuin jääpuikot.

Ystäväni opettivat minua siihen aikaan työskentelemään rakennustyömaalla. En jättänyt sunnuntain jumalanpalvelusta väliin edes silloin, kun en ollut yhdessä vaimoni kanssa Koska menin kirkkoon sunnuntaisin, en polttanut enkä juonut lauantai-iltaisin, koska en halunnut henkeni haisevan pahalta kirkossa. Palasin kotiin vasta aamuisen ja iltaisen jumalanpalveluksen jälkeen, milloin lopulta voin polttaa ja juoda, miltä olin kieltäytynyt koko päivän.

En edes osannut rukoilla, mutta polvistuin ja rukoilin äänekkäästi. "Jumala, tiedäthän mitä tapahtui? Minusta tuli terve ja voin nyt ansaita elantoni, mutta asiat ovat menneet pieleen. Ole hyvä ja lähetä vaimoni takaisin luokseni. Teen hänestä onnellisen, eikä hänen enää koskaan tarvitse kärsiä. Anna hänen palata nopeasti, ja anna perheestämme tulla onnellinen."

Söin aamiaista aikaisin aamulla, vein Miyoungin isoveljeni kotiin ja menin töihin. Noudin hänet illalla töistä palatessani. Joka päivä oli samanlainen. Myöhemmin minun oli lähetettävä hänet hänen isoäitinsä luo kotikaupunkiini. Äitini kuitenkin soitti minulle pian sen jälkeen, kun olin lähettänyt hänet vanhempieni luokse. Miyoung oli täynnä haavaumia päästä varpaisiin, ja tilanne oli niin vakava, että lääkkeet eivät tepsineet. Haavaumat olivat niin pahoja, että niistä vuosi paljon verta, ja hänen päänahassaan oli matoja. Hänet lähetettiin sairaalaan, mutta emme uskoneet, että hän selviytyisi.

Hän huusi äitiään jopa tiedottomana. Minulta pyydettiin, että hän saisi vielä kerran ennen kuolemaansa nähdä äitinsä. En tiennyt, että avioeromme oli laillisesti vahvistettu, joten menin vaimoni isoveljen kotiin Keumho Dongiin. Onneksi anoppini oli siellä. Kerroin hänelle kaiken ja pyysin lupaa tavata vaimoni. Hänen vastauksensa oli kuitenkin kylmä. "Jos tyttäresi kuolee, sinun olisi parasta mennä uudestaan naimisiin. Jätä hänet." Miyoung ei siis päässyt näkemään äitiään, mutta kuitenkin juuri ja juuri selviytyi.

Avioliittotapaaminen

Yritin unohtaa elämäni synkkyyden tupakoimalla ja juomalla. Olin pettynyt vaimooni, joka jätti kotimme pelkästään yhden sanan takia äidiltäni. Mutta vihasin hänen perhettään vieläkin enemmän, koska he houkuttelivat häntä ottamaan eron. Join unohtaakseni ihmiset, joita vihasin. Olin kerran sijoittanut rahani siskoni kautta ja menettänyt ne hänen virheensä takia. Menin näin ollen pyytämään häntä antamaan minulle rahaa, jotta voin ryhtyä kauppiaaksi. Kulutin aikani baarissa, kunnes rahani loppuivat. Minulla ei ollut voimaa eikä tahtoa jatkaa elämää.

Perheeni yritti keksiä keinon pelastaa minut. Siskoni sanoi äidilleni: "Meidän täytyy saada hänet menemään taas naimisiin. Jos annamme hänen olla tuollainen, hänestä tulee kuin zombie, aivan kuin aikaisemmin." Lopulta äiti soitti minulle. Hän sanoi tietävänsä minulle hyvän naisen ja pyysi minua tulemaan tapaamaan häntä.

Uskoin kuitenkin: "Vaimoni tulee takaisin. En koskaan asu kenenkään toisen naisen kanssa!" En myöskään uskonut, että rakkauteni vaimooni muuttuisi koskaan, enkä voinut kuvitella eläväni kenenkään toisen naisen kanssa.

"Poikani, vain tämän kerran! Se on viimeinen toiveeni," anoi äiti, enkä voinut kieltäytyä tapaamasta sitä naista vain kerran. Lähdin siis tapaamaan häntä. Päätin, että vain tervehtisin häntä muodollisesti ja palaisin kotiin. Jumalan sallimus oli kuitenkin syvällistä!

Menin tapaamaan häntä – ja yllätyksekseni hän osoittautuikin täysin ihanteelliseksi naiseksi. Hän oli kuin suoraan unelmistani.

Pidin valkoisista vaatteista, ja hänellä oli yllään kaksiosainen valkoinen puku. Hänen hiuksensa olivat pitkät ja virtasivat vapaasti hartioiden yli ja alas selkää pitkin. Hän istui kuin kuvassa. En voinut uskoa silmiäni. Koska hänen äitinsä oli hyvin taikauskoinen, hän oli uskonut ennustajaa, joka sanoi että tyttö tulisi onnelliseksi, jos naisi miehen, joka menisi naimisiin toista kertaa. Hän oli järjestänyt tapaamisen juuri siitä syystä. Pidimme toisistamme, ja molemmat perheet valmistautuivat häihin kiireellä.

Olin odottanut vaimoni paluuta tapaamiseemme saakka. En ollut etsinyt uutta vaimoa. Mutta tapaaminen sai mieleni muuttumaan. Minustakin oli yllättävää, että voin muuttua sillä tavalla. Hääpäivästä päätettiin ja lahjoja vaihdettiin. Sitten yllättäen vaimoni tuli luokseni. Hän oli kuullut, että olin menossa uusiin naimisiin, ja hän halusi kuulla tunteistani. Hän yllättyi, kun kuuli, että sydämeni oli jo jättänyt hänet ja päättänyt naida toisen naisen.

Annoin anteeksi vaimolleni

Vaimoni oli uskonut siihen hetkeen saakka, että toisin kuin muiden, minun rakkauteni häneen oli ikuista. Hän tuntui järkyttyvän, kun kuuli että olin naimassa yksinäisen kauniin naisen. Hän ymmärsi, että sydämeni oli jo jättänyt hänet. Hän tuli kuitenkin seuraavana aamuna laukkuineen luokseni. Olin nukkumassa sängyssäni, kun yhtäkkiä kuulin tömähdyksen. Vaimoni oli palannut tavaroineen. Mutta eikö nyt ollut liian myöhäistä? Olin jo luvannut naida toisen naisen, joten heitin hänen laukkunsa ulos talosta. Laukkujen siirtelystä edes takaisin syntyi aikamoinen metakka.

Sanoin hänelle: "Kannan kovasti kaunaa perheellesi, ja minut häpäistiin oman perheeni edessä. Ja lisäksi olemme jo päättäneet hääpäivästä. Mitä perheeni sanoisi?"

"Pyydän anteeksi jokaiselta kummassakin perheessä. Tästä lähtien tottelen aina yksinomaan sinua."

"Vaikka antaisinkin sinulle anteeksi, vanhempani, veljeni ja siskoni eivät anna sinulle anteeksi!"

Hän piti päänsä.

"Tulen saamaan kaikilta anteeksi. Pysyn tässä perheessä kuolemaani saakka."

Hän oli muuttunut täysin ja oli nyt lauhkea kuin lammas. Kaikki häntä kohtaan tuntemani rakkaus oli jo haihtunut, mutta ajattelin tyttäriämme. Minusta tuntui, että heille olisi parempi, jos heidän oma äitinsä kasvattaisi heidät. Suostuin siis antamaan hänelle anteeksi, muutamin edellytyksin. Hänen oli suostuttava tottelemaan minua ehdotta, ja hänen oli saatava anteeksi kaikilta perheenjäseniltä ja sukulaisilta. Vaadin myös, että hänen perheensä tulevat pyytämään anteeksi. Hyväksyin viimein aikaisemman vaimoni ja muutimme jälleen yhteen. Oli kulunut 120 päivää siitä, kun hän oli lähtenyt.

Kerroin tarinani rehellisesti sen naisen äidille, jonka olin luvannut naida, ja pyysin häntä ymmärtämään. Uskomatonta kyllä, hän ymmärsi tilanteeni hyvin. Minulta kuitenkin meni kauan, ennen kuin ymmärsin, että kyse oli Jumalan tahdosta.

Miksi vaimoni täytyi ottaa ero?

Vaimollani ei ollut ollut minkäänlaista toivoa silloin, kun hän oli vielä huolehtinut perheestään ja sairaasta miehestään. Hänen lempeä ja puhdas sydämensä oli kovettunut ja hänen luonteestaan oli tullut karkea.

"Kielen varassa on elämä ja kuolema – niin kuin kieltä vaalit, niin korjaat hedelmää." (Sananlaskut 18:21)

"Hyvä sana ravitsee puhujansa, mutta pahantekijä janoaa väkivaltaa. Joka hillitsee kielensä, turvaa henkensä, suupaltti kulkee turmioon." (Sananlaskut 13:2-3)

Hän oli palannut vaikka olikin lähtenyt kotoa muutaman kerran, koska tiesi että olin rakastanut häntä aidosti. Tunsimme toistemme sydämen totuuden. Hän ei jättänyt miestä, jolla ei ollut toivoa elämässä. Hän kuitenkin sanoi toistuvasti, että jättäisi minut heti kun tulisin terveeksi. Koska hänen negatiiviset sanansa kasaantuivat, siitä tuli Saatanan ansa, joka laukesi isäni syntymäpäivänä. Jos puhumme negatiivisin sanoin, paholaisvihollinen syyttää meitä sanomastamme, joten oikeamielisyyden Jumalan täytyy henkimaailman sääntöjen mukaan antaa sen tapahtua. Vaimoni ei pystynyt hallitsemaan ajatuksiaan ja tunteitaan ja erosi siksi. Jumala kuitenkin johdatti meidät takaisin yhteen, ja kaikki päättyi hyvin kaikille osapuolille.

Luku 3

Kutsumukseni

Vilpittömän kristityn elämän alku

Oivalsin herätyskokouksessa, että olin syntinen

Jumala muutti vaimoni temperamentin, ja hän oli nyt lauhkea kuin lammas. Nyt kun olimme jälleen yhdessä, kodissamme vallitsi ensimmäistä kertaa hyvin pitkään aikaan rauha ja onni. Nyt kun hän oli palannut, hän pyrki parhaansa mukaan palvelemaan kaikkia ja omisti itsensä nöyrällä sydämellä perheenjäsenilleen. Miyoung, ensimmäinen tyttäreni, ei kuitenkaan pystynyt kutsumaan häntä äidiksi vaan kohteli häntä hyvin kylmästi. Vaimoni yritti pitkän aikaa kyynelsilmin muuttaa Miyuongin sydäntä ja mieltä. 25. marraskuuta 1974 osallistuimme uuden vuokraisäntämme vaatimuksesta herätyskokoukseen, joka pidettiin Sungdong-kirkossa Oksu Dongissa. Osallistuin vaimoni kanssa ahkerasti kaikkiin aamuisiin, päivän aikaisiin ja illalla pidettyihin kokouksiin. Puhuja oli pastori Bueong-ho Park Korean Evangelical Holiness

Church -kirkosta. Hänen saarnansa nimi oli "Anna kaikki ja ryhdy kerjäläiseksi". Hän kertoi, että jos antaisimme kaiken minkä voimme, Jumala palkitsisi meidät runsain siunauksin. Kun hän antoi kaiken omistamansa ja rakensi kirkon, kaikkitietävä Jumala siunasi häntä runsaasti. Istuin vaimoni kanssa eturivissä, ja saimme osaksemme paljon armoa. Saarna sai minut ymmärtämään, että meidän tulee lukea raamattua, että Jeesus Kristus on pelastaja ja että minun täytyi lakata polttamasta ja juomasta. Opin myös rukoilemaan ja maksamaan kymmenyksiä ja tarjoamaan kiitollisuudenosoituksia. Opin kristityn elämän perusteet.

Olin ylpeä itsestäni, koska olin aina yrittänyt elää hyvää elämää. Jotkut sanoivat, että olin joku, joka "ei edes tarvinnut lakia". Ymmärsin siitä huolimatta jo ensimmäisenä päivänä vertaamalla elämääni Jumalan sanaan, että olin syntinen. Aloin katua niin kovasti, että kyyneleet valuivat ja nenäni vuosi. Olin hyvin ujo ja sulkeutunut. En olisi koskaan kehdannut kyynelehtiä ja antaa nenäni vuotaa muiden läsnä ollessa. Mutta nyt pystyin siihen, koska Jumala vaikutti voimakkaasti ja soi minulle armonsa.

Vilpittömän kristityn elämän alku

Herätyskokouksen viimeisenä päivänä lupasin tehdä lahjoituksen kirkon rakennusta varten. Asuimme siihen aikaan talossa, jonka olin vuokrannut 100 000 wonin (noin $100) tallennusta vastaan. Olin niin kiitollinen Jumalan armosta, että halusin antaa Hänelle kaiken omaisuuteni, mutta minulla ei ollut mitään annettavaa. Kärsin sydämessäni, ja lopulta lupauduin antamaan 300 000 wonia. Keskustelin asiasta vaimoni kanssa, ja myös hänen sydämensä halusi tarjota 300 000 wonia. Päätimme tarjota sen kolmen kuukauden kuluessa.

Lupaustemme päivä lähestyi, mutta miellä ei ollut rahoja kasassa. Meidän oli pakko ottaa korkeakorkoinen laina ja antaa siitä 300 000 wonia kirkon rakennukseen. Koska oli tärkeä pitää Jumalalle tekemäni lupaus, meidän oli pidettävä kiinni päivästä, vaikka jouduimmekin maksamaan lainasta korkean koron. Elämämme kristittyinä alkoi toden teolla silloin, kun osallistuimme herätyskokoukseen. Koska opimme Jumalan sanaa, maksoimme kymmenyksiä ja annoimme kiitoslahjoja. Lakkasin juomasta ja polttamasta, ja me aloimme osallistua aamuisin rukoustilaisuuksiin. Siitä lähtien kun aloin työskennellä rakennustyöntekijänä, menin vapaapäivinä aikaisin aamulla vuoren rinteelle rukoilemaan. Minulla ei ollut riittävästi henkistä tietoa ymmärtääkseni, että Jumala haluaa meidän huutavan rukouksemme ja paastoavan. Tottelin vain sydämeni kutsua.

Huuda minua avuksesi, niin minä vastaan sinulle!

Aikaisin eräänä aamuna vuonna 1975 kiipesin Chilbovuorelle Suwonissa. Asetin huovan kalliolle ja aloin rukoilemaan. Yhtäkkiä kuulin äänen taivaista. Se oli selkeä mutta voimakas ja kuulosti määräysvaltaiselta. "Lue Luukkaan evankeliumin luku 22 jae 44!" Avasin nopeasti raamatun ja luin.

"Suuressa tuskassaan Jeesus rukoili yhä kiihkeämmin, niin että Hänen hikensä vuoti maahan veripisaroiden tavoin."

Jumalaa miellyttää rukous, joka huudetaan innolla. Rukoilin

ymmärtää, miksi Jumala antoi minulle tämän jakeen, ja sain tulkinnan selkeänä oivalluksena.

Israel on aavikolla, joten lämpötila laskee yöllä dramaattisesti. Jeesus ristiinnaulittiin huhtikuussa, ja siihen aikaan yöllä on niin kylmä, että on melkein mahdoton rukoilla. Miten kiihkeästi ja innokkaasti Jeesus sitten rukoili, jos Hänen hikensä vuoti maahan veripisaroiden tavoin? Hänen rukouksensa oli niin tuskallisen kiihkeä ja voimakas, että Hänen ponnistuksensa saivat hiussuonet repeytymään ja vuotamaan verta, mistä verestä muodostui pisaroita jotka putoilivat maahan Hänen iholtaan. Jos Hän olisi rukoillut äänettömästi, sellaista ei olisi voinut tapahtua.

Rukouksen huutamisen salaisuus

Sen jälkeen löysin raamattua lukiessani sekä uudesta että vanhasta testamentista monia säkeitä, jotka kehottivat huutamaan rukouksen. Ymmärsin myös, että nuo uskomme esi-isät saivat vastauksen rukouksiin, kun he huusivat ne. Jumala haluaa, että huudamme rukouksemme. "Huuda minua avuksesi, niin minä vastaan sinulle. Minä ilmoitan sinulle suuria ja ihmeellisiä asioita, joista et mitään tiedä" (Jeremia 33:3). Joona ei totellut Jumalaa ja päätyi suuren kalan vatsaan, mutta säkeessä Joona 2:2 kerrotaan, että hän pelastui huutamalla Jumalaa avuksi. Säkeessä Johannes 11:43-44 kerrotaan, että kuollut Lasarus astui esiin, kun Jeesus komensi kovalla äänellä. Lasarus oli ollut kuolleena neljä päivää mutta astui siitä huolimatta esiin vielä käärittynä kääreliinoihin. Äänen voimakkuudella ei olisi pitänyt olla merkitystä, koska Lasarus oli kuollut. Jeesus kuitenkin huusi rukouksensa, koska se oli Jumalan tahto. Ensimmäisessä Mooseksen kirjassa 3:17 sanotaan: "Koska teit niin kuin vaimosi sanoi ja söit puusta, josta minä kielsin sinua syömästä, niin olkoon maa sinun takiasi kirottu. Kovalla työllä sinun on hankittava siitä elantosi niin kauan kuin elät."

Ennen kuin ihmiset söivät hyvän ja pahan tiedon puusta, he elivät Eedenin puutarhan yltäkylläisyydessä siitä, mitä Jumala heille antoi. Mutta koska he eivät totelleet Jumalaa vaan söivät puusta, synti tuli heidän vieraakseen. Kommunikaatio Jumalan kanssa lakkasi, ja heidän oli hankittava elantonsa kovalla työllä ja hiellä. Voimme saada tarvitsemamme ja haluamamme ainoastaan kovalla työllä ja hiellä. Kuinka kovasti meidän sitten tulisi työskennellä ja hikoilla rukoillessamme Jumalalta jotain, jota ihmisen työllä ei voi saavuttaa?

"Sisällä huoneessa" rukoilemisen henkinen merkitys

Jotkut saattavat ihmetellä: "Jeesus käski meitä mennä sisälle huoneeseemme ja rukoilla salassa, joten miksi meidän täytyy rukoilla ääneen? Eikä kaikkivaltias Jumala kuule meitä, jos rukoilemme ääneti?" Kohdassa Matteus 6:6 Jeesus sanoi: "Kun sinä rukoilet, mene sisälle huoneeseesi, sulje ovi ja rukoile sitten Isääsi, joka on salassa. Isäsi, joka näkee myös sen, mikä on salassa, palkitsee sinut." Raamatusta ei kuitenkaan löydy kohtaa, minkä mukaan Jeesus olisi koskaan rukoillut sisällä huoneessa. Kohdan Markus 1:35 mukaan Jeesus ei rukoillut sisällä huoneessa vaan meni aikaisin aamulla paikkaan, jossa sai olla yksin, ja rukoili siellä. Luukas 6:12 kertoo, että Hän rukoili vuoren rinteellä.

Daniel avasi ikkunansa ja rukoili Jerusalemin suuntaan (Daniel 6:10), Pietari rukoili katolla (Apostolien teot 10:9) ja apostoli Paavali rukoili "rukouspaikassa". Heillä oli erityisiä rukouspaikkoja, jotta he voisivat rukoilla täydestä sydämestään ja sielustaan ja huutaa rukouksensa. Rukoileminen sisällä huoneessa symboloi rukoilemista koko sydämellä ja sydämen syvimmistä sopukoista. Huone viittaa henkisessä mielessä ihmisen sydämeen. Jos menemme sisälle huoneeseemme ja suljemme oven, suljemme pois kaikki maalliset keskustelut ja ulkopuoliset kontaktit. Meidän on samaan tapaan rukoillessamme suljettava pois kaikki muut tämän maailman ajatukset ja huolet ja rukoiltava täydestä sydämestämme täydellisen keskittyneesti.

Jumala tuntee ihmisen heikkouden

Rukouksen huutaminen tuntuu alussa kenestä tahansa vaikealta. Jos kuitenkin rukoilemme joka päivä, saamme kohta Herralta voiman rukoilla helposti ja pystymme rukoilemaan hyvin. Lisäksi, koska saamme Pyhän Hengen täyttymyksen, saamme myös kyvyn puhua kielillä. Mutta jos rukoilemme hiljaisuudessa, joutavat ajatukset saavat todennäköisesti huomiomme ja mieleemme astuvat tämän maailman huolet. Tällöin joutuisimme taistelemaan joutavia puolisoa, lapsia, itseä, rahaa tms. koskevia ajatuksia ja huolia vastaan. Väsyisimme nopeasti ja nukahtaisimme. Mutta jos huudamme rukouksemme täydestä sydämestä, ei jää tilaa joutaville ajatuksille emmekä voi väsyä tai nukahtaa. Rukouksistamme tulee voitokkaita.

Koska Jumala tunsi ihmiselämän heikkoudet, Hän käski meitä huutamaan rukouksemme, jotta niistä tulee voitokkaita. Kun oivalsin tämän Jumalan tahdon, aloin huutaa rukoukseni. Kun rukoilin kirkossa läpi yön, huusin niin paljon että pastorini pyysi minua rukoileman hiljaisemmalla äänellä, jotta naapurit eivät häiriintyisi. En voinut rukoilla niin paljoa kuin halusin rukoilla, kun pastori oli kirkossa. Siitä syystä menin paikkoihin, joita kutsuttiin "Rukousvuoriksi", jos minulla oli aikaa. Minun kävi hieman sääli pastoriani, sillä jos hän olisi antanut minun rukoilla kirkossa ääneen, rukous olisi karkottanut paholaisvihollisen ja rukouksen tuli olisi levinnyt moniin seurakunnan jäseniin ja kirkko olisi kasvanut nopeasti. Koska olin luonteeltani sulkeutunut, menin kukkuloiden huipulle ja huusin rukoukseni aikaisesta aamusta iltaan saakka.

Jumala johti minut alhaiseen asemaan

Ryhdyin rakennustyöläiseksi, jotta voin viettää Herran sapattia

Lainojeni korot olivat kasvaneet vaimoni lähtöä seuranneina kuukausina, ja taloudellinen tilanteemme oli entistä hankalampi. Ryhdyin työläisistä vastuussa olevan miehen kehotuksesta työskentelemään rakennustyömaalla. Hän ehdotti, että hankkisin ruumiinvoimani takaisin työskentelemällä hänen rakennustyömaallaan puolella teholla. Halusin kuitenkin seitsemän vuoden kärsimyksen jälkeen palauttaa voimani nopeasti. Valitsin työn lisäksi sen takia, että näin pystyin pyhittämään Herran sapatin. Koska minulla ei ollut töitä joka päivä, rukoilin ja paastosin aina kun minulla oli aikaa ja tein töitä silloin kun töitä oli.

Velkojeni korko kasvoi, mutta uskoin että Jumala siunaisi

minua jos vain olisin hänelle mieleen. Veljeni ja siskoni halusivat antaa minulle rahaa, jotta voisin ryhtyä kauppiaaksi, mutta minä kieltäydyin. Halusin aloittaa tyhjästä ja seurata oikeaa polkua. Koska olin kasvanut maalla viimeisenä poikana, en ollut koskaan oikeastaan työskennellyt kovasti. Rakennustyömaalla työskenteleminen vaati sitkeyttä, ja joskus silmiini kihosivat kyyneleet. Kun kannoin raskaita taakkoja toiseen kerrokseen, jalkani alkoivat tutista ja kaaduin usein. Nousin kuitenkin aina ylös ja jatkoin työntekoa. Sinä aikana minusta tuli henkilö, joka pystyi mihin tahansa. Samalla terveyteni palautui.

Muurasin tiiliä, lapioin ja työnsin kottikärryjä. Kun talvisin ei ollut töitä, valvoin hiilten kuljetuksia. Työskentelin myös vesilaitoksella. Hankin kokemusta monella alalla. Vaimoni möi suolattua simpukkakastiketta ja meriheinää, ja hän myös poimi kiviä rakennustyömaalla. Tein Pyhän Hengen ohjaamana kovaa ruumiillista työtä, mutta en tiennyt sitä silloin. Työ oli ruumiillisesti rankkaa, mutta lisäksi koin henkilökohtaisesti, mitä vaikeuksia hankalissa oloissa elävillä rakennustyöläisillä oli. Opin ymmärtämään heidän sisimpänsä. Aina kun minulla oli aikaa, kerroin Jumalasta ja saarnasin heille evankeliumia.

Meille syntyi kesällä 1975 kolmas tytär, Soojin. Hän hedelmöittyi samaan aikaan, kun koimme monissa herätyskokouksissa Jumalan armon. Samoin kuin minä, hänkään ei syntyessään itkenyt. Hän hymyili aina. Hän ei itkenyt kertaakaan ennen kuin oli kuuden vuoden ikäinen. Keräsin jonkin aikaa vaimoni kanssa vuoren rinteeltä kiviä, joista rakennettaisiin taloja. Soojin oli vasta kahden kuukauden ikäinen, eikä meillä ollut ketään, joka olisi voinut pitää hänestä huolta, joten jätimme rakennustyömaan nurkkaan sateenvarjon ja asetimme hänet sen alle. Varjo ei varjostanut riittävästi, mutta hän ei koskaan itkenyt. Meidän oli kuitenkin lopetettava se työ, koska kuulimme että kotimme purettaisiin uuden rakennuksen tieltä.

Asuimme vuoren rinteellä Keumho Dongin ja Oksu Dongin rajalla olevassa kylässä. Talon omistaja kertoi saaneensa hallitukselta viestin, että talo purettaisiin, ja käski meitä muuttamaan. Kuukausivuokra oli 100 000 wonia (noin $100). Hän sanoi saaneensa korvaukseksi 150 000 wonia. Hän sai lisäksi oikeuden maalle rakennettavaan asuntoon ja voisi myydä sen 400 000 wonista.

Hän sanoi, että ei voinut antaa minulle mitään, koska hänen talonsa häviäisi täysin. En yrittänyt saada rahoja takaisin, koska en halunnut riidellä. Meillä ei ollut paikkaa, minne mennä. Olimme vähällä pystyttää teltan kadulle. Vaimoni kuitenkin onnistui jotenkin lainaamaan 50 000 wonia. Vuokrasimme sillä kirkon läheltä pienen huoneen. Se oli surkea huone, johon edes aurinko ei päässyt paistamaan.

Paasto ja perusteellinen katumus Jumalasta valittamisen jälkeen

Noin kuukausi muuton jälkeen saimme toisen purkuilmoituksen. Vuokraisäntämme käski meitä muuttamaan ja palautti takuurahat, mutta ei ollut helppo löytää yhtä halpaa huonetta. Menimme Koolkwand Dongiin etsimään halpaa asuntoa, mutta yrityksemme oli turha. Jätimme lounaan väliin, emmekä edes syöneet illallista. Palasimme kotiin vasta hämärän tullen.

"Jumala, miten on mahdollista että et kuullut rukoustani? Eikö sinulla ole meille edes yhtä huonetta?" Olin valittanut Jumalasta. Olin juuri kulkemassa kiinteistövälitystoimiston ohi ja päätin tarkistaa vielä kerran.

"Huone on juuri tullut vuokralle. Voit muuttaa heti, vaikka huomenna."

"Paljonko vuokra on?"

"Saat sen 50 000 wonista."

Menimme katsomaan sitä. Asunnossa oli mukava huone ja lisäksi pienempi huone, jota voisimme käyttää vaikka kauppana. Siinä oli meille huone, johon voimme muuttaa heti seuraavana päivänä! Kun palasin kotiin, rukoilin huutaen pitkän aikaa.

"Luoja, miksi sydämeni ei voi olla enemmän yhdenmukainen! Miksi minulla on niin paha sydän? Sinä et tehnyt minua sairaaksi etkä köyhäksi, mutta silti valitin Sinusta, Jumalani! Jos minulle ei olisi ollut paikkaa, olisin voinut nukkua kadulla. Minun pitäisi olla hyvin kiitollinen siitä, että paransit sairauteni. Miksi sitten valitin?"

Vuodatin sydämeni ja kaduin kyynelehtien sitä, että olin valittanut Jumalasta. Aloitin kolmen päivän paaston ja päätin, että en enää koskaan missään tilanteessa valittaisi Jumalasta.

Sapatista ei luovuta

Työskentelin rakennustyömaalla, jotta pystyin viettämään

sapattia ja jotta olisin vapaa sekä rukoilemaan että vahvistamaan ruumistani. Kun asuimme siinä pienessä, surkeassa huoneessa, isosiskoni soitti minulle. Hänellä oli hyvä ravintoja ja jopa rakennus. Hän halusi minut ravintolansa johtajaksi ja tarjoutui myös palkkaamaan vaimoni. Toimeentulo ei enää olisi ongelma, ja meistä tulisi jopa varakkaita.

"Veli, annan sinulle talon (asuinpaikan) ja hyvän palkan. Ryhdy johtamaan ravintolaani. Mutta sinun on työskenneltävä kahtena sunnuntaina kuussa."

"Valitan, sisareni. Minun on käytävä sunnuntaisin kirkossa, oli mikä oli. En voi ottaa paikkaa."

Uutinen siitä, että olin kieltäytynyt siskoni tarjoamasta työstä sen takia että minun täytyi käydä sunnuntaisin kirkossa, kantautui äitini, veljieni ja muiden siskojeni korviin. Äitini oli pettynyt siitä, että olin kieltäytynyt vain sen takia, että minun olisi tullut työskennellä kaksi sunnuntaita kuussa. Jopa veljeni ja sisareni sanoivat, että eivät pystyneet ymmärtämään minua, ja pudistivat päätään koska olin kieltäytynyt tilaisuudesta voida maksaa kaikki velkani ja tulla varakkaaksi.

Miten elän Jumalan sanan mukaisesti?

Miten luovun synnillisestä luonteesta?

Kun herätyskokoukset päättyivät, aloin lukea raamattua hyvin huolella. Peseydyin ja pukeuduin puhtaisiin vaatteisiin, ennen kuin ryhdyin lukemaan. Luin sitä selkä suorana. Aloitin lukemisen Matteuksen evankeliumista. Luin monessa kohdassa huomautuksia kuten "vältä kaikenlaista pahaa", "hylkää suuttumus", "älä valehtele", "älä vihaa", "rakasta vihollisiasi" ja niin edelleen.

Kun olin elänyt kristityn elämää hetken aikaa, tarkistin kuinka tarkasti noudatin raamatun ohjeita. Jos en noudattanut jotain sen kohtaa, kirjoitin sen muistikirjaan. Rukoilin Jumalaa, että hän antaisi minulle voimaa noudattaa niitäkin kohtia, ja yritin parantaa tapani.

Koska yritin tosissani sydämestäni noudattaa Jumalan sanaa,

Hän soi minulle armonsa, ja pystyin nopeasti luopumaan sellaisista asioista, joista minun täytyi luopua. "Minä rakastan niitä, jotka minua rakastavat, ne, jotka etsivät, löytävät minut." (Sananlaskut 8:17). "Jos te rakastatte minua, te noudatatte minun käskyjäni." (Johannes 14:15)

"Sitähän Jumalan rakastaminen on, että pidämme hänen käskynsä, eivätkä ne ole raskaita noudattaa." (Ensimmäinen Johanneksen kirje 5:3)

Kun minusta myöhemmin tuli pastori, oivalsin että synnit voidaan yleisesti jakaa kahteen luokkaan. Yksi on "lihan teot", jotka ovat toimintoja, ja toinen on "lihan ajatukset", jotka teemme mielessämme". Jos "lihan ajatukset" kehittyvät, niistä voi tulla "lihan tekoja".

Yritin luopua kaikesta pahasta

Kun olin vielä sairaana vuoteessa, tapasin joskus ajankuluksi pelata korealaisia korttipelejä naapureiden kanssa. Koska en tuntenut Herran sanaa, en tiennyt edes Luojan hyväksyttyäni, että uhkapeli on synti. Ennen kuin tulin uskoon, voitin tavallisesti pelissä, mutta sen jälkeen, kun hyväksyin Luojan, aloin hävitä ja hävisin jatkuvasti, vaikka yritin tehdä parhaani. Oivalsin, että uhkapelini korteilla ei miellyttänyt Jumalaa, joten ajattelin lopettaa. Eräänä päivänä en kuitenkaan voinut vastustaan kiusausta vaan aloin pelata korttia palkkarahoillani, joiden ansaitsemiseen minulta oli mennyt 15 päivää. Pelasin läpi yön ja hävisin kaikki rahat, joka pennin. Aamulla ne, jotka olivat hävinneet rahaa, jatkoivat pelaamista ja yrittivät voittaa takaisin ainakin alkuperäisen panoksensa. Yhtäkkiä kuulin ulkoa tutun äänen. Kirkon pastori oli tullut tapaamaan talon omistajan perhettä.

Kuulin sen, mutta jatkoin hiljaisena pelaamista. Lopulta olin hävinnyt kaikki rahani. Talon omistajien ylistyslaulujen ääni tunkeutui sydämeeni. Pastori palasi viestinsä toimitettuaan kirkkoon. "Koska pastori tuli tänne, minun olisi kuulunut osallistua palvelukseen talon omistajan kanssa. Mutta miten voin mennä kirkkoon näin pahalla omalla tunnolla?" Siitä lähtien kärsin huonosta omasta tunnosta. Jumalanpalvelukset tuntuivat ikävystyttäviltä, enkä kyennyt rukoilemaan. Ennen olin ollut onnellinen jopa silloin, kun työskentelin rakennuksella, mutta suustani ei enää kuulunut kiitosta. Tunsin vain tuskaa sydämessäni. Kului kaksi viikkoa. Ne olivat silkkaa tuskaa. Eräänä yönä avasin ikkunan ja katsoin ulos. Näin Tooksumin ja Han-joen rannan. Joen pinnasta heijastui sähkövaloja. Ne näyttivät punaisilta risteiltä. "Mitä tapahtui?" Minulla oli omituinen olo. Katsoin uudelleen. Valot näyttivät suorassa rivissä olevilta punaisilta risteiltä. "Miksi valot näyttävät risteiltä eivätkä siltä, miltä ne näyttivät aikaisemmin?" Juuri sillä hetkellä rakkauden Jumala soi minulle taivaasta armonsa. Muistin, että minun olisi pitänyt toivottaa kotiini tullut pastori tervetulleeksi. Menettäneet rahat kuitenkin riivasivat minua, ja olin piileksinyt pastorilta. En ollut ottanut osaa kotijumalanpalvelukseen. Kaduin itkien ja kyynelsilmin. "Jumala, en enää koskaan koske kortteihin." Koska kaduin perusteellisesti, Jumala antoi minulle takaisin menettämäni Pyhän Hengen täyteläisyyden. Nyt kun Jumalan minulta peittänyt synnin muuri oli romahtanut, tunsin lentäväni. Elämä oli ollut vaikeaa kahden viikon ajan, mutta ymmärsin täysin, miten pelottavaa maailman katsominen on.

Lopetin myös uhkapelit.

Rukoilin pääseväni eroon ajatuksen synneistä

"Lihan teoista", jotka ovat todellisia tekoja, on varsin helppo luopua jos on päättäväinen. Meidän tulee vain lakata tekemästä sitä, minkä raamattu meiltä kieltää, ja tehdä vain mitä raamattu käskee meidän tehdä. Kaksi asiaa tuotti minulle kuitenkin vaikeuksia. Ne olivat viha ja aviorikkomukseen taipuvainen mieli. Nämä ajatukset tulivat mieleeni vasten tahtoani, joten olin huolissani niistä.

Siihen aikaan haudoin kostoa monelle ihmiselle. Halusin kostaa veljilleni, jotka eivät sairauteni aikana lainanneet minulle vuokrarahaa; anopilleni, joka kutsui minua "rammaksi vävypojaksi"; ja vaimoni perheelle, jotka halveksivat minua koska en ollut pystynyt ansaitsemaan rahaa. Vihasin heitä kaikkia syvästi. Pystyin ajattelemaan vain: "Kun paranen, ansaitsen paljon rahaa ja näytän, miten hyvin minulla menee!"

Ei ollut helppo rakastaa vihollisiani, kun vihasin vaimoni perhettä niin kovasti. Toinen asia oli aviorikokseen taipuvainen mieli. Jeesus sanoi, että jos katsoo naista himokkaasti, on sydämessään jo tehnyt aviorikoksen hänen kanssaan (Matteus 5:28). En ollut syyllistynyt varsinaiseen aviorikokseen, mutta mieleni kuohui, kun katselin kauniiden näyttelijättärien kuvia.

Jos kiihotamme mielemme synnillistä luonnetta katselemalla kuvia, elokuvia, internetiä tai kadulla kulkevia naisia ja käytämme siihen yhä enemmän aikaa, eikö se ole Jumalan silmissä aviorikos? Tiesin, että pystyin noudattamaan muita raamatun kohtia, mutta nämä kaksi asiaa huolestutti minua.

Puhuja sanoi herätyskokouksessa, että saamme vastauksen kaikkeen, jos vain rukoilemme uskolla. Uskoin, että mikään ei ollut mahdotonta, jos vain oli uskoa. Aloin paastota ja rukoilla, että taipumus syntiin lähtisi sydämestäni.

"Jumala, ota pois aviorikokseen taipuvaiset ajatukseni ja tunteeni, näin sitten millaisen naisen tahansa."

Ennen kuin hyväksyin Luojan, seinilläni riippui näyttelijätäraiheisia kuvia ja kalentereita. Mutta kun opin Jumalan sanaa, en pitänyt niitä enää kotini seinillä. Paastosin ja rukoilin, kunnes pääsin eroon aviorikokseen taipuvaisen mielen syntisestä luonteesta. Halusin ylistää Jumalaa ja Hänen siunauksiaan. Halusin, että Jumala tekisi minusta seurakunnanvanhimman, joka pystyy auttamaan hätää kärsiviä Jumalalta peräisin olevilla taloudellisilla siunauksilla. Halusin auttaa lähetystyössä ja kunnioittaa Jumalaa niillä siunauksilla, joita hän antaa minulle niin paljon kuin haluan. Kun muutimme uuteen taloon, jossa oli kaupaksi kelpaava huone, avasin pienen sarjakuvakaupan. Vaimoni lähti myymään ehosteita ja minä jäin yksin hoitamaan kauppaa. Veljeni näkivät köyhän tilani ja tarjosivat apua, jotta voisin tehdä jotain muuta, mutta kieltäydyin. "Kun Jumala on puhdistanut minut, Hän varmasti antaa minulle siunauksia." Jos olisin ottanut vastaan veljieni avun, mitä olisin sanonut heille tulevaisuudessa, kun Jumala soi minulla taloudellisia siunauksia? Minun täytyi kieltäytyä heidän avustaan, jotta pystyin elämään Jumalan tahdon mukaisesti. Veljeni olisivat varmasti sanoneet: "Mikä Jumalan siunaus? Selviydyit hädästä sen takia, että me autoimme sinua."

Aviorikokseen taipuvaisen mielen puhdistamiseen kului kolme vuotta

Sarjakuvakauppaa oli mahdollista hoitaa ilman paljoa pääomaa. Kun halusin muuttaa suurempaan kauppaan, paastosin kolme päivää ja rukoilin. Kun paasto oli ohi, kävin katsomassa Keumho Dong -teatterin alla olevaa kauppaa. Pidin siitä ja allekirjoitin sopimuksen. Avasin uuden kaupan, ja koska lähistöllä oli monia baareja, monet asiakkaani olivat baareissa työskenteleviä naisia.

Eräällä naisella oli tapana aina kauppaan tullessaan istua viereeni. Kun hän istuutui, minä nousin seisomaan. Jos nainen käyttäytyi viettelevästi, välttelin häntä. Heidän reaktionsa olivat vaihtelevia. Sydämeni ei kuohunut enää ollenkaan.

"Halveksitko minua, koska työskentelen baarissa?"

"Oletko kivestä?" "Eikä sinulla ole tunteita?"

"Tule tapaamaan minua töihin, niin saat ilmaisen paukun."

Houkutuksia oli monia, mutta en koskaan antanut niille periksi. Torjuin kaikki lähentely-yritykset, ja siitä tuli voimani. Myöhemmin tunsin, että aviorikokseen taipuvaisen mielen syntinen luonne oli täysin kadonnut. Aivan kuten olin rukouksissani pyytänyt, siitä tuli voimani, kun olin voittanut viettelykset teoillani, ja aviorikokseen taipuvainen mieleni oli kaikonnut kokonaan. Tämä oli vastaus, jonka sain kolme vuotta sen jälkeen, kun aloin rukoilla, että sydämeni pääsisi eroon lihan himoista.

Ainut toiveeni

Raamatussa tulisi olla vain yksi vastaus

Toivoin hartaasti, että voisin ymmärtää täysin raamatun sanat ja elää kokonaan niiden mukaisesti. Aina kun kuulin, että seudulla oli herätyskokous, menin sinne pyytämään Jumalan armoa. Koska raamatussa oli monia kohtia, joita en ymmärtänyt, kävin niissä kokouksissa ahkerasti. Ilokseni pystyin saarnojen aikana ymmärtämään Jumalan sanan. Koska rukouskeskuksissa pidettiin myös usein kokouksia, kävin niissäkin.

Koska kuitenkin oli monta kohtaa, joita en ymmärtänyt, kyselin niistä pastoriltani. Hän ei kuitenkaan pystynyt vastaamaan selkeästi kaikkiin kysymyksiini.

"Pastori, mikä kirja voi kertoa minulle selkeästi ja nopeiten Jumalan tahdon?"

"Veli Lee, jos haluat niin kovasti ymmärtää raamattua, voit lukea kirjoja, jotka selittävät ja tulkitsevat raamattua." Ilahduin niistä sanoista. Minulla oli siihen aikaan kovasti velkoja ja edes pennin säästäminen oli vaikeaa. Kuitenkin minun oli jotenkin löydettävä rahat raamattua selittävään kirjaan. Luin sellaisia kirjoja vuorenrinteellä rukoillessani, mutta joitakin kohtia oli yhä vaikea ymmärtää. En pystynyt saavuttamaan syvällistä ymmärrystä, mikä oli hyvin turhauttavaa. Selitykset eivät aina tukeneet Jumalan sanaa, vaan pitivät joitain kohtia myytteinä. Jotkut selitykset jopa heikensivät uskoa. Luin myöhemmin muitakin selityksiä, mutta jokaisella kirjalla on omat tulkintansa. Raamatussa tulee olla vain yksi vastaus, mutta selitykset vain lisäävät hämmennystä.

Jumala, selitä minulle raamatun sanat!

Silloin kun halusin niin innokkaasti ymmärtää Jumalan tahdon, joka sisältyi hänen sanoihinsa, oli vuosi 1976. Kuulin jotain yllättävää eräältä toiselta kirkon jäseneltä, joka oli matkalla takaisin Daegussa pidetystä herätyskokouksesta.

"Eräs pastori paastosi kahteen kertaan 40 päivää, ja enkeli ilmestyi hänelle ja selitti raamattua kolme vuotta." Kun kuulin sen, sydämeni hypähti ja tuntui kuin olisin ollut tulessa. Olisi saattanut kuulostaa hullulta, että enkeli selitti Jumalan sanaa, mutta minä uskoin sen. Mieleni oli valmis uskomaan ja rukoilemaan. Aloin rukoilla Jumalaa herkeämättä.

"Jumala, uskon kaikki raamatun 66 kirjaa. Raamattu on Jumalan sana, joka on kirjoitettu Pyhän Hengen innoittamana. Anna siis minulle innoituksesi ja selitä kaikki 66 kirjaa. Tai lähetä minulle selitys enkelin kautta tai, Herra, tule luokseni ja suo minulle ymmärrys."

Jos kirjoituksissa olisi yksikin kohta, jota en ymmärtänyt, en pystyisi ymmärtämään Jumalan tahtoa. Pystyisin elämään Jumalan tahdon mukaisesti vain jos ymmärtäisin, mitä raamatussa todella tarkoitettiin. Voimme noudattaa Jumalan sanaa vasta kun ymmärrämme sen oikein.

Rukoilin kiihkeästi, koska halusin niin epätoivoisesti ymmärtää Jumalan sanat oikein. Jumala ohjasi minut rukoilemaan valtavasti ja sai minut paastoamaan. Silloin kun minulla ei ollut töitä rakennustyömaalla, menin vuorelle rukoilemaan. Pyysin rukouksissani Jumalaa selittämään minulle raamatun. Rukoukset jatkuvat monia vuosia.

Jumalan hellät kädet

Opin parissa kuukaudessa hoitamaan kauppaani, ja koska olin syvästi uskossa, tunsin pystyväni mihin vain. Kauppani oli siihen aikaan niin pieni, että se tuotti tuskin yhtään voittoa, mutta en voinut odottaakaan enempää. Vaikka minulla ei ollutkaan paljoa rahaa, tunsin että koska uskoin voivani tehdä mitä tahansa, pystyisin laajentamaan kauppaa. "Jumala, anna minun muuttaa parempaan paikkaan."

Kolme päivää sen jälkeen kun aloin rukoilla sitä, ovelleni tuli mies joka kysyi, haluaisinko myydä kauppani hänelle. Hän omisti suurehkon kaupan. Myin kaupan hänelle 150 000 wonista (150 dollaria). Olimme käyttäneet kalusteisiin 50 000 wonia, joten meille jäi 100 000 wonia voittoa. Paastosin vaimoni kanssa kolme päivää, jonka jälkeen kävimme toisessa lähistöllä sijaitsevassa kaupassa. Sillä kaupalla meni hyvin. Se oli vuokralla 500 000 wonista, joka koostui vuokrasta ja ennakkomaksusta. Allekirjoitin sopimuksen 100 000 wonin voimin, mutta minun oli vielä maksettava 400 000 wonia. Se oli siihen aikaan paljon rahaa. Mieleeni tuli kaksi kirkon jäsentä, ja pyysin vaimoani lainaamaan heiltä rahaa. He kuitenkin kieltäytyivät heti. Vaimoni lainasi 150 000 wonia naapureilta, mutta emme millään saaneet kasaan loppuja 250 000 wonia. Menimme rakennuksen omistajan puheille, ja hän suostui, että maksaisimme puuttuvan osan myöhemmin, kunhan vain maksaisimme sille korkoa.

Kirkon jäsenten ei saa lainata rahaa toisilleen. Myöhemmin, kun opin ymmärtämään Jumalan sanan, ymmärsin myös miksi Hän ei sallinut minun lainata kirkon jäseniltä. Ei ole Jumalan tahto, että kirkon jäsenet lainaisivat rahaa toisiltaan. Jopa verivelistä on tullut vihollisia rahan takia. Jos lainaamme rahaa kirkossa, vihollisemme paholainen voi saada jalansijan helposti, joten Jumala ei halua, että teemme niin. Näin ollen opetan saarnoissani, että kirkon jäsenten ei tule lainata toisiltaan.

Näin, että kun jotkut muut jäsenet lainasivat toisiltaan, he joutuivat vaikeuksiin ja kokivat kovia aikoja. Uskon veljien ei koskaan pitäisi olla velkaa toisilleen muuta kuin rakkautta. Kaupasta saamillamme tuloilla pystyimme maksamaan velkojemme koron, mutta emme onnistuneet maksamaan varsinaisia velkoja. Keskustassa oli ihmisiä, jotka johtivat tällaisia kirjakauppoja suuressa mittakaavassa, aivan kuin ne olisivat iso yhtiö. Rukoilun Jumalaa, että saisin isomman kaupan.

Johdatus taloudellisiin siunauksiin

Siihen aikaan Keumho Dongin torilla oli kuuluisa kauppa. Kauppa tunnettiin seudun parhaiten myyvänä yrityksenä. Eräänä päivänä sitä alettiin tarjota vuokralle. Pelkkä käsiraha oli miljoona wonia (1 000 dollaria), ja sen päälle tuli vielä vuokra. Työläisen päiväpalkka oli vain 1 500 wonia (15 dollaria), joten se oli minusta hyvin suuri summa. Omistaja sanoi, että voisi laskea hinnan 950 000 woniin, mutta ei yhtään alemmaksi. Kuulin myöhemmin, että sinä 20 päivänä, joka oli kulunut siitä, kun olin käynyt hänen puheillaan, kukaan ei ollut kysellyt kaupasta. Minulle kerrottiin, että voisin onnistua pääsemään sopimukseen omistajan kanssa, koska hän halusin myydä sen henkilökohtaisista syistä nopeasti. Minulla oli vain 500 000 wonia. Sillä rahalla kauppoja ei kyllä syntyisi. Rukoilin ahkerasti läpi yön ja aamulla menin hieromaan kauppoja. Pyysin kauppaa 500 000 wonista, koska minulla ei ollut enempää. Hän mietti hetken ja sanoi sitten, että antaisi kaupan 550 000 wonista.

Lopulta kirjoitimme sopimuksen 500 000 wonista. Lupasin maksaa käsirahan yhdessä vuokran kanssa. Näin muutimme Keumho Dongin torilla olevaan kauppaan. Kauppa oli heti auettuaan täynnä asiakkaita. Monet sanoivat, että olisivat halunneet kaupan, mutta eivät tienneet että sitä oli tarjottu vuokralle. Jotkut ehdottivat, että antaisin kaupan minulle 1.2 miljoonasta wonista. Kun joku lopulta tarjosi 1.3 miljoonaa wonia, otin asian puheiksi vaimoni kanssa, koska sillä rahalla voisimme ostaa vaikka talon. Meistä ei kuitenkaan tuntunut oikealta luopua kaupasta niin pian sen jälkeen kun Jumala oli ohjannut meidät sen luo.

Päätimme siis maksaa velkamme kaupasta saaduilla tuloilla.

Avasimme kaupan ja aloitimme liiketoimet heinäkuussa 1977. Pidimme kaupan kiinni sunnuntaisin emmekä päästäneet sisään opiskelijoita, jos he joivat tai polttivat. Koska perheeni lauloi kotona ylistyslauluja kaiken aikaa, asiakkaat kuulivat niitä myös kauppaan. Saimme enemmän asiakkaita kuin edellinen omistaja. Pidimme kaupan auki päivisin ja rukoilimme öisin. Siinä oli päivärutiinimme.

Koulutus erottamaan Pyhän Hengen ääni

Osanrin rukoushuoneessa

Janosin Jumalan sanan ymmärrystä kuin peura janoaa metsävirran vettä. Vuonna 1977 osallistuin kokoukseen Osanrin rukoushuoneessa. Siellä kuulin Jumalan äänen toisen kerran. Kuuntelin pastorin saarnaa. Hän sanoi: "Koska Jumala antoi meillä viisauden valmistaa lääkettä, Jumala haluaa että menemme sairaalaan ja otamme lääkettä." En voinut hyväksyä sitä pelkällä "aamenella". Tämä ajatus erosi täysin näkemyksestäni kaikkivoivasta Jumalasta, joka pystyy mihin tahansa. Palveluksen jälkeen menin rukoushuoneeseen ja huusin ääneen rukoukseni. "Jumala, onko sinun tahtosi että otamme lääkettä?"

En tiedä, kauanko aikaa kului. Yhtäkkiä kuulin Jumalan äänen: "Lue toisen aikakirjan 16. luku." Avasin raamatun. Luku kertoi Asasta, Israelin kuninkaasta. Hän luotti valtakautensa alussa ainoastaan Jumalaan. Sen ansiosta hän voitti kaikki taistelut ja sai aikaan rauhan. Myöhemmin hän ei kuitenkaan enää luottanut Jumalaan vaan armeijoihin. Hän hävisi taisteluja ja jopa vangitsi profeetan, joka osoitti hänelle hänen virheensä. Sitten Asan jalka tuli kipeäksi. Sairaus oli vakava, mutta siitä huolimatta hän ei pyytänyt apua Herralta vaan lääkäriltä, ja hän kuoli kaksi vuotta myöhemmin. Vakuutuin lukua lukiessani, että Jumala haluaa lastensa uskovan ja tukeutuvan ainoastaan häneen eikä tämän maailman luomuksiin.

Opettelin kuulemaan Pyhän Hengen äänen

Jumalan ääni ja Pyhän Hengen ääni ovat eri asia. Itse kuulin Jumalan äänen vain hyvin harvoin. Siihen mennessä olin kuullut sen ainoastaan pari kertaa. Pyhän Hengen ääni voidaan kuulla yhä selkeämmin, kun hyväksymme Jeesuksen Kristuksen, vastaanotamme Pyhän Hengen ja rukoilemme hartaasti päästäksemme synneistä, pahasta ja lihan ajatuksista.

Olen kuullut Pyhän Hengen äänen siitä lähtien kun tulin uskoon. Kerran kirkossa käydessäni Jumala salli minun opetella Pyhän Hengen sanan kuulemista. Sunnuntaisen jumalanpalveluksen aikana sydämessäni tuntui saarnaa kuunnellessani voimakas tarve. Se oli tarve antaa 30 000 wonia eräälle kirkon pastorille. Päätin: "Jumala, hankin 30 000 wonia ja annan ne pastorille!"

Tein tämän päätöksen saarnan aikana. Mutta kun saarna päättyi ja lähdin kirkosta, mieleni täyttyi muilla ajatuksilla. 30 000 wonia oli minulle paljon rahaa. Ajattelin, että jos minulla olisi rahat, antaisin ne. Mutta miten saisin ne kasaan? Toiset perheet näyttivät rikkaammilta. Ehkä ajattelin sitä saarnan aikana, mutta unohdin asian.

Seuraavana päivänä pastorin anoppi, joka oli kirkon päädiagoni, kävi kaupassani Keumho Dongin torilla. "Tyttärelläni oli polttoja koko yön. Kun veimme hänet sairaalaan, meille kerrottiin että tarvitsemme kiireesti 30 000 wonia. Rahoja oli vaikea saada kasaan. Sain ne hädin tuskin kasaan ja palasin sairaalaan. Hänellä oli paljon synnytystuskia." Se oli tyrmistyttävää kuultavaa. "Päädiakoni, itse asiassa sunnuntaina kuunnellessani saarnaa Pyhä Henki kosketti sydäntäni, mutta en totellut sen tahtoa. Pidin sitä omana ajatuksenani ja unohdin asian. Mutta kyse oli tästä."

Kaduin heti ja päätin totella seuraavalla kerralla. Ajattelin: "Kuulin Pyhän Hengen äänen, mutta en totellut sitä, ja tämä siitä sitten seurasi." Jos olisin totellut ääntä, olisin helposti saanut kasaan ne 30 000 wonia jotka Jumala oli jo varannut, eikä pastorin perheen olisi tarvinnut kärsiä koko yötä vain sen summan takia. Olisin saanut runsaasti siunauksia palkkiona siitä, että tottelin Jumalaa. Kaduin, että omien ajatusteni tähden en ollut totellut. Jatkoin tällaista koulutusta ja opin erottamaan Pyhän Hengen äänen ja omat ajatukseni.

Opin, miten tärkeää kuuliaisuus on

Eräs kokemus opetti, miten tärkeää on olla kuuliainen Jumalan tahdolle. Palvelin kirkkoa ahkerasti. Eräänä päivänä pastori soitti minulle. Hän sanoi: "Meiltä puuttuu pyhäkoulun opettajia. Sinähän voisit opettaa lapsia." Vastasin kieltävästi: "Pastori, valitettavasti en voi. En usko, että osaan opettaa lapsia. En ole koskaan käynyt pyhäkoulussa. Voin tehdä sen myöhemmin, kun minulla on kokemusta." Tiesin, että minun olisi pitänyt totella pastoria, mutta tunsin itseni niin taitamattomaksi, että kieltäydyin hänen tarjouksestaan. En osannut kuvitella, että niin pienestä asiasta tulisi valtava synnin muuri, joka peittäisi Jumalan minulta. Rukoilin hartaasti: "Jumala, anna minulle kielillä puhumisen lahja."

Kaduin muita, kun näin heidän rukoilevan sujuvasti muilla kielillä. Rukoilin jatkuvasti kielilläpuhumisen lahjaa, mutta en saanut sitä. Sitten eräänä päivänä kuulin, että Han Ol Sanin rukousvuorella saisin tämän lahjan helposti. Menin sinne ja otin osaa kokoukseen, mutta en saanut lahjaa. Puhuja, pastori Chunsuk Lee, sanoi saarnassaan pilaillen: "Jopa koirani puhuu muilla kielillä, joten ne, jotka eivät ole saaneet kielilläpuhumisen lahjaa, eivät ole koiraani parempia." Kun kokous oli ohi, minusta tuntui etten ollut koiraa parempi. Potkiskelin tiellä olevia kiviä. Jätin jopa lounaan väliin. kun käveleskelin laaksossa. Pidin kiinni puusta ja rukoilin Jumalaa antamaan minulle kielilläpuhumisen lahjan. Mutta yhtäkkiä mieleeni välähti eräs muisto. Vaikka en luottanut kykyihini, minun olisi pitänyt vastata myöntävästi, kun pastori pyysi minua pyhäkoulun opettajaksi. Jumala olisi auttanut minua, jos olisin totellut. Olin kuitenkin kieltäytynyt.

"Jumala, anna minulle anteeksi se, että en totellut pastoria. En enää koskaan ole tottelematta."

Aloin heti asian ymmärrettyäni katumaan sitä täydestä sydämestäni. Sitten yhtäkkiä aloin puhua kielillä. Olin kaivannut sitä niin kovasti! "Kiitos, Jumala!" Ymmärsin lopultakin, että kuuliaisuus on parempi kuin uhraaminen ja että Jumala on mielillään, kun tottelemme häntä. Tämän kokemuksen ansiosta päätin jälleen totella Jumalan tahtoa kyselemättä ja edes ajattelematta, käykö se päinsä. Oli kuitenkin eräs asia, jossa minun olisi hyvin vaikea olla kuuliainen, vaikka olinkin oivaltanut, miten tärkeää kuuliaisuus on.

Luku 4

Jumalan kutsu

Herra, miten voit valita kaltaiseni henkilön?

Eräänä päivänä toukokuussa 1978, kun olin rukoilemassa, kuulin Jumalan äänen sanovan ukkosen jylinän tavoin:

"Palvelijani, jonka valitsin jo kauan ennen ajan alkua! Olen jalostanut sinua kolme vuotta. Varustaudu nyt sanalla seuraavat kolme vuotta. Käytän sinua. Tulet ylittämään vuoria, jokia ja valtameriä saarnataksesi evankeliumia. Olen kanssasi, ja sinusta tulee Minun palvelijani, ja sinä näytät kaikille kansoille tunnusteoin ja ihmein, että Minä olen elävä Jumala."

Hänen selkeä ja mahtava äänensä jatkoi:

"Valitsin sinut ennen ajan alkua, ja siitä lähtien kun olit äitisi kohdussa olen pitänyt sinua silmällä loimuavin silmin ja ohjannut sinua itse tähän hetkeen saakka.. Vaimosi voi

huolehtia kaupasta. Sinä aloitat nyt polun, jolla sinusta
tulee Minun palvelijani. Tulet ansaitsemaan enemmän kuin
te olette ansainneet yhdessä. Rahasi eivät koskaan lopu
eikä riisipatasi ole koskaan tyhjä vaan ylitsevuotavainen.
Tulet auttamaan puutteesta kärsiviä. Juuri Jumala pani
sinut alhaisimpaan asemaan. Juuri Jumala on johdattanut
sinua tähän saakka, ja Hän tulee johdattamaan sinua
tästäkin lähtien. Tulet ymmärtämään, miksi panin sinut
alhaisimpaan asemaan. Kohotan sinut voimallani
korkeimpaan asemaan. Rakastit Minua ennen muita,
enemmän kuin vanhempiasi, lapsiasi ja jopa vaimoasi.
Rakastit ainoastaan Minua. Sen tähden annan sinulle
takaisin runsaan mitan, tiiviiksi painellun, ravistellun ja
kukkuraisen ja sata kertaa enemmän."

Kuuntelin näitä sanoja Pyhän Hengen täyteläisyydellä ja innolla ja otin ne vastaan "aamenella". Kun ajattelin tapahtunutta uudelleen, tajusin kuinka ällistyttävää se oli. Siihen saakka unelmani oli ollut tulla seurakunnanvanhimmaksi, joka voisi löytää ja auttaa niitä, jotka kärsivät sairauksista ja köyhyydestä niin kuin minä olin kärsinyt. Olinko pyytänyt rukouksissani jotain väärää? Minulla oli vielä paljon velkoja maksettavana, eikä ollut helppo ansaita riittävästi. Edes muistini ei ollut tarpeeksi hyvä. Miten siis voisin opiskella teologiaa pappisseminaarissa? Ja mitä tapahtuisi perheelleni? Nämä huolet vaivasivat minua jatkuvasti. Tilanteeni ei sallinut minun totella, mutta samaan aikaan Jumalan sana oli niin mahtava, että siltä ei voinut kieltäytyä. Ainut ajatukseni oli: "Jos sen on Sinun tahtosi, anna minun kuulla äänesi uudestaan."

Puhuin kokemuksesta vaimoni kanssa ja luovutin kaikki

kauppaan liittyvät asiat hänen hoidettavakseen. "Olisiko mahdollista, että erehdyin enkä kuullutkaan Jumalan sanaa? Voisikohan jokin mennä vikaan?" Aloin epäillä, olinko todellakin kuullut Jumalan äänen. Aloin taas rukoilla Jumalaa. "Jumala, olen rukouksissani pyytänyt, että minusta tulisi seurakunnanvanhin, mutta Sinä käskit minua tulla Sinun palvelijaksesi! Olen niin sulkeutunut, etten osaa edes kuvitella että pystyisin saarnaamaan muiden edessä. Lisäksi olen tulossa vanhaksi. Edes muistini ei ole hyvä, enkä pärjää hyvin testeissä." Mutta jos Jumala halusi minut palvelijakseen kaikista rajoituksistani huolimatta, pyysin häneltä: "Anna minun kuulla äänesi vielä kerran."

Kävin rukouskeskuksissa toivoen kuulevani Jumalan äänen uudestaan. Rukoilin viikon, mutta en saanut vastausta. Kävin tapaamassa paria pappia, joilla kuulemma oli hyvä profetoinnin lahja, mutta he eivät kyenneet profetoimaan minulle mitään. Vaelsin vuorilla rukouspaikasta toiseen. Päivät tuntuivat sydäntä särkeviltä, koska pyrin saamaan selville, tahtoiko Jumala minut todellakin palvelijakseen ja papiksi. Kului kolme kuukautta. Epätoivossani olin vähällä luovuttaa ja palata kotiin. Sitten lauantaina pastori tuli kauppaan tapaamaan minua. Oli minun vuoroni pitää yhteisrukous, mutta en uskonut että pystyisin siihen. Kerroin hänelle suoralta kädeltä: "Pastori, en ole saanut moniin kuukausiin vastausta rukouksiini. En tosiaan pysty pitämään tätä rukousta sunnuntaina." Hän vastasi: "Dekaani, siitä huolimatta sinun on pidettävä se."

Kuulin Jumalan äänen

Pastori käski minua pitämään jumalanpalveluksessa

yhteissaarnan, mutta en pystynyt hyväksymään sitä avosydämin. Päivän päättyessä suljimme kaupan ja lähdimme kotiin. Koska satoi rankasti, päätimme rukoilla kotona sen sijaan että menisimme kirkkoon. Keskiyöltä levitimme peiton lattialle ja polvistuimme rukoilemaan ja ylistämään Jumalaa. Rukoilin silmät suljettuina, mutta yhtäkkiä näin katon aukeavan ja valon tulvivan alas taivaasta. Tuntui, kuin katto olisi hävinnyt kokonaan. Aivan kuin ilmestyskirjassa, kuulin äänen, joka oli arvokas ja kuin paljojen vetten pauhina mutta samalla selkeä ja rauhallinen. Ääni sanoi: "Pidä huomenna yhteissaarna." Se oli vastaus, mutta se ei kuitenkaan vastannut rukouksiini Herran palvelijaksi tulemisesta. Ääni oli tällä kertaa lämmin, miellyttävä, vaikutusvaltainen ja vaikea vastustaa. Se oli täynnä rakkautta ja suloista hyväntahtoisuutta.

Muistan äänen hyvin selkeästi, mutta sitä on mahdoton kuvailla sanoin. Kun kuulin tuon äänen, kaikki epätoivo suli pois kuin lumi tulessa. Kaikki maalliset ajatukset kaikkosivat, ja olin täynnä pyhää henkeä. Itse asiassa niin täynnä, että ruumiini tuntui pumpulinkevyeltä ja minusta tuntui, että osaisin lentää. Tunsin, että voisin halutessani vaikka kohota katon läpi. Ilo, kiitollisuus ja onni virtasivat sydämestäni. Silloin ajattelin, että tällä tavoin meidät kohotetaan, kun Herra tulee takaisin. Kun avasin silmäni, valot hävisivät ja katto oli kuin aikaisemminkin.
Vierelläni istunut vaimoni ei ollut kuullut ääntä mutta oli myös täynnä Pyhää Henkeä ja tiesi, että kuulin Jumalan äänen kirkkaassa valossa. Ylistimme Jumalaa koko yön ja kiitimme häntä rukouksissamme.

Olin täynnä Pyhää Henkeä

Seuraavana aamuna menin kirkkoon aikaisin ja tarkistin jumalanpalvelusjärjestyksen. Minun tuli yhä pitää rukous. Ruumiini tuntui edellisen yön kokemuksen jälkeen yhä kuin se olisi lentänyt, vaikka istuinkin tuolilla. Se oli uskomatonta! Siitä hetkestä lähtien, kun aloin rukoilla mikrofonissa, huuleni eivät enää kuuluneet minulle. Pyhä Henki otti sydämeni ja ajatukseni kokonaan valtaansa. Pyhän Hengen innoituksen vallassa jopa tärisin rukoillessani. Rukous tuli mieleeni selkeänä virtana, enkä olisi voinut lopettaa jos olisin halunnut.

Olin itsekin yllättynyt, koska rukous nuhteli kirkon jäseniä, sillä se kuului: "Voi teitä, jotka varastavat Jumalan kymmenyksiä. Te itsepäiset ihmiset, jotka ette kiitä Jumalaa! Sanotte uskovanne Jumalaan, mutta uskonne on mitätön."

Pystyin tuskin hallitsemaan itseäni. Rukoilin yli kymmenen minuuttia. Jos kukaan rukoili enemmän kuin kolme minuuttia, kuultiin tavallisesti että se oli liian pitkä. Palasin rukouksen jälkeen penkille, mutta en pystynyt katsomaan pastoria silmiin. En tiennyt, mitä tehdä. En pystynyt ajattelemaan muuta kuin: "Mitä nyt tapahtuu? Miten dekaani rohkenee nuhdella kirkon koko seurakuntaa?"

Jumalanpalveluksen jälkeen pastori kuitenkin tuli luokseni ja sanoi: "Rukouksesi kosketti minua." Hän ei tavallisesti sanonut sellaista, mutta minua ujostutti ja yritin lähteä nopeasti ja huomaamatta. Monet kuitenkin tulivat tervehtimään minua ja sanoivat: "Dekaani, Pyhä Henki innoitti sinua. Rukouksesi oli koskettava."

Ainoastaan kuuliaisuudella

Olin lopultakin vakuuttunut, että Jumala oli todella kutsunut minut palvelijakseen. Lupasin Hänelle: "Jumala, koska kutsuit minut palvelijaksesi, noudatan osoittamaasi polkua. Mutta pidä huoli niistä asioista, joista olen huolissani, kuten teologiakoulu, muistini ja niin edelleen. Olin silloin 36 vuoden ikäinen. Olin varma, että Jumala oli kutsunut minut palvelijakseen, ja vuokrasin heti huoneen ja muutin asumaan yksin. Se oli viiden minuutin matkan päässä kotoa. Paastosin ja luin raamattua huolella ja rukoilin, että Jumala antaisi minulle tehokkaan ja hyvän muistin. Halusin ristiinnaulita lihan himoineen ja syntisine haluineen. Päätin, että noudattaisin ainoastaan Jumalan tahtoa Hänen palvelijanaan. Ei ollut helppo eristäytyä muista perheenjäsenistä, mutta tein kaiken Pyhän Hengen ohjaamana. Puhuin pastorille Oksu Dongin kirkossa, jossa minulla oli tapana käydä. Päätin mennä Sung-Kyulin (Holiness) teologiselle pappisseminaarille ja aloin opiskella pääsykokeeseen.

Lopulta aika koitti, ja osallistuin kokeeseen. Kirjoitin vastaukset kysymyksiin, jotka koskivat suoraan raamattua. En halunnut vastata epäselvästi muihin kysymyksiin, joten kirjoitin vain nimeni ja jätin tyhjän paperin. Seminaarin johtaja kysyi minulta haastattelussa, miksi paperini olivat tyhjiä, raamattua koskevia kysymyksiä lukuunottamatta. Kerroin hänelle, miten olin menettänyt muistini.

"Miten sinusta voi tulla pastori, jos olet menettänyt muistisi?" hän kysyi.

Vastasin: "Jumala johdatti minut tälle polulle."

"No, sait täydet 100 pistettä raamattukokeesta!" hän huudahti. Olin ainoa, joka oli saanut siitä kokeesta täydet pisteet. Koska sain raamattukokeesta täydet pisteet, minut hyväksyttiin, ja sain aloittaa opiskeluni. Olin ollut huolissani kokeesta ja pelännyt, että en pääsisi seminaariin, mutta toisin kävi.

Jumala antaa meidän niittää mitä kylvämme

Elämä pappisseminaarilla

Jumalan palvelijoiden täytyy elää tavalla, joka poikkeaa huomattavasti muusta maailmasta. Luokkatoverini kuitenkin elivät kuin muutkin. He kerääntyivät koulun loputtua kuppiloihin puhumaan maallisista asioista. Sen sijaan että olisivat rukoilleet ja lukeneet raamattua lomilla, he puhuivat siitä, miten pitäisivät hauskaa. Neuvoin heitä olemaan tuhlaamatta aikaa ja keskittymään rukoilemaan, mutta kukaan ei kiinnittänyt minuun huomiota. Olin siis luonnollisesti yksin ja erilläni luokkatovereistani.

Aloitin pappisseminaarin 37-vuotiaana vuonna 1979. Rukoilin koko ensimmäisen vuoteni Jumalaa kertomaan minulle sen kirkon nimen, jonka tulisin perustamaan. Siskoni lupasi auttaa perustamaan kirkon, joten etsin sopivaa paikkaa, mutta mikään ei kelvannut.

Miellytin Jumalaa varastoimalla taivaan valtakuntaan

Uskoin, että Jumala antaisi minun niittää sitä, mitä kylvin, ja maksaisi minulle tekojeni mukaisesti, joten pyrin aina varastoimaan palkintoja taivaan valtakuntaan. Jopa silloin, kun vielä olin rakennustyöläinen, annoin Jumalalle täydestä sydämestäni kiitoslahjoja jos sain Häneltä armon herätyskokouksissa. Jos minulla ei ollut rahaa, lupasin antaa Jumalalle tietyn ajan kuluessa. Tietenkin annoin kaikki lupaamani lahjat. Jos minulla ei ollut siihen rahaa, otin lainan jotta pystyin varmasti antamaan Jumalalle sen, mitä olin luvannut. Kun menin Jumalan eteen, en koskaan mennyt tyhjin käsin. Jos minulla oli tuloja, annoin kymmenyksinä aina enemmän kuin kymmenen prosenttia. Annoin usein kaksi- tai kolmekymmentä prosenttia tuloistani. Minusta ei koskaan tuntunut tuhlaukselta antaa Jumalalle, joten en halunnut olla liian tarkka.

Eräänä päivänä pastori tuli luokseni. Hän ei tuntenut hankalaa rahallista tilannettamme eikä tiennyt veloistamme. Hän kertoi, että kirkko tarvitsi rahaa, ja pyysi että antaisimme lupaamaamme enemmän kirkon rakennustöitä varten. Suostuimme ja sanoimme: "Aamen. Teemme sen." Tottelimme ilomielin pastoria. Vaikka meillä olikin velkoja, lupasimme pastorille lisää rahaa, joten meidän täytyi ottaa uusi laina. Yritimme varastoida taivaaseen tällä tavalla. Kun aika koitti, Jumala avasi siunausten portin.

Jumalan tahdon noudattaminen jopa pienessä yrityksessä

Eräs henkilö toimitti kauppaamme säännöllisesti kirjoja. Hän tyrmistyi kuullessaan, että pidimme kaupan sunnuntaisin kiinni. Hän sanoi, että menisimme vararikkoon. Vaikka se olikin vain pieni yritys, Jumala oli siitä mielissään ja siunasi meitä runsaasti, koska vietimme lepopäivän oikein ja maksoimme kymmenykset asianmukaisesti ja tarjosimme lahjoja.

Kauppa oli aina täynnä asiakkaita aamusta myöhäiseen yöhön. Monet tulivat oppimaan meiltä asioita, koska uutiset levisivät ympäri kaupunkia. He kuitenkin tulivat yhä uteliaammiksi kun huomasivat, että pidimme kaupan kiinni sunnuntaisin ja että tarjonta ei ollut hyvä. Emme myyneet miestenlehtiä ja kielsimme tupakoinnin täysin. Pidimme ympäristön mukavana ja terveellisenä. Se houkutteli kauppaamme monia yliopisto-opiskelijoita.

Mikä oli kauppamme menestyksen salaisuus? Se sai osakseen Jumalan siunauksen, koska pidimme sen kiinni sunnuntaisin ja menimme kirkkoon. Kerroimme tämän jokaiselle, joka kysyi, mutta niiden, jotka eivät uskoneet Jumalaan, oli vaikea ymmärtää sitä. Kerroin evankeliumista monille asiakkaille. Kun perustin kirkon, he seurasivat minua, ja heistä tuli nuorten aikuisten lähetyskeskuksen pääjäseniä.

Muutama kuukausi kaupan avaamisen jälkeen pystyimme maksamaan velkamme, mitkä itse asiassa olivat niin suuret, että niitä ei ollut mahdollista maksaa niin nopeasti. Se tapahtui ennen kuin menin pappisseminaarille. Maksoimme kaikki velkamme, joten pystyimme vapaasti tarjoamaan kirkolle lahjoja. Yritimme auttaa perheitä, jotka elivät puutteessa. Kun seminaari meni piknikille, valmistin lounaan monelle professorille ja opiskelijalle. Sunnuntaisin tarjosimme ateriat kuorolaisille. Autoimme salaa niitä seminaarin jäseniä, joilla ei ollut tarpeeksi rahaa. Asuimme vuokralla, mutta juhla-aikoina pyysin vaimoani huolehtimaan muistakin kaupunkilaisista. Jos jokin perhe oli niin köyhä, että sillä ei ollut varaa laittaa ruokaa juhlaan, annoimme heille riisikakkuja ja muuta ruokaa, vaikka he eivät olisikaan olleet uskovia. Se ei johtunut siitä, että miellä olisi mennyt taloudellisesti niin hyvin. Saimme sen ainoastaan uskon takia. Kun kylvimme sillä tavalla, Jumala, joka antoi meidän niittää sitä mitä kylvimme, auttoi meitä saamaan enemmän tuloja kuin minään tavallisena päivänä.

Jumala herätti minut 200-päiväisten läpi yön kestäneiden yöjumalanpalvelusten aikana

Hyväksyttyäni Herran en enää tehnyt myönnytyksiä maallisille asioille missään tilanteessa. Pyrin noudattamaan Jumalan lakia täsmälleen siten kuin ymmärsin sen. Niiden neljän vuoden aikana, jotka kävin pappisseminaaria, rukoilin aina öisin ja paastosin usein. Lomilla lähdin vuorille rukoilemaan. Vietin melkein kaikki lomani rukoushuoneissa vuorilla. Tarjosin muinakin aikoina lupaamiani koko yön kestäviä lupauksia. Rukoilin keskiyöstä neljään aamulla, enkä koskaan myöhästynyt minuuttiakaan luvatusta ajasta.

Rukouksen jälkeen palasin yksin huoneeseeni ja menin nukkumaan kello 5. Minun oli herättävä seitsemältä. Tyttäreni Miyoung, joka kävi silloin peruskoulua, toi minulle aamiaista seitsemältä. Aamiaisen jälkeen pakkasin lounaan ja lähdin kouluun. Koulun jälkeen palasin kotiin tekemään läksyt. Joskus minun oli lisäksi huolehdittava kaupasta. Minulla oli paljon tekemistä. Koska elin tähän tapaan jatkuvasti, aloin väsyä. Koska menin nukkumaan viideltä, minun oli vaikea nousta seitsemältä. Jumala herätti minut seitsemältä.

"Isä!" kuulin tyttäreni huutavan ulkoa, kun hän toi aamiaista.

"Sinäkö siellä, Miyoung?" Olin kuullut tyttäreni äänen, joten avasin oven, mutta siellä ei ollut ketään. Etsin häntä katseellani, mutta en nähnyt häntä. Pesin kasvoni. Miyoung saapui lopulta 20 minuutin kuluttua. Seuraavana päivänä kuulin taas tasan seitsemältä: "Isä!" Avasin taas oven, mutta siellä ei ollut ketään. Sitten oivalsin, että Jumala oli herättänyt minut enkelin avustuksella.

Kun sitä jatkui, aloin turtua näille herätyksille. Lopulta en päässyt ylös sängystä, vaikka kuulin äänen huutavan: "Isä!" Jumala alkoi silloin käyttää toista menetelmää. Kuulin oveni takaa monien ihmisten äänen, mutta kun avasin oven, siellä ei ollut ketään. Kello oli tasan 7.

Olin luvannut rukoilla läpi yön sadan päivän ajan. 90. päivänä kuulin, että appeni oli kuollut. Menin vaimoni kanssa hänen vanhempiensa taloon Mokpossa. Rukoilimme siellä yhdessä keskiyöstä aamu neljään saakka. Hautajaisten jälkeen palasimme kotiin ja rukoilimme loput lupaamani päivät, mutta en ollut tyytyväinen. Minusta tuntui, että en aivan pystynyt tyydyttämään Jumalaa. Aloitin siis toisen sadan päivän koko yön rukousjakson ja päätin sen. Siitä oli tullut luvattujen 200 päivän läpi yön kestäneiden rukousten aika.

Heitä rahat vessanpönttöön

Perheeni tiesi hyvin, etten hyväksynyt mitään, mikä oli vastoin Jumalan sanaa. Eräänä sunnuntaina vaimoni ja kolme tytärtämme halusivat kuitenkin ostaa syötävää jumalanpalveluksen jälkeen. Vaimoni yritti lukea ilmeeni ja sanoi sitten:

"Lapset haluavat syödä jotakin. Haluamme ostaa ruokaa."

"Tytöt, haluatteko todella syödä?" kysyin.

"Kyllä!" he vastasivat innolla.
He luulivat että aioin sallia sen tämän kerran, vaikka olikin sunnuntai. Pyysin heitä tuomaan rahat lipastosta. He toivat rahaa ruokaa varten.

Sitten sanoin: "Menkää vessaan ja heittäkää rahat menemään." He heittivät menemään pari sataa wonia (minkä nykyarvo on pari tuhatta wonia tai pari dollaria) ja tulivat takaisin.

"Tiedättekö, miksi käskin teitä tekemään sen?"

"Kyllä", he vastasivat kaikki.

Jatkoin: "Sunnuntai on sapatti. Jumala kieltää minkään ostamisen ja myymisen. Pitäisikö meidän olla tottelematta Jumalan käskyä? Jos ette pysty voittamaan pelkkää syömisen houkutusta, siitä tulee kaksin- ja sitten kolminkertainen. Jumala ei olisi siitä hyvillään. Rikoitte jo sapatin sääntöjä, kun tulitte kysymään, voisimmeko ostaa ruokaa. Se johtuu siitä, että tekonne on sama kuin olisitte jo sydämessänne ostaneet ruokaa ja syöneet. Sen takia käskin teitä heittämään rahat menemään." Tyttäreni tunnustivat myöhemmin, että tämä tapahtuma juurtui heidän sydämeensä ja vahvisti heidän uskoaan.

Ihmiset tungeksivat sisään

Koska kauppamme oli vilkkaan kadun kulmassa, siellä eivät käyneet ainoastaan tavalliset asiakkaamme vaan myös pastorit ja kirkon jäsenet. Kun olin pappisseminaarilla, eräät diakonit sopi kanssani tapaamisen neuvontaistuntoon. He kertoivat, että jotkut kirkon jäsenet olivat muodostaneet kirkossa eräänlaisen taloudellisen liiton. Neuvoin heitä olemaan liittymättä ja sanoin:

"Jeesus sanoi, että Herran temppeli on rukouspaikka, ja torui kauppiaita, jotka kävivät kauppaa temppelissä. Ei ole oikein, että kirkossa tehdään asioita, joilla tavoitellaan taloudellista hyötyä. Jumala kertoo, että emme saa olla velkaa muuta kuin rakkautta, joten kirkossa ei saa hoitaa raha-asioita. Jos kirkon jäsenten välisiin suhteisiin liittyy raha, Saatana pääsee peliin ja kirkko joutuu vaikeuksiin."

Tämä taloudellinen liitto aiheutti pian monia ongelmia, ja kirkko joutui vaikeaan asemaan. Kun perustin kirkon, kielsin minkäänlaiset kauppakojut, oli niiden tarkoitus mikä tahansa. Olen aina opettanut, että kirkon jäsenten ei saa käydä kauppaa keskenään. Kun tieto antamastani neuvosta levisi, monet alkoivat tulla luokseni kysymään neuvoa. Eräs heistä oli kalju ja tuli sisään nenäliina päänsä päällä. Mutta pari kuukautta rukoukseni jälkeen hänen tukkansa kasvoi takaisin ja hän lakkasi pitämästä nenäliinaa päässään.

Eräs uskova kävi silloin tällöin ennustajilla eikä viettänyt sapattia oikein. Hän joutui liikenneonnettomuuteen ja tuli luokseni. Hän pyysi minua rukoilemaan puolestaan, koska hänellä oli niin paljon kipuja onnettomuudesta. Rukoilin hartaasti hänen eteensä, minkä jälkeen hän kertoi kivun hävinneen, ja hän parani.

Viettämällä sapattia täysin ohjeiden mukaisesti tunnustamme Jumalan henkisen arvovallan. Jumala suojelee meitä sitten viikon aikana onnettomuuksilta. Mutta jos emme vietä sapattia oikein, oikeuden Jumala ei suojele meitä. Tämä mies oli tehnyt henkistä syntiä Jumalan edessä erityisesti käymällä ennustajilla. Jumala vihaa sitä.

Yritin juurruttaa Jumalan sanalla uskon niihin, jotka tulivat luokseni. Eräs pastori kävi luonani matkallaan vuorilla olevaan rukoushuoneeseen, jossa hän halusi pyytää apua eräässä ongelmassa. Hän lähti luotani iloiten ja meni suoraan kotiin, koska oli saanut vastauksen ja hänen ongelmansa oli ratkaistu. Neuvoin niin montaa, että joskus en edes ehtinyt mennä pappisseminaarille. Kun olin kotona, ihmisiä tungeksi kotiini ja pihalle pyytämään minua neuvomaan heitä ja rukoilemaan heidän puolestaan. Juuri siitä syystä minun oli lomilla mentävä vuorille. Minun oli vältettävä ihmisiä, jotta voisin pappisseminaarilaisena keskittyä Jumalan sanaan ja rukouksiin.

Suuri Pyhän Hengen inspiroima paasto

Voimme luopua synneistä jopa ajatuksissamme

Elokuussa 1979, teologisen koulun ensimmäisen vuoden kesälomalla, osallistuin kirkkoni pastorin kanssa Canaanin maanviljelyskoulun pastorien pitämään kesäkouluun. Siellä oli suihkulähde, josta suihkusi vettä kirkkaalle sinitaivaalle. Kuulin pastorien puhuvan toisilleen. Yllätyksekseni he puhuivat monista maallisista asioista. Luulin vielä silloin, että kaikki pastorit olivat yhtä pyhiä kuin Herra itse. Tunsin itseni yllättyneeksi ja pettyneeksi, kun kuulin heidän sanovan sellaisia asioita kuin:

"Vaikka olemmekin pastoreita, emme pysty mitään aviorikokseen taipuvaisen mielen ja sen ajatusten synnillisyydestä. Näin ollen, en usko että se on synti."

"Totta", vastasi toinen, "teemme syntiä vain jos suoritamme

varsinaisen teon. Pelkkä ajatus ei voi olla synti."

Olin tyrmistynyt, koska olin jo heittänyt pois aviorikokseen taipuvaisen mielen syntisen luonteen paastoamalla ja rukoilemalla ennen teologiseen kouluun tuloa. Koska synnin juuret oli nyhdetty, vihollisemme paholainen ja Saatana ei voinut tuoda mieleeni sellaisia ajatuksia. Olisiko Jumala käskenyt meitä olemaan tekemättä aviorikosta, jos meidän ei olisi mahdollista noudattaa sitä? Miksi he sanoivat sellaisia asioita, jos he uskoivat, että synneistä voi luopua rukoilemalla ja paastoamalla? Jeesus sanoi, että jokainen joka katsoo naista himokkaasti, on sydämessään jo tehnyt aviorikoksen hänen kanssaan. Hän sanoi myös, että mikään ei ole mahdotonta sille joka uskoo, joten pystymme luopumaan synneistä kamppailemalla niitä vastaan niin tosissamme, että jopa vuodamme verta.

Kun teologisen koulun opiskelijat kysyivät professorilta asiasta, hän sanoi että ihmiset eivät voineet mitään ajatuksilleen, joten pelkkä ajatus ei ole synti. Päätin opettaa uskoville, että pystymme luopumaan synneistä, jos saamme osaksemme Jumalan armon ja voiman.

"Kiitos, Jumala! Jos olisin aikoinaan kuullut, että meidän ei ole mahdollista luopua aviorikokseen taipuvaisesta mielestä, olisin luovuttanut ja tehnyt jatkuvasti mielessäni aviorikoksen syntiä. Sinä kuitenkin annoit minun rukoilla, että saisin elää Jumalan sanan mukaisesti, ja Sinä annoit minun luopua aviorikokseen taipuvaisesta mielestä rukoilemalla ja paastoamalla. Kiitos, Jumala!"

Opin, että paastoaminen oli Jumalan tahto

Jopa sen jälkeen kun aloin opiskella teologisessa koulussa, jatkoin paastoamista ja rukoilemista 3, 7, 15 tai 21 päivää kerrallaan. Kun olin uusi uskossa, en tiennyt miksi minun tuli paastota, mutta seurasin Pyhän Hengen johdatusta ja paastosin. Kun minusta tuli diakoni, opin miksi minun täytyi paastota ja mitä siitä hyödyttiin. Aina kun huomasin itsessäni epätotuutta, paastosin näin ollen 3, 5 tai 7 päivää luopuakseni siitä. Esimerkiksi, kun huomasin että minulla oli tapana valehdella, aloitin heti kolmen päivän paaston. Koska paastoaminen oli vaikeaa, pystyin nopeasti luopumaan valheista ja muista epätotuuksista.

Paaston jälkeen on tärkeä syödä toipumisruokaa. Kun olemme paastonneet hetken, meidän on syötävä oikein toipuaksemme. Toipumisruoka on eräänlaista riisi- tai kaurapuuroa tai -velliä. Sitä tulee syödä yhtä kauan kuin paasto kesti. Näin ollen söin hyvin harvoin kiinteää ruokaa. Paastosin yhtä usein kuin söin. Elämäni ensimmäisessä herätyskokouksessa kuulin paastorukouksista mutta en toipumisruoasta. En tiennyt, miksi minun tuli paastota, mutta päätin Pyhän Hengen johdattamana paastota seitsemän päivää. Menin siis Chung-gyen vuorelle mukanani huopa ja raamattu.

Rukouskeskuksen lähellä oli yksityisiä paikkoja, joita kutsuttiin "rukousselleiksi", jossa voi rukoilla yksin. Paikka oli märkä, ja lattialaudoissa oli reikiä, joten hyönteisiä oli kaikkialla. Huusin rukoukseni ja lopulta sain päätettyä seitsemän päivän paaston. Jalkani tutisivat palatessani vuorelta, mutta olin iloinen siitä, että olin pystynyt tekemään koko paaston. Kun tulin bussipysäkille, näin katukauppiaan joka myi ranskalaisia perunoita ja donitseja. Söin muutaman donitsin ja palasin kotiin.

"Kulta, voisitko antaa minulle ruokaa"

Vaimoni laittoi minulle ruokaa, joten rukoilin: "Uskon, että ruoka sulaa hyvin", ja söin kaksi kupillista riisiä. Se olisi voinut olla rankkaa vatsalle, mutta se suli hyvin. Vähän myöhemmin kuulin, että Pajussa, Kyeong-gi Dossa, oli Osanrin rukoushuone. Menin sinne paastoamaan ja rukoilemaan. Paastosin kolme päivää ja osallistuin samalla kokoukseen. Kokouksessa kuulin, että paaston jälkeen täytyi syödä "toipumisruokaa". Pastori sanoi, että meidän täytyi syödä kevyttä ja pehmeää ruokaa, kuten puuroa, velliä tai vihanneksia. Minulla oli kuitenkin asiasta toinen mielipide.

Kun palasin paaston jälkeen kotiin, söin tavallisen riisiaterian ja rukoilin: "Uskon, että se sulaa hyvin." Mutta yhtäkkiä kasvoni turposivat ja minulle tuli muitakin vaivoja. Polvistuin heti rukoilemaan. Kuulin Pyhän Hengen äänen.

"Kun et tiennyt toipumisruoasta, pidin sinusta huolta koska näin uskosi, mutta nyt tiedät toipumisruoasta. Et totellut ylimielisyytesi tähden." Kaduin syvästi, että en ollut totellut oppimaani, ja aloitin heti paikalla uuden paaston.

Paastorukouksen edut

Paastorukous on tärkeä osa sitä, että saamme rukouksiimme vastauksen, ja sillä on monia etuja. Ensinnäkin, on hyvin vaikeaa paastota ja sitten syödä toipumisruokaa tietyn aikaa ilman että meidän on pakotettava ruumiimme tottelemaan.

Kun paastoamme, meidän on irtauduttava lihasta, ja saamme voimaa hallita itseämme. Henkemme tulee aktiivisemmaksi, mikä auttaa meitä kasvamaan hengen miehinä. Lisäksi vatsa pääsee lepäämään, mikä on hyväksi terveydelle. Myös mieli selkeytyy, joten paastosta on hyötyä sekä mielen että ruumiin terveydelle. Kun henkemme tulee aktiivisemmaksi, täytymme Pyhän Hengen täyteläisyydellä, joten saamme voimaa Jumalalta. Hartailla rukouksilla saamme vastauksen moniin ongelmiin, ja nämä rukoukset estävät jopa tulevia koettelemuksia. Jumala työskentelee kaiken hyväksi.

Paastosin yhtä usein kuin söin, enkä koskaan muuttanut mieltäni, jos päätin aloittaa paastorukoilun jakson. Voimme luottaa Jumalaan, kun pidämme Hänelle antamamme lupaukset. Kun saamme rukoillessamme ja paastotessamme vastauksia, uskomme lujittuu ja saamme rohkeutta ja voimaa elämäämme. Paasto on näin ollen oikotie todellisiin kokemuksiin kristittynä ja on hyvä tapa elää voitokkaasti uskossa.

Paastorukous on näin ollen Jumalan tahto ja sen on eräs parhaista tavoista saavuttaa Jumalan valtakunta ja oikeamielisyys.

Miten paastorukous tarjotaan

Paastorukous tarkoittaa sitä, että rukoillaan nauttimatta mitään muuta kuin vettä. Rukous suoritetaan päättäväisyydellä, joka sanoo: "Jos kuolen, niin kuolen." Pitkään, yli kymmenen päivää kestävään paastoon ei siis tule ryhtyä ajattelemattomasti, ja paastossa tulee noudattaa Jumalan tahtoa Pyhän Hengen ohjaamana.

Jesaja 58:6 sanoo: *"Toisenlaista paastoa minä odotan: että vapautat syyttömät kahleista, irrotat ikeen hihnat ja vapautat sorretut, että murskaat kaikki ikeet."* Kahleet viittaavat niihin ongelmiin, jotka Jumalan sanan vastustamisesta seuraa. Jos nimittäin tarjoamme Jumalalle Häntä miellyttävän paaston, ongelmamme ratkeavat. Jotkut ihmiset kuitenkin paastoavat 40 päivää ajatuksissaan ja joutuvat sitten vaikeuksiin, koska Jumala ei suojele heitä. Millainen paasto sitten miellyttää Jumalaa?

Ensiksi, se on tehtävä järkkymättömin mielin.

Kun päätämme, montako päivää paastoamme, meidän ei saa muuttaa mieltämme. Emme saa keskeyttää paastoa tai luovuttaa vain sen takia, että se on rankkaa. Jos paasto täytyy keskeyttää jonkin ylipääsemättömän syyn takia, koko paasto on taas aloitettava alusta ja Jumalalle annettu lupaus on pidettävä. Jos teemme lupauksen Jumalan edessä ja sitten rikomme sen mistä tahansa syystä, miten Jumala voi luottaa meihin ja rakastaa meitä? Meidän on aina pidettävä se, mitä Jumalan edessä päätämme. Kun teemme niin, opimme pitkäjänteisiksi ja voimme luottaa Jumalaan. Samalla voimme noudattaa Jumalan tahtoa.

Toiseksi, meidän on huudettava rukouksemme, kun paastoamme.

Jotkut eivät rukoile kunnolla vaan tapaavat nukkua enemmän, kun he paastoavat. Tällaisella syömättömyydellä ei ole mitään merkitystä. Vain jos huudamme rukouksemme, antaa Jumala armonsa ja voimaa jatkaa paastoa. Hän myös vastaa rukouksiimme ja siunaa meitä.

Aivan kuin tavallisesti syömme kolme kertaa päivässä, meidän on paaston aikana tarjottava rukouksia ainakin kolme kertaa päivässä. Tällä tavoin saamme henkistä mannaa ja elämän vettä ylhäältä, jotta voimme täyttyä Pyhällä Hengellä ja jotta vihollisemme, paholainen, pysyisi poissa. Jos paastoamme pitkän aikaa, meidän on rukoiltava vähintään viisi kertaa päivässä, jotta saamme Jumalalta henkistä leipää. Paastomme ei myöskään saa olla ainoastaan ulkoinen teko. Kun revimme rikki sydämemme ja rukoilemme koko sydämemme, Jumala suo meille armoa ja voimaa (Joel 2:12-13).

Kolmanneksi, emme saa nauttia viihteestä.

Jesaja 58:3 sanoo: *"Miksi sinä et huomaa, kuinka me paastoamme? Etkö näe, kuinka me kuritamme itseämme? Näen kyllä! Paastopäivänäkin te ajatte omia etujanne, te ahdistatte niitä, jotka raatavat puolestanne."* Jos paaston aikana katsot TV:tä, suutut tai loukkaat muita, Jumala ei voi vastaanottaa paastoa ilolla eikä sinun tule odottaa vastausta. Sen tähden meidän tulee pidättäytyä viihteestä, tarpeettomista keskusteluista ja kaiken epätodenmukaisen tekemisestä. Juuri tällaiseen sydämeen Jumala voi olla tyytyväinen.

Neljänneksi, kun rukoilemme, meidän tulee ensin rukoilla Jumalan valtakuntaa ja oikeamielisyyttä.

Jos rukoilemme ahneesti tyydyttääksemme himomme, Jumala ei hyväksy rukouksiamme. Tällöin emme saa vastausta. Paasto pikemminkin vahingoittaa ruumistamme, joten meidän tulee olla varovaisia. Emme saa rukoilla kuuluisuutta, maallista valtaa tai tietoa vaan ainoastaan sitä, että Jumala pyhittää meidät tahtonsa välikappaleeksi. Meidän on rukoiltava, että muita sieluja pelastuu, että saamme lisää Jumalan voimaa ja että saamme Pyhän Hengen lahjoja. Jumala vastaanottaa rukouksemme ilomielin, kun rukoilemme Jumalan valtakunnan ja oikeamielisyyden sekä kirkon pastorien puolesta.

Viidenneksi, meidän täytyy rukoilla henkisellä rakkaudella.

Jesaja 58:7 sanoo: *"Murrat leipää nälkäiselle, avaat kotisi kodittomalle, vaatetat alastoman, kun hänet näet, etkä karttele apua tarvitsevaa veljeäsi."* Jumala on rakkaudessaan huolissaan, kun Hänen lapsensa lakkaavat Häntä rukoillakseen syömästä. Jos he toimivat hyvyydestä ja osoittavat rakkautta muihin, miten rakastettavia he ovat Jumalan silmissä? Hän hyväksyy paaston iloisemmin ja vastaa nopeammin.

Kuudenneksi, meidän on syötävä kunnollista toipumisruokaa.

Kun päätämme paaston, meidän on syötävä toipumisruokaa yhtä monta päivää kuin paastomme kesti, jotta paaston voidaan katsoa päättyneen. Kun syömme toipumisruokaa asiaankuuluvasti, kasvatamme itsehillintää. Se ei vahingoita ruumistamme vaan tekee siitä terveemmän, ja myös henkemme ymmärrys kasvaa.

Jotkut sanovat: "Minulla on vahva vatsa, joten ei minun tarvitse syödä toipumisruokaa." Se ei kuitenkaan ole totta. Kun syömme kunnollista toipumisruokaa, Jumala vahvistaa heikkoa vatsaa ja parantaa samalla pienet sairaudet.

Vaikka olisimme paastonneet erinomaisesti mutta emme syö kunnollista toipumisruokaa, menetämme energiamme siinä määrin kun ruumiimme vahingoittuu ja kärsimme muistakin vaivoista. Toipumisen aikana emme myöskään saa työskennellä tai urheilla raskaasti. Paastoa saattaa seurata testi, joten paaston aikana on parasta rukoilla sen varalta.

Kunnollinen toipumisruoka

Jos syömme toipumisaikana liikaa, kasvomme turpoavat ja vatsamme kärsii, joten meidän on oltava varovaisia. Tavallisesti syömme kolme ateriaa päivässä, mutta kun syömme toipumisruokaa pehmeän ja laihan riisipuuron kanssa, voimme syödä sitä kupillisen neljä kertaa päivässä.

Meidän tulee välttää lihaa, munia, leipää, hiilihappoisia juomia sekä raskaita ruokia, joissa on paljon öljyä, mausteita tai suolaa, ja happamia ruokia. Meidän tulisi välttää ruokaa, jossa on mausteita tai keinotekoisia makuaineita. On parempi syödä vihanneksia.

Kolmen päivän paaston jälkeen voimme syödä riisipuuroa, mutta pitemmän paaston aikana vatsasta tulee kuin vastasyntyneen vatsa. Joten meidän tulee syödä ainakin kahden päivän ajan hyvin laimeaa riisikeittoa, joka on melkein kuin vettä. Sitä syödään nelisen kertaa päivässä. Voimme myös jouda omenamehua mutta ei kiinteää osaa neljästi päivässä.

3-4 päivän päästä voimme syödä paksumpaa riisikeittoa. Myöhemmin voimme lisätä puuroon riisijauhoja tai keitettyä kurpitsaa, milloin myös ruoan määrä kasvaa. Lisukkeeksi ei kelpaa liha, emmekä saa käyttää keinotekoisia makuaineita. Jos haluamme lihaa, voimme syödä hieman kalaa, mutta sen täytyy olla lievästi suolattua.

Myös vihanneskeitot ovat hyviä. Erityisen hyvää on seesaminsiemenet, joista on poistettu kuori ja jotka sitten lisätään riisipuuroon. Näin saamme energiamme takaisin nopeammin ja tunnemme olomme terveemmäksi.

Rukoilin Pyhän Hengen johdatusta

Olin sulkeutunut. Jos vieressäni oli joku, en voinut rukoilla ääneen. Siitä syystä rukoilin aina yksin läpi yön. Puolisen tuntia sen jälkeen kun aloin rukoilemaan, sain Pyhän Hengen täyteläisyyden ja innoituksen olla syvässä henkisessä yhteydessä Jumalaan. Joskus sain niin voimakkaan innoituksen, että aloin laulaa muilla kielillä, ja joskus tanssin Pyhän Hengen ohjaamana ja lauloin hallelujaa.

Rukoilin enimmäkseen kirkkoni pastorin, muiden pastoreiden, seurakunnanvanhimpien ja kirkon ja muiden sielujen ylösnousemuksen ja muiden kirkkojen, valtion ja kansamme puolesta. Rukouksen lopussa rukoilin lyhyesti perheeni ja yritykseni puolesta. Jos minulla oli aikaa, menin rukouskeskukseen ja rukoilin auringonnousun aikaisissa rukouskokouksissa. Sen jälkeen menin kukkulan huipulle. Ajattelin, että olisi ajanhukkaa odottaa lounaaseen, joten otin mukaani huovan ja jätin lounaan väliin.

Illalla söin sitten rukouskeskuksessa ja osallistuin kokoukseen. Jos tunsin tarvetta paastota, jätin myös illallisen väliin.

"Myös Henki auttaa meitä, jotka olemme heikkoja. Emmehän tiedä, miten meidän tulisi rukoilla, että rukoilisimme oikein. Henki itse kuitenkin puhuu meidän puolestamme sanattomin huokauksin. Ja hän, joka tutkii sydämet, tietää mitä Henki tarkoittaa, sillä Henki puhuu Jumalan tahdon mukaisesti pyhien puolesta." (Kirje roomalaisille, 8:26-27).

Silloin en edes tiennyt Pyhästä Hengestä vaan noudatin vain Herran johdatusta ja rukoilin. Jumala tutkii sydämen. Koska Pyhä Henki rukoili sisältäni, rukoilin Hänen innoittamanaan.

Jumalan kädet valmistelivat kirkon avaamisen

Uskon koettelemusten voittaminen

Jumala lähetti meille uskon koettelemuksia, jotta perheeläni olisi täydellisempi usko. Nuorin tyttäreni, Soojin, oli kuusivuotias. Vuosi oli 1980. Hän käveli siskonsa kanssa kadulla, jossa lukiolaispojat pelasivat palloa. Yksi pojista kääntyi äkisti siepatakseen pallon ja törmäsi Soojiniin. Hän kaatui, iski päänsä betoniin ja sai aivotärähdyksen. Opiskelijan vanhemmat vievät Soojinin sairaalaan. Vaimoni kuuli tapahtuneesta ja meni sairaalaan. Lääkäri sanoi, että Soojin täytyi viedä keskussairaalaan. Hän sanoi, että Soojinin aivot olivat vaurioituneet pahasti ja että siitä saattaisi koitua vahinkoa hänen hengenlahjoilleen. Vaikka hän saisikin leikkauksen, oli hyvin mahdollista että hän jäisi aivovammaiseksi.

Olin kaupassa, ja sain kuulla että Soojin houraili. Koska kuitenkin uskoin, että rukoilu voisi parantaa hänet, vein hänet takaisiin kotiin sen sijaan, että olisin päästänyt häntä sairaalaan. Opiskelijan äiti ei tiennyt, mitä tehdä. Hän työskenteli sisäkkönä ja myös hänen taloudellinen tilanteensa oli vaikea. Rauhoittelin häntä ja sitten laskin käteni ja aloin rukoilla Soojinin puolesta. Hän houraili ja valitti. Hän ei herännyt vielä seuraavanakaan päivänä. Olin rukoillut vaimoni kanssa läpi yön. Keskiviikkona olin lähdössä pappisseminaariin, kun yhtäkkiä kuulin Soojinin kirkkaan äänen sanovan: "Isä, eikö tänään olekin kirkkopäivä?" Hän oli saanut järkensä takaisin.

"Kiitos, Jumala! Vastasit rukouksiini, ja Soojin heräsi." Kun palasin kotiin, Soojin oli mennyt kirkkoon keskiviikkoiseen jumalanpalvelukseen.

Toiseen tyttäreeni törmäsi rekka

Vuonna 1981 Mikyung, toinen tyttäreni, joutui liikenneonnettomuuteen. Mikyung astui ulos bussista ja aikoi ylittää tien. Rekkakuski ei nähnyt häntä ja törmäsi Mikyoungiin. Hän lensi maahan. Hänen ympärilleen kerääntyi ihmisiä, ja sitten kuski vei hänet sairaalaan.

Kun he saapuivat, Mikyungin kasvot olivat niin turvonneet, että näytti kuin hänellä olisi ollut kaksi leukaa. Hänen suunsa oli riekaleina. Se oli kamalaa. Lääkärit sanoivat, että hänen täytyi jäädä sairaalaan, mutta vaimoni toi hänet kotiin. Mikyung oli yltä päältä veressä eikä pystynyt avaamaan silmiään. Hänen kasvonsa olivat täynnä haavoja ja ruhjeita.

Hän ei pystynyt syömään. Hän onnistui juuri ja juuri juomaan maitoa ja ottamaan pillillä pieniä siemauksia keittoa. Avasin hänen suutaan hieman ja katsoin sinne. Se näytti kamalalta. Rukoilin hartaasti käsi Mikyungin päällä. Hän meni kouluun kaikista vammoistaan huolimatta. Opettaja järkyttyi hänet nähdessään ja käski hänen mennä sairaalaan. Paastosin ja rukoilin hartaasti vaimoni kanssa läpi yön. Mikyung meni joka päivä kouluun. Ensimmäisen päivän lopussa hänen kasvonsa olivat mustelmilla ja viidentenä päivänä ruvet irtosivat ja hän toipui täysin. Hänen suunsa palautui ennalleen, turvotus hävisi ja hänen suunsa sisäpuoli parani ja tuli täysin puhtaaksi. Hän kertoi kirjeessään, että hän kävisi siitä lähtien säännöllisesti kirkossa.

Seuraavalla kesälomalla saimme Mikyungin opettajalta kirjeen. Hän kertoi oivaltaneensa, että Jumala eli ja että Hänen valtansa on suuri, koska oli nähnyt Mikyungin toipuvan niin nopeasti aivan ilman lääkärin hoitoa ja lääkkeitä.

Ensimmäinen tyttäremme parani, kun vaimoni katui

Oli vuosi 1981, ja ensimmäinen tyttäremme, Miyoung, kävi peruskoulua. Hän oli koulusta kesälomalla. Olin eräänä päivänä ollut Osanrin rukoushuoneessa rukoilemassa ja olin juuri palaamassa kotiin. Löysin Miyoungin sängystä yltä päältä täynnä paiseita. Hänellä oli niin paksu ihottuma, että hänen ihonsa oli kuin männyn kaarnaa, ja iho oli rosoisen, haavaisen pinnan alla tulehtunut. Hänen ihonsa oli täynnä vuotavia haavaumia. Se oli kamalaa. Hänen täytyi pysyä liikkumatta huoneen nurkassa, koska hän alkoi heti vuotaa verta jos yritimme liikuttaa häntä vähääkään.

Koska vaimoni uskoi, että Jumala parantaisi hänet, hän ei ollut antanut Miyoungille lääkkeitä eikä vienyt häntä sairaalaan. Rukoilin Miyoungin puolesta, mutta hän ei parantunut. Jatkoin rukoilemista seuraavana päivänä, mutta tilanne ei parantunut.

"Ei Herran käsi ole lyhyt pelastamaan eikä hänen korvansa kuuro kuulemaan. Ei, vaan teidän rikkomuksenne erottavat teidät Jumalastanne. Teidän syntinne ovat saaneet hänet kääntymään pois, niin ettei hän teitä kuule" (Jesaja 59:1-2).

Tutkin itseäni ja yritin löytää jotakin, mitä minun olisi tullut katua, mutta mieleeni ei tullut mitään. Olin varma, että Miyoungin käytöksessä ei ollut ollut moittimista. Hän oli aina hyvä tyttö. Vaimoni kertoi, että oli ollut laiska osallistumaan aamurukouksiin, koska hänellä oli kiireitä, ja että hän katui sitä Jumalan edessä. Kun hän oli katunut, rukoilin Miyoungin puolesta, ja Jumala vastasi rukoukseeni. Ihottuman peittämä ihon alla oleva tulehdus oli muuttanut sen keltaiseksi, mutta se muuttui yhdessä yössä valkoiseksi ja ruvet irtosivat. Hän oli täysin entisellään ennen loman loppua.

Kun turvauduimme yksinomaan Jumalaan, hän ei antanut meidän joutua vaikeisiin tilanteisiin. Oivalsimme, että tapahtuneen tarkoitus oli ollut koetella uskoamme ja vahvistaa sitä, aivan kuten Jumala teki Jobista täydellisemmän jalostamalla häntä paiseilla. Kiitimme Jumalaa hänen rakkaudestaan. Jumala koetteli meitä ennen kirkon perustamista kunkin tyttäremme kautta, jotta uskomme olisi suurempi.

Mitä teen?

Vahvistin Jumalan aina kaikissa asioissa ja iloitsin kysyessäni hänen tahtoaan ja totellessani häntä. Kun luin raamatusta

Daavidista, minuun kosketti syvästi se, miten hän aina turvautui kaikessa Jumalaan.

"Tämän jälkeen Daavid kysyi Herralta:'Voinko mennä johonkin Juudan kaupunkiin?' Herra vastasi:'Mene.' Daavid kysyi:'Mihin kaupunkiin?' Herra sanoi:'Hebroniin'" (2 Samuel 2:1).

"Daavid kysyi Herralta:'Lähdenkö filistealaisia vastaan? Annatko heidät minun käsiini?' Herra vastasi hänelle:'Lähde! Minä annan filistealaiset sinun käsiisi'" (2 Samuel 5:19).

Daavid kysyi aina Jumalalta neuvoa pienimmässäkin asiassa. Pikkulapsen tavoin hän kysyi neuvoa Jumalalta ja sai Häneltä johdatusta. Aina kun Daavid kysyi Jumalalta neuvoa, Jumala kertoi hänelle runsasmielisen isän tavoin, mitä tehdä. Minäkin kysyin Jumalalta neuvoa kaikessa, ja Jumala vastasi minulle selkeästi Pyhän Hengen äänellä.

40 päivän paasto

Kun vuonna 1981 olin pappisseminaarin ensimmäisenä lukuvuotena talvilomalla, Jumala sai minut tarjoamaan 40 päivän paaston. Pakkasin mukaani raamatun, virsikirjan ja muutaman muun saarnakirjan. Kun olin lähdössä rukouskeskukseen, kuulin Pyhän Hengen sanovan selkeästi:

"Älä ota mukaasi eläkä lue muita kirjoja 40 päivän paaston aikana kuin raamattu ja virsikirja."

Otin nopeasti muut kirjat pois laukustani ja lähdin sitten Osanrin rukoushuoneelle. Koska oli loma-aika, siellä oli tuhansia uskovia. Sää oli silloin kylmin 60 vuoteen. Osallistuin siellä kaikkiin virallisiin jumalanpalveluksiin ja rukoilin säännöllisesti kolme kertaa päivässä (aamunkoitteessa, iltapäivällä ja kello 23 illalla). Minusta tuntui että olin jäätyä, kun menin rukousselliin ja polvistuin rukoilemaan, mutta huusin silti rukoukseni jättämättä kertaakaan väliin.

Rukousselli oli täysin huurteessa ja tuntui jääkuutiolta. Onnistuin kuitenkin huutamaan rukoustani 30-40 minuuttia, milloin Jumala soi minulle armonsa, ja pystyin rukoilemaan muutaman tunnin. Koska olin juuri tullut uskoon, paastosin usein, milloin 5, milloin 7, milloin 15 ja milloin 20 päivää. Paastosin säännöllisesti ja osallistuin lisäksi pappisseminaarille. Ajattelin, että jos Jumala auttaisi minua, jopa 40 päivän paasto olisi helppo. Rukoilin Jumalan valtakuntaa ja oikeamielisyyttä sekä sitä, että Jumala selittäisi minulle sanansa. Minut kutsuttiin Hänen palvelijakseen, mutta en pystynyt mihinkään omin voimin, joten rukoilin hartaasti Jumalan voimaa, jotta pystyisin työskentelemään hänelle. Rukoilin myös kirkon perustamista, ja Jumala antoi minulle unelman kirkosta jonka tehtävä koskisi koko maailmaa:

"Monet sielut kärsivät sairauksista ja köyhyydestä. Kirkkosi tulee auttaa hätää kärsiviä, parantaa ihmiskehojen sielut ja saarnata todistajanani tätä hyvää sanomaa koko maailmalle ja kattaa koko maailman. Nouskoon ja loistakoon kirkkosi. Olen valinnut sinut ja tulen ohjaamaan sinua alusta loppuun. Tee näin, ja tulet kirkon perustettuasi tekemään kaikenlaista."

Koska olin kärsinyt kivuista ja sairauksista pitkän aikaa, ymmärsin hyvin niitä, jotka olivat sairaita. Jotta voisin antaa uskottomille uskon, parantaa monia heikkouksista ja sairauksista ja irrottaa epäoikeudenmukaisuuden kahleet, jotka sitovat ihmiset tähän syntiseen maailmaan, minun täytyi saada Jumalalta suuri ja rajaton voima, joten minun oli rukoiltava:

"Jumala, anna minulle voimasi, jotta kun ihmiset koskettavat varjoani tai vaatteitani, he paranevat, ja jotta pystyn ajamaan paholaisvihollisen pois pelkästään sitä komentamalla."

Kun rukoilin suurella innolla, sain Häneltä lupauksen että saisin vallan ajaa pois paholaisvihollisen joukot. Unelmoin, että saisin Jumalalta lisää voimaa, jotta voisin saarnata ilosanomaa ja istuttaa uskon niihin, jotka eivät tunteneet Jumalaa tai jotka kärsivät sairauksista, köyhyydestä ja muista tämän maailman huolista, ja perustaa kirkon, joka kasvaisi kertomaan evankeliumia maailman joka nurkassa. Jotta voisin toteuttaa maailmanlaajuisen lähetyskeskuksen unelman, minun täytyi saada Jumalalta rajattomasti voimaa, joten rukoilin että saisin saman voiman kuin muut Jumalan miehet – kuten Mooses, Joosua, Elias, Elisa, Pietari ja Paavali – jotta voisin tehdä ihmeitä ja tuottaa tunnusmerkkejä ja ihmetystä.

Jumalan palvelijana en pyytänyt ainoastaan voimaa ja valtaa tulla maailmassa voittajaksi vaan pyysin myös kahtatoista Pyhän Hengen lahjaa. Mutta kuudenteen päivään mennessä Jumala ei ollut vastannut minulle. Koska hän ei auttanut minua, paholaisvihollinen alkoi häiritä minua. Kun seitsemäs ja kahdeksas päivä kuluivat, minua alkoi huimata ja sain kramppeja käsiini ja jalkoihini. Minusta tuntui, että olin tulossa hulluksi, enkä pystynyt edes nukkumaan öisin. Pelkäsin, että todellakin tulisin hulluksi, joten ponnistelin säilyttääkseni mielenterveyteni. Unessani joku pakotti minut syömään riisiä. Kun heräsin, kaduin että olin nähnyt sellaisen unen.

Mieleeni tuli luovuttaa, koska ajattelin että saattaisin häpäistä Jumalan, mutta jos olisin silloin lopettanut, minun olisi täytynyt alkaa alusta. Kamppailin siis joka päivä kipuja vastaan. Yhdeksännen päivän jälkeen nämä oireet lakkasivat. 20. päivän jälkeen minulla ei ollut enää voimia lukea raamattua, joten otin mukaani muutaman saarnakirjan pastorilta. Luin pari lukua, mutta minulla ei ollut voimia lukea enempää. Menin rukousselliin, mutta en saanut voimaa huutaa. Minun täytyi kamppailla kovasti, jotta pystyin rukoilemaan. Rukoilin: "Jumala, anna minulle voimaa huutaa rukoukseni."

En tiedä, kauanko aikaa oli kulunut, mutta kamppailuni keskeytti sydäntä sykäyttävä ääni, joka sanoi: *"Käskin sinua olla ottamatta ja lukematta muita kirjoja kuin raamattu ja virsikirja. Miksi luit ihmisen kirjoittamaa kirjaa?"*

Kun kuulin äänen, tulin tolkkuihini ja vastasin: "Jumala, luulin että se oli oikein. Mutta en totellut sinua. Anna anteeksi." Raamattua oli ollut vaikea lukea, ja olin ajatellut, että ehkä pystyisin lukemaan toista kirjaa. Ymmärsin, että olin ollut tottelematon, ja kaduin sitä syvästi. Sitten sain voimaa jatkaa rukoilemista.

28. päivänä olin pelkkää luuta ja nahkaa. Painoni oli pienentynyt huomattavasti. 30. päivänä sisälmykseni olivat niin kuivat, että ne tarttuivat yhteen niin että edes vettä ei päässyt läpi, ja tunsin olevani täpötäynnä, aivan kuin minulla olisi ollut ruoansulatusvaivoja. Kaikki juomani vesi tuli takaisin ylös. Oksennuksen mukana tuli mustaa, kuollutta verta. Luulen, että

jotkut suonet vatsassani olivat puhjenneet, ja veri tuli sen takia oksennuksen mukana.

32. päivänä ensimmäinen tyttäreni, joka kävi silloin peruskoulua, tuli tapaamaan minua. Jaoin huoneen monen muun kanssa, mutta ajattelin että he järkyttyisivät jos näkisivät minun oksentavan. Menin tyttäreni kanssa takaisin kotiin. Jatkoin paastoa kotini läheltä vuokraamassani huoneessa. Kamppailin kovasti tahtoani vastaan. 39. päivänä noin kello 23 kaikki kivut kuitenkin katosivat ihmeenomaisesti, ja Jumala antoi minulle voimaa korkeuksista. Minulla oli voimaa kuin täysin toipuneella ihmisellä. Kävin kylvyssä ja vaihdoin vaatteeni. Keskiyöltä pidin kiitosjumalanpalveluksen ja päätin paaston.

Kuin kotka kouluttaa poikasiaan

Myöhemmin ihmettelin, miksi Jumala ei tukenut minua 40 päivän paaston aikana. Siihen saakka olin aina paastonnut helposti, koska Jumala oli tukenut ja auttanut minua. Kysyin Jumalalta rukouksissani, miksi minun oli täytynyt paastota niin tuskallisesti vain omin voimineni. Hän vastasi seuraavasti:

"En kääntänyt kasvojani sinulta vaan koulutin sinua. Jos vertaat Minun avullani helposti tehtävää paastoa ja paastoa, jonka teet omin voimin ja omalla sisullasi, saat jälkimmäisellä monin verroin enemmän voimia."

Koska paastosin omin voimin ja omalla tahdonvoimallani, voimani ja sitkeyteni kasvoivat ja pystyin suoriutumaan kaikista mahdollisista hankaluuksista. Kun kuulin Jumalan sanat, mieleeni tuli viides Mooseksen kirja 32:11-12.

"Niin kuin kotka suojelee pesäänsä ja liitelee poikastensa yllä, niin kuin se kantaa niitä siivillään, niin Herrakin kuljetti kansaansa. Herra yksin johdatti omiaan, ei hänellä ollut muuta jumalaa rinnallaan."

Kotkat tekevät pesänsä korkealle jyrkänteen huipulle. Kun niiden poikaset alkavat kasvaa, emokotka työntää omat poikasensa ulos pesästä. Kun ne putoavat, ne liikuttelevat siipiään vaistomaisesti pysäyttääkseen pudotuksen. Tällaisessa koulutuksessa nuorista kotkista tulee voimakkaita, jotta ne selviytyvät elämän kilpailussa ja lentävät korkealla taivaalla. Minun oli pakko vuodattaa kyyneliä, koska Jumala rakastaa minua niin paljon että koulutti minua yhtä ankarasti kuin kotka kouluttaa poikasiaan.

Luku 5

Kirkon
perustaminen

Jumalan sanan valmistelu kolmen vuoden ajan

Jalostin sinua

Mietiskelin, mitä "kolme vuotta" tarkoitti. 9. heinäkuuta 1974 tapahtui jotain, joka pani alulle avioeroni. 10. heinäkuuta 1977 avasimme kaupan Keumho Dongin torilla, ja taloutemme oli vakaa. Se oli täsmälleen kolme vuotta, ei päivääkään eroa. Koska pappisseminaari kestää neljä vuotta, en ensin ymmärtänyt, miksi Jumala sanoi että Hän olisi kanssani "tunnusteoin ja ihmein" sen jälkeen, kun olin valmistanut itseäni sanalla kolme vuotta. Kohta kuitenkin ymmärsin myös nämä sanat. Helmikuussa 1982 puhuin herätyskokouksessa Masanin Ilman-kirkon pastorin pyynnöstä. Päätin ensimmäisen seminaarivuoteni vuonna 1982, joten silloin oli taas kulunut täsmälleen kolme vuotta siitä, kun olin aloittanut opiskelut. Kirkon vanhin pyysi minua:

"Pastori, tule puhumaan kirkkoni herätyskokouksessa."

"Minua ei ole edes vihitty papiksi. Olen pelkkä opiskelija. Miten voisin puhua herätyskokouksessa? Pyydä jotakuta muuta."

"Ei. Olen rukoillut tätä herätyskokousta jo jonkin aikaa, ja Jumala johdatti sinut luokseni. Jumala haluaa, että puhut siellä."

"Sitten rukoilen siitä ja annan sinulle vastauksen."

Koska se oli ensimmäinen herätyskokoukseni ja oli vasta opiskelija, en tuntenut paljoa itseluottamusta. Paastosin kolme päivää Osanrin rukoushuoneessa, minkä jälkeen tunsin itseni varmaksi ja rohkeaksi. Kun palasin kotiin, polvistuin rukoilemaan, jotta voisin valmistaa viestin, jota saarnaisin herätyskokouksessa. Sillä hetkellä sain Jumalalta selkeän innoituksen, jossa hän kertoi minulle 11 viestiä ja niihin kuuluvat raamatun kappaleet ja nimet, mukaan lukien viestin aamukokousta varten. Tämä innoitus jopa muistutti minua lukemastani kirjasta: "Olet lukenut tämän kirjan, joten kerro siitä esimerkkinä." Olin vaikuttunut. Oivalsin jälleen kerran, että Jumalalle mikään ei ollut mahdotonta. Tein kaikki valmistelut kunkin saarnan johdannosta sen päätökseen. Puhuin herätyskokouksessa ja johdin sitä Jumalan armolla. Kaikki jäsenet kiittivät minua ja kertoivat saaneensa paljon armoa. Monet kertoivat kuulleensa elävän sanan, eivätkä he olleet kokeneet sellaista aikaisemmin. Se kohensi heidän mielialaansa ja monet heidän ongelmansa ratkesivat.

Tämän herätyskokouksen jälkeen minut kutsuttiin moneen kirkkoon puhumaan heidän herätyskokouksessaan. Pyhä Henki painotti jokaista saarnaa voimallisesti kuin pyörretuuli Jumalan tunnusmerkeillä ja ihmeteoilla. Kun Jumala kutsui minut palvelijakseen, Hän sanoi: *"Kolme vuotta, joten varustaudu nyt sanalla seuraavat kolme vuotta."*

Pappismenestystä

Seminaarin viimeisenä vuonna myös oppitoverini valmistautuivat perustamaan kirkon. He yrittivät oppia, miten kirkko perustetaan, ja osallistuivat sen takia kirkkojen laajennuskokouksiin ja tutkivat kirkkojen herätyskokouksia. He yrittivät neuvoa minua: "Pastori, miten sinusta voi tulla tehokas pappi pelkällä paastoamisella ja vuorilla rukoilemisella? Tule mukaan oppimaan." Tietenkin voi olla hyvä asia oppia, miten kirkko perustetaan, mutta minä ajattelin toisin.

En halunnut oppia ihmisten menetelmiä vaan lukea raamatusta, miten Jumala laajensi kirkkoja. Raamatussa kerrotaan, että uskon isät, kuten Pietari ja Paavali, pyrkivät rukoilemaan aina tilaisuuden tullen. Ymmärsin Jumalan sanan miettimällä raamattua ja saarnasin evankeliumia ahkerasti.

Apostolien teot kertoo kohdasta 8:26 eteenpäin, miten Filippos meni Pyhän Hengen johdattamana erämaahan ja tapasi erään etiopialaisen eunukin, Etiopian kuningattaren eli kandaken hoviherran. Hoviherra oli vastuussa kaikista kuningattaren aarteista. Hän luki Jesajan kirjoituksia ja halusi ymmärtää Jumalan sanat. Näin ollen Filippos kertoi hänelle Jeesuksesta ja kastoi hänet. Ja apostoli Paavali halusi saarnata Aasiassa, mutta Pyhä Henki ei hyväksynyt sitä vaan johdatti hänet Makedoniaan. (Apostolien teot 16:6-10)

Minulle selvisi Jumalan sanan miettimisestä, että Hän ohjaa ja johdattaa palvelijoitaan itse. Oivalsin, että pappismenestykselle oli tärkeintä, että kuunteli Jumalaa tarkasti ja noudatti Hänen tahtoaan. Juuri siksi rukoilin aina kun minulla oli aikaa ja pyrin ymmärtämään Jumalan sanan henkisesti.

Vaimoni huolehti sieluista rakkaudella

Maaliskuussa 1982, 40-päiväisen paaston ja toipumisruokajakson jälkeen, alkoi uusi oppivuosi. Sinä vuonna ryhmät organisoitiin uudestaan kirkossa. Vaimoni sai vastuulleen ryhmän palvelemisen ryhmässä, jota johti diakoni Aeja Ahn. Ryhmässämme oli viisi jäsentä. Huhtikuuhun mennessä ryhmämme oli kasvanut 25 jäseneen.

Vaimoni kertoi heille ahkerasti evankeliumista ja piti heistä huolta. Hän oli myös sopinut ajan, jolloin hän rukoili diakoni Aeja Ahnin kanssa kotona päivittäin. Näiden rukouskokousten aikana ratkaistiin perheiden ongelmia ja uusille perheenjäsenille kerrottiin evankeliumista, joten monet kokivat herätyksen. Ja koska vaimoni oli niin hyvä kokki, hän laittoi herkullista ruokaa jokaiseen kokoukseen osanottajille tarjottavaksi.

Sunnuntai-aamuisin lähetimme tyttäremme kertomaan kaikkiin koteihin: "Tänään on kirkkopäivä, joten tulkaa kotiimme kello 10." Jos he eivät tulleet, pienet tyttäremme menivät takaisin heidän kotiinsa ja koputtivat ovelle kannustaen heitä menemään kirkkoon. Monet eivät voineet kieltäytyä tyttärieni kutsusta. Ryhmäni osallistui sunnuntaisin kirkonpalveluksiin 30-henkisenä. Vaimoni huolehti heistä rakkaudella ja koulutti siten itseään pastorin vaimoksi.

Seitsemällä dollarilla

Tapahtui jotakin uskomatonta

Kun 1. maaliskuuta aloitin viimeisen vuoteni pappisseminaarilla, kauppani, joka oli aina ollut täynnä asiakkaita, tyhjeni äkisti. Se oli täysin tyhjä. Ensin tarkistin, oliko meillä jokin synnin muuri joka eristi meidät Jumalasta, ja ajattelin että kaikki olisi kunnossa seuraavana päivänä. Tilanne kuitenkin jatkui. Rukoilin vaimoni kanssa Jumalaa, mutta emme saaneet vastausta. Koska meillä ei ollut tuloja, kaupan vuokra vähennettiin maksamastamme pantista. Saimme myöhemmin tietää, että se oli Jumalan tahto. 25. heinäkuuta suljimme kaupan perustaaksemme kirkon, ja siihen mennessä kaikki panttirahat oli käytetty. Kun olimme maksaneet verot, käteemme jäi seitsemän dollaria. Jumala otti meiltä kaiken tässä maailmassa ansaitsemamme ja pani meidät perustamaan kirkon pelkällä seitsemällä dollarilla.

Luoksemme tuli sairaita

Miksi Miyoungin äiti on aina onnellinen? Koska olin kerran ollut kuoleman kielissä, vaimoni aloitti elämänsä kristittynä todistamalla, miten minä paranin kaikista taudeistani. Hän oli nyt aina onnellinen ja täynnä iloa. Hän oli aina kiitollinen, vaikka meillä ei olisikaan ollut mitään syötävää seuraavaksi päiväksi. Hän lauloi aina ylistyslauluja, pesi hän tiskiä tai teki jotain muuta. Hän kertoi kaikille kohtaamilleen, että oli tavannut elävän Jumalan, ja julisti evankeliumia. Hän vietti kaikki päivät Pyhän Hengen täyttämänä.

Uutiset perheestäni levisi jo ennen kuin perustimme kirkon, ja monet tulivat pyytämään minua rukoilemaan heidän puolestaan. Huhtikuussa 1982 puheilleni tuli eräs uskova. Hän oli niin laiha, että näytti olevan pelkkää luuta ja nahkaa. Hän kertoi, että ei voinut kävellä nopeasti, koska hänellä oli synnynnäinen sydänvika.

"Pastori, kolme päivää sen jälkeen kun synnytin lapsen, kehoni turposi ja sydänvika tuli vakavaksi. En edes pysty pitelemään vauvaa." "Ota rukous vastaan uskollasi. Jumala parantaa sinut."

Hän otti rukouksen vastaan kerran, ja hänen sydänvikansa parani. Hän on päädiakoni Seong-ja Kim, joka on nyt omistautunut rukoilijaryhmän jäsen kirkossamme. Erään toisen kerran kauppaan tuli keski-ikäinen nainen. Hän kertoi kuulleensa perheestäni ja etsineensä minua. Hänellä oli 20-vuotias tytär, jonka lonkkaluu oli poissa sijoiltaan. Hänen jalkansa olivat eri pituiset, eikä hän kyennyt kävelemään kunnolla. Hänen kipunsa olivat asteittain pahentuneet, ja hänen täytyi nyt käyttää morfiinia. Hänestä oli tullut riippuvainen morfiinista, eikä se enää toiminut. Edes voimakkailla särkylääkkeillä ei ollut häneen vaikutusta. Hänen äitinsä pyysi minua rukoilemaan hänen puolestaan. Pidimme jumalanpalveluksen kotona. Pyhä Henki sai minut rukoilemaan tuon perheen puolesta 21 päivää.

Kävin silloin vielä pappisseminaaria ja lisäksi rukoilin läpi yön, mutta silti saarnasin heille Jumalan sanaa ja rukoilin heidän puolestaan 21 päivää. Tytär tuli hitaasti uskoon ja lakkasi ottamasta lääkkeitä. Hän alkoi turvautua ainoastaan Jumalaan. 20. päivänä kaikki kivut katosivat. Seuraavana päivänä hän kertoi:

"Pastori, talomme on vanha ja ullakolla ja katon sisällä on paljon rottia. Ne pitivät aina meteliä. Ne jopa tulivat öisin huoneisiin ja sotkivat paikat. Se oli ärsyttävää. Mutta viime yönä näin unen, ja kun heräsin aamulla, tapahtui jotakin ihmeellistä!"

Rottia oli niin paljon, että he olivat kokeilleet rotanmyrkkyä ja monia muita keinoja päästäkseen niistä eroon, mutta mikään ei toiminut. Kivut tekivät hänet aina hermostuneeksi, säikyksi ja levottomaksi. Hän ei rottien äänten takia pystynyt nukkumaan öisin. Yöllä hän kuitenkin näki unen, jossa hän vastaanotti rukoukseni, ja kun hän sai rukouksen, eri kokoisia rottia alkoi lähteä ryhmissä, ja lopulta iso rotta, joka näytti niitten kuninkaalta, lähti myös. Sitten yhtäkkiä kaikki kivut katosivat. Ja kaikki rotat olivat todella tiessään. Hän oli niin yllättynyt Jumalan teosta, että ei pystynyt hillitsemään tunteitaan. Joitakin päiviä myöhemmin hänen äitinsä tuli taas luokseni ja sanoi: "Pastori, tyttäreni tekee kuolemaa! Tule heti rukoilemaan hänen puolestaan!"

Saavuin heidän taloonsa keskellä yötä. Tytär vääntelehti

lattialla tuskissaan. Hän oli pitänyt kolmen päivän paaston, minkä jälkeen hänen olisi pitänyt syödä asianmukaista toipumisruokaa kolme päivää, mutta hän oli heti paaston päätyttyä syönyt paistettua kanaa. Hänellä oli akuutti ruoansulatushäiriö. Kun laskin käteni hänen päälleen ja rukoilin, näin selvästi Pyhän Hengen innoituksesta luun hänen vatsassaan. Luu alkoi sulaa. Heti kun rukous loppui, hän oksensi kaiken syömänsä. Hän hengähti syvään ja hänen kasvonsa tulivat normaaleiksi.

Puhtaan välikappaleen luominen

Paastosin säännöllisesti ja yritin parhaani päästä eroon kaikenlaisesta synnistä ja pitää kaikki Jumalan käskyt. Sain yhdeksän Pyhän Hengen hedelmää ja huomasin, että osoitin selvästi Pyhän Hengen voimasta ja lahjoista kertovia tunnustekoja. Kun olin rukoillut Jumalaa seitsemän vuotta antamaan minulle selkeän ymmärryksen tahdostaan, Hän lähetti luokseni profeetan. Huhtikuussa 1982 eräs naisjäsen, jolle vaimoni oli saarnannut evankeliumia, tuli luokseni ja sanoi:

"Pastori, joku kutsui minua nimeltä kolme kertaa keskellä yötä, joten avasin silmäni. Jumala ilmestyi niin kirkkaassa valossa, että minun oli vaikea pitää silmiäni auki, ja sanoi:'Valitsen sinut. Teen sinut tunnetuksi kansojen kesken ja teen sinusta todistajani koko maailmalle.' En tiedä, mitä se merkitsee."

Hän ei siihen aikaan tuntenut edes Mooseksen kirjaa tai Matteuksen evankeliumia, mutta rukous oli parantanut hänen vatsatautinsa. Kun pidimme rukouskokouksia uuden kirkon perustamiseksi, Jumalan sanat virtasivat hänen huuliltaan, ja hämmästyin kun kuulin samat sanat kuin Jumala oli minulle sanonut kutsuessaan minut palvelijakseen:

"Etkö pyytänyt 12 Pyhän Hengen lahjaa? Annoin sinulle ne kaikki, joten anna minulle kiitosrukous."

Jumala puhui profeetan kautta myös asioista, jotka ainoastaan minä tiesin. Edes vaimoni ei tiennyt niitä kaikkia. Näin ymmärsin, että Jumala oli antanut hänelle profetoimisen lahjan. Jumala vakuutti minulle, että olin todella saanut Hänen sanansa. Siihen saakka olin pyytänyt 12 lahjaa, mukaan lukien yhdeksän Pyhän Hengen lahjaa, joista kerrotaan ensimmäisen korinttilaiskirjeen 12. luvussa, ja näkijän lahjaa, jumalan näkemisen lahjaa ja rakkauden lahjaa.

Mitä profetointi on?

Raamattu kertoo monta tapaa kuulla Jumalan äänen. On Jumalan oma ääni ja on Pyhän Hengen ääni. Ja joskus Jumala puhuu meille enkelin kautta, joka ilmestyy luoksemme ihmisenä. Jumala puhuu meille myös profetioina.

"Herran käsi tarttui minuun, ja Herran henki vei minut kauas pois ja laski minut keskelle laaksoa, joka oli täynnä kuolleitten luita. Herra sanoi minulle: 'Ihminen, voivatko nämä luut herätä eloon?' Minä vastasin: 'Herra, sinä sen tiedät.' Hän sanoi: 'Sano profeetan sana näille luille, sano niille: Te kuivat luut, kuulkaa Herran sana! Näin sanoo Herra Jumala näille luille: Minä annan teihin hengen, niin

että te heräätte eloon. Minä panen teihin jänteet, kasvatan
ympärillenne lihan ja peitän teidät nahalla, ja minä annan
teihin hengen, niin että te heräätte eloon. Silloin te tiedätte,
että minä olen Herra.' *Minä puhuin saamani käskyn*
mukaan, ja minun vielä puhuessani alkoi kuulua kovaa
kalinaa, kun luut lähenivät toisiaan ja liittyivät yhteen nivel
niveleltä." *(Hesekiel 37:1-7).*

"Jeesuksen todistajissa on profetoimisen Henki."
(Johanneksen ilmestys 19:10).

Profetointi merkitsee jollekulle toiselle puhumista. Jotkut
profeetat puhuvat ihmisen ja jotkut Jumalan puolesta.

Hesekielin kirjan 37. luvussa Jumalan henki oli Hesekielissä ja
puhui Hesekielin huulilla. Koska Jumala puhui ihmisen huulin,
lauseet olivat käskyjä. Profetointia eivät tee ihmiset vaan Jumalan
henki eli Pyhä Henki. Pyhä Henki toimii harmonisesti ihmisen
kautta ja välittää Jumalan tahdon. Näin ollen Pyhän Hengen
sana on totta ja Jumalan vahvistama. Mikä sitten on profetoinnin
henki?

Jos puhuu totta Pyhän Hengen kautta, todistaa Jeesuksesta,
joka on itse totuus. Koska Jeesuksen henki todistaa ihmisen
kautta, joka puhuu Pyhän Hengen välityksellä totuutta, tämä
ihminen profetoi. Profetoinnin henki on tätä. Aivan kuin
profeetta Hesekiel totteli Jumalan sanaa ja profetoi, mekin
voimme kokea monia ilmestyksiä sellaisen kautta, joka profetoi
Jumalan sanaa.

Jeesus haluaa, että koemme ilmestyksiä, kuten hän sanoi
Matteuksen evankeliumin kohdassa 11:27: *"Poikaa ei tunne*
kukaan muu kuin Isä eikä Isää kukaan muu kuin Poika ja se, jolle

Poika tahtoo hänet ilmoittaa." Apostoli Paavali sanoi toisessa kirjeessään korinttilaisille kohdassa 12:1: "*Minun on pakko kerskailla, vaikkei siitä hyötyä olekaan. Siirryn nyt näkyihin ja Herran ilmestyksiin.*"

Jos koemme Jumalan ilmestyksen apostoli Paavalin tavoin, ymmärrämme Jumalan selkeästi ja voimme jopa saada tietää tulevia. Vasta kun tiedämme tulevaisuuden, voimme valmistautua Herran paluuseen, mikä tulee kuin varas yössä.

Vastaus kirkon avaamisesta

He haluavat erottaa sinut

Pidimme monta rukouskokousta valmistautuessamme perustamaan kirkkoa. Pidimme parantamiskokouksen diakoni Aeja Ahnin kotona, ja talo täyttyi ihmisistä. Toinen rukouskokous pidettiin kaupassani. Eräs mies, jonka käsi oli murtunut ja kipsissä, parani ja heitti kipsin pois. Nainen, joka ei ollut pystynyt saamaan lasta, tuli vastaanottamaan rukouksen. Pian sen jälkeen kuulin, että hän oli raskaana. Kolmas kokous pidettiin vuorella. Sinne tuli yli 40 ihmistä. Heidän mukanaan oli seminaarin opiskelijoita ja pastoreita. Erään naisen selkäranka oli leikattu, mutta vaiva oli uusiutunut.

Hänelle kerrottiin, että vaiva oli vaarallinen, mutta hän halusi kuitenkin tulla rukouskokoukseen. Eräs ryhmämme jäsenistä onnistui juuri ja juuri kantamaan hänet vuorelle. Rukoilin naisen puolesta rukousistunnossa. Hän parani täysin ja käveli itse alas vuorelta.

Myös neljäs kokous pidettiin vuorella, ja siihen osallistui monia seminaarin opiskelijoita. Jumala sanoi minulle:

"Tämän kokouksen jälkeen sinua koetellaan. Mutta älä huoli. Usko minuun ja rukoile. Palkitsen sinut siunauksin."

Koettelemukseni alkoi pian sen jälkeen. Kesäkuussa 1982 suoritin lukukauden viimeiset kokeet ja palasin kotiin. Mutta yksi professoreista tuli kotiin saakka minua tapaamaan. Tiesin, että tällaista ei tavallisesti tapahtunut. Hän aloitti sanomalla: "Olen käynyt monella rukousvuorella ja rukoillut paljon, joten myös minä tiedän paljon henkimaailmasta. Sinulla on henkistä syvyyttä, ja tiedän että sinua on siunattu monilla lahjoilla. Koska aiot perustaa kirkon, paholaisvihollinen Saatana nousi sinua vastaan. Pastori, sinun olisi parasta lakata suunnittelemasta kirkon perustamista. Pidimme tänään professorien kokouksen ja haluamme erottaa sinut. Tiedän, ettet ole sellainen henkilö, mutta..."

Paholaisvihollisen teot häiritsivät kirkon perustamista

Kun kuuntelin hänen yksityiskohtaisia selityksiään, ymmärsin että sekä minua ohjanneella professorilla että kirkkoni pastorilla oli väärä kuva minusta. Minulta kysyttiin: "Pastori, sanoitko vuorella pidetyn rukouskokouksen aikana, että sinä olet Kristus? Otitko naisen mukaasi ja annoit hänen asettaa kätensä muiden pastoreiden päälle?"

"En ole koskaan väittänyt olevani Kristus, enkä ole koskaan

antanut naisen asettaa käsiään muiden pastoreiden päälle."

Aina kun rukoilin kokouksessa muiden puolesta, tapahtui paljon ihmeparantumisia. Tämä teki erään luokkatoverini kateelliseksi ja hän väitti minua ohjaavalle professorille sellaisia asioita kuin: "Pastori Jaerock Lee tekee asioita, jotka aiheuttavat hajaannusta. Hän sanoo olevansa Kristus."

Nämä täysin perättömät huhut levisivät nopeasti. Minua neljä vuotta opettanut professori päätti erottaa minut pelkkien huhujen perusteella ilman että olisi edes kysynyt minulta, oliko niissä perää. Siitä huolimatta en mennyt kertomaan kenellekään, että olin syytön. Tilanne tuntui vaikealta, mutta kun rukoilin Jumalaa, Hän käski minua kiittämään ja iloitsemaan ja rukoilemaan rakkaudella noiden ihmisten puolesta.

Seuraava lukukausi alkoi syyskuussa. Kun menin kouluun, kuulin luokkatoverieni väittelevän tilanteestani. He sanoivat, että minua valheellisesti syyttänyt opiskelija ei ollut ilmoittautunut opiskelemaan sinä lukukautena, koska pelkäsi muiden reaktioita. Niinpä kävin hänen luonaan ja kehotin häntä ilmoittautumaan, sillä en kantanut hänelle kaunaa enkä syyttänyt häntä väärinkäsityksestä. Jumala toimi siten, että kaikki ongelmat ratkesivat helposti. Jopa minua väärin syyttänyt armahdettiin. Kun pidimme kirkon perustamisjumalanpalveluksen, monet professorit, myös ne jotka olivat ymmärtäneet minut väärin, tulivat juhlimaan kanssamme. Seminaarin lopussa meillä oli kirkossani valmistautumisjuhlat, joissa kiitimme seminaarin professoreita.

Sain vastauksen – "Manmin (Kaiken Luodun) kirkko"

Koska liityin seminaariin varsin vanhana, halusin perustaa kirkon nopeasti. Koska olin tulossa vanhaksi, aloin rukoilla kirkon nimeä jo ensimmäisenä seminaarivuonna, mutta en saanut vastausta. Vastaus tuli vasta juuri ennen kirkon avaamista.

"Nimeä se'Manmin kirkoksi'. Kun aika koittaa ja lähdet pyhiinvaellusmatkalle, ymmärrät miksi annoin sinulle kirkon nimen'Manmin'. "

Myöhemmin, vuonna 1989, menin pyhiinvaellusmatkalle pyhään maahan. Jeesus rukoili Getsemanessa, kunnes Hänen hikensä muuttui vereksi, jotta ristin lupaus tulisi lunastetuksi ja kaikki kansat ja valtiot pelastuisivat. Tässä paikassa näin valtavalla mielenliikutuksella "Kaikkien valtioiden kirkon". Jumala lähetti Jeesuksen Kristuksen hyvitysuhrina pelastaakseen kaikki valtiot ja kansat. Jumala haluaa täyttää lupauksensa viimeisinä päivinä, ja Hän haluaa levittää pyhän evankeliumin kaikkialle maailmaan, joten Hän antoi meille nimen "Manmin", mikä tarkoittaa "kaikki luotu".

Kirkon alkuaikoina sen nimi oli "Manmin-kirkko", mutta koska odotimme perustavamme monia haarakirkkoja, annoimme sille uuden nimen "Manmin Joong-ang (Keskus) -kirkko".

Miksi haluat tehdä sen vaikealla tavalla?

"Pastori, miksi haluat perustaa kirkon? Tiedätkö, miten hankalaa se on?" "Sinulla ei moneen vuoteen tule olemaan varaa syödä muuta kuin puuroa. Etkö halua, että lapsesi käyvät koulua? Tiedätkö, miten vaikea nykyään on kerätä seurakunta?" Neuvot jatkuivat: "Etkö tiedä, miten tottelemattomia uskovat nykyään ovat? Työskennellään yhdessä tässä kirkossa." "Pastori, jos perustat kirkon, tulet vuodattamaan paljon kyyneliä." Monet yrittivät estää minua perustamasta kirkkoa. Oli totta, että monilla uusilla kirkoilla oli juuri nuo vaikeudet. Jotkut pastorit perustavat kirkon ottamalla lainan rakennusta ja muuta tarvittavaa varten. Mutta jos kirkko ei laajene odotetulla tavalla, he joutuvat vaikeuksiin velkojensa kanssa. Monet heistä vaeltelivat epätoivoisina ja avuttomina sinne tänne. Mutta koska uskoin kaikkivoipaan Jumalaan, sydämeni ei horjunut tippaakaan. En voinut kertoa minua neuvoville suoraan päin kasvoja, että olin eri mieltä, koska olisin nolannut heidät. Vastasin ainoastaan itselleni. "Kun perustan kirkon, se menestyy eikä siitä koidu mitään vaikeuksia. Pelastan monia sieluja, ja kirkko laajenee vauhdilla. Se tulee olemaan suuri kunnianosoitus Jumalalle."

Luotin siihen, mitä Jumala sanoi Filippiläiskirjeen kohdassa 4:13: *"Kestän kaiken hänen avullaan, joka antaa minulle voimaa,"* ja Matteuksen evankeliumin kohdassa 9:29, joka kertoo että asiat tapahtuvat niin kuin niiden uskotaan tapahtuvan, ja Matteuksen evankeliumin kohdassa 13:8, joka vakuuttaa että jos kylvämme, Jumala palkitsee meidät siitä 30, 60 tai 100-kertaisesti. Koska Jumala oli rakkaiden palvelijoidensa kanssa, Mooses ja apostoli Paavali näyttivät ihmisistä jumalilta (toinen Mooseksen kirja 7:1, apostolien teot 14:11).

Jos Jumala on kanssamme, mikään ei ole mahdotonta. Niin minä uskoin. Uskoin, että jos Jumalan palvelijana keskittyisin Hänen sanaansa ja rukoilisin ja noudattaisin Hänen tahtoaan, Jumala vastaisi minulle ja pitäisi huolen kaikista kirkon taloudellisista asioista, tiloista ja työntekijöistä. Minulle lähetettiin näky, koska uskoin että pystyin kestän kaiken Hänen avullaan, joka antaa minulle voimaa. Rukoilin yksityiskohtaisesti näystäni ja unelmastani ja kerroin siitä.

Noudatin Pyhän Hengen johdatusta

Toukokuussa 1982 Jumala käski minua perustamaan kirkon sinne, missä aurinko paahtoi, ja Hän johdatti minut Shindaebangin kaupunginosaan, joka on osa Dongjakia Soulin kaupungissa. En ollut koskaan ollut siellä aikaisemmin. Koska en tuntenut aluetta, kysyin monilta miten sinne päästään. Koska alueelle ei ollut vielä rakennettu paljoa ja rakennuksia oli harvassa, liikenne oli hiljaista. Löysin paikan, jonka koko oli noin 80 neliömetriä. Kuukausivuokra oli 150 000 wonia (150 dollaria) ja pantti oli kolme miljoonaa wonia (3 000 dollaria). Menin omistajan luo allekirjoittamaan sopimuksen, ja hän alensi vuokran 120 000 woniin.

Jumala tarjosi rahat kirkon perustamiseen

Jumala antoi meille kirkon perustamisen vaatimat rahat diakoni Aeja Ahnin kautta. Hänellä oli tapana rukoilla viitisen tuntia päivässä. Hänen poikansa oli joutunut liikenneonnettomuuteen ja saanut kolmen miljoonan wonin vahingonkorvauksen. Hän lupasi tarjota tämän rahan Jumalalle kirkon perustamisrahastoon. Mutta koska hänen epäuskoinen miehensä käytti rahat muihin tarkoituksiin, hän kantoi aina taakkaa sydämellään. Hän oli ajatellut aina siitä lähtien, että hänen piti antaa kolme miljoonaa wonia kirkon rakentamista varten. Hän oli sen jälkeen tavannut perheeni ja liittynyt seuraani.

Koska hänen miehensä huonekaluliikkeellä ei mennyt hyvin, heidän talonsa oli kiinnitetty. Jos he eivät maksaisi velkojaan, talo myytäisiin hyvin halvalla. Niinpä he panivat sen myyntiin 20 miljoonasta wonista (20 000 dollarista), mutta kukaan ei ollut siitä kiinnostunut. He laskivat hinnan 15 miljoonaan woniin, mutta kukaan ei vieläkään halunnut ostaa sitä. Sitten Jumala puhui diakoni Aeja Ahnille Samgak-vuoren rukouskokouksessa:

"Tarjoa kolmen päivän paasto ja korota talosi hintaa.
Nosta hintaa niin paljon kuin uskosi sallii, ja Minä autan.
Käytä korotetusta hinnasta 3 miljoonaa wonia uuden
kirkon perustamiseen."

Talo oli ollut myytävänä monta vuotta, mutta kukaan ei ollut ollut siitä kiinnostunut. He ajattelivat, että jos he nostaisivat hintaa, kiinteistövälittäjät nauraisivat heille. Diakoni Aeja Ahn ajatteli asiaa huolella ja nosti sitten hintaa kolmella miljoonalla wonilla. Hinta oli nyt 18 miljoonaa wonia. Kiinteistövälittäjät olivat ihmeissään.

Mutta kun hän palasi kiinteistövälittäjän toimistosta, joku seurasi häntä ja katseli taloa. Hän sanoi, että oli löytänyt etsimänsä talon, ja allekirjoitti kauppakirjat 18 miljoonasta wonista. Diakoni oli pahoillaan, että ei ollut myynyt taloa 20 miljoonasta wonista jos hänellä olisi ollut enemmän uskoa. Jumala auttoi häntä myymään talon, jota ei oltu pystytty myymään pitkään aikaan. Hän maksoi perheen velat ja tarjosi kirkon perustamiseen kolme miljoonaa wonia.

Kaduin sydämeni pohjasta, koska olin tukeutunut ihmisiin

Kun valmistelin kirkon avaamista, jotenkin odotin että ainakin 40 ihmistä tulisi mukaani uuteen kirkkoon. Luulin, että he tulisivat kirkkoon alusta pitäen koska tunsivat minut ja rakastivat minua. Todellisuus oli kuitenkin toisenlainen. Pidimme avajaisjumalanpalveluksen 25. heinäkuuta 1982, mutta yllätyksekseni kukaan odottamistani ihmisistä ei tullut. Kun huomasin, että sisareni, jotka olivat luvanneet tulla, eivät olleet jumalanpalveluksessa, ymmärsin että Jumala oli estänyt heitä tulemasta. Jumala ei halunnut, että tukeutuisin kehenkään sisarukseeni. Rukoilin: "Jumala, kiitos että autoit minua ymmärtämään että halusin tukeutua sukulaisiin. Anna minulle anteeksi se, että yritin tukeutua ihmisiin. Nyt ymmärrän tahtosi. En tukeudu ihmisiin vaan ainoastaan Sinuun, Jumala, ja hoidan kaiken rukoilemalla."

Avajaisjumalanpalveluksen jälkeen oivalsin, että minulla oli vielä halu tukeutua ihmisiin, ja kaduin sitä ankarasti Jumalan edessä. Rukoilin Jumalaa lähettämään kirkkoon seurakuntalaisia, ja Jumala täytti pyhätön lähettämillään uskovilla joka viikko.

Aloittaminen tyhjästä

Yhdeksän aikuista ja neljä lasta

Rakennus ei ollut avajaisjumalanpalveluksen aikana vielä valmis. Ikkunoissa ei ollut laseja, saarnastuoli puuttui eikä lattialla ollut mattoa. Se tuntui kuin autiomaalta. Jaoimme tilan kahtia verholla. Perheeni asui yhdellä puolella ja toista puolta käytettiin pyhättönä ja rukoushuoneena. Avajaispalveluksessa oli perheeni mukaan lukien yhdeksän aikuista ja neljä lasta. Perhettäni lukuun ottamatta osanottajia ei ollut paljoa. Saarnani nimi oli "Usko on kaikkein arvokkain aarre". Manmin Joong-angin kirkon historia alkoi nollasta. Koska kirkko oli juuri avattu, meillä ei ollut tuloja vaikka kuluja oli paljon. En kuitenkaan koskaan lainannut sukulaisilta enkä muiltakaan. En tehnyt muuta kuin rukoilin Jumalaa. Olin jopa valmis paastoamaan, jos Jumala ei auttaisi minua. Mutta aina kun meillä ei ollut syötävää, Jumala jotenkin antoi meille ruokaa jonkun käsien kautta. Sain jopa syödä koko kesän vesimelonia, josta pidän kovasti.

Rukoilimme yhdessä 5-6 tuntia päivässä

Kun avasimme kirkon, viikon kolehti oli 30-40 000 wonia, mutta se ei edes riittänyt pyhätön kuukausivuokraan. Neljä tai viisi jäsentä kerääntyi yhteen ja rukoili 5-6 tuntia päivässä paahtavassa kuumuudessa. Koska kirkolla ei ollut seurakuntaa, minun ei tarvinnut käydä heidän luonaan huolehtimassa heistä. Hikosimme läpimäriksi, kun rukoilimme rukoushuoneissa. Jeremia 33:3 kertoo: "Huuda minua avuksesi, niin minä vastaan sinulle. Minä ilmoitan sinulle suuria ja ihmeellisiä asioita, joista et mitään tiedä." Kun huusimme rukouksemme Jumalalle, Hän lähetti luoksemme uskovia ja antoi kaiken kirkolle tarpeellisen.

"Jumala, anna meille mikrofoni"

Kun olimme rukoilleet viikon, saimme mikrofonin. Seuraavalla viikolla tarvitsimme puhelimen ja rukoilimme sitä, joten saimme sen. Koska seurakuntalaisia ei ollut montaa, Jumala työskenteli perjantaisen koko yön kestävän jumalanpalveluksen välityksellä. Perjantain yöjumalanpalvelukseen osallistuneet saivat paljon armoa ja tarjosivat yksi kerrassaan niitä asioita, joita kirkossa tarvitsimme. Tällä tavoin saimme verhot, saarnastuolin, pianon, sähköisiä tuulettimia ja jopa kirkontornin, jossa oli risti. Kaksi kuukautta avajaisten jälkeen meillä oli kaikki tarvitsemamme.

Apostolien teoissa sanotaan, että Jumalan palvelijoiden täytyy keskittyä sanaan ja rukoukseen. Näin ollen jätin kaikki huoltotoimet ja rakennukseen liittyvät asiat seurakuntalaisille ja keskityin ainoastaan Jumalan sanaan ja rukoilemaan. Koska en vielä tuntenut Jumalan sanaa kovin hyvin, saarnasin perjantaisissa yöjumalanpalveluksissa ja sunnuntain jumalanpalveluksissa Pyhän Hengen innoittamana.

Vaikka en ollut hyvä puhuja, kuulijat saivat saarnoista elämää ja uskoa, koska ne olivat puhtaita ja hengellisiä. Lisäksi sanoja seurasivat teot ja ihmeet. Kun seurakuntalaiset harjoittivat sanaa, heidän uskonsa kasvoi ja he alkoivat saada vastauksia rukouksiinsa. Jumala lähetti meille heti avajaisista lähtien joka viikko uusia uskovia, joiden elämä sitten parani saarnojen avulla. Kun he näkivät perjantain yöjumalanpalveluksessa Jumalan ihmeitä, he saivat armoa ja heidän uskonsa kasvoi.

Löysin vastaukset raamatusta

Koska ensimmäiset kirkot perustivat apostolit, joita Jeesus itse oli opettanut, he noudattivat Herran tahtoa ja Jumala oli heihin tyytyväinen ja kasvatti heidän seurakuntaansa ihmisillä, jotka sitten pelastuivat. Varhaisista kirkoista tuli minulle malli, joita halusin noudattaa Herran paluuseen saakka. Jumalan eniten haluama kirkko ei ole kirkko, jolla on suuri rakennus tai iso seurakunta, vaan kirkko joka muistuttaa varhaisia kirkkoja. Jos seuraamme varhaisten kirkkojen mallia, jotka puolestaan seurasivat Jumalan miellyttävää tahtoa, Jumala siunaa meitä jatkuvalla herätysten virralla.

"Pelko levisi ihmisten keskuuteen, ja apostolien kätten kautta tapahtui monia ihmeitä ja tunnustekoja. Uskovat pysyttelivät yhdessä, ja kaikki oli heille yhteistä. He

myivät talonsa ja tavaransa, ja rahoista jaettiin kaikille
sen mukaan kuin kukin tarvitsi. Joka päivä he uskollisesti
kokoontuivat temppeliin, ja kodeissaan he yhdessä mursivat
leipää ja aterioivat riemullisin ja vilpittömin mielin. He
ylistivät Jumalaa ja olivat koko kansan suosiossa. Ja
päivä päivältä Herra liitti heidän joukkoonsa niitä jotka
pelastuivat." (Apostolien teot 2:43-47).

Noudatimme varhaisten kirkkojen esimerkkiä siinä, että
ne pyrkivät kerääntymään pyhättöön joka päivä. Pidimme
päivittäin rukouskokouksia ja levitimme Jumalan sanaa,
nautimme rakkauden leipää eli Jumalan sanaa (Johannes 6:48) ja
harjoitimme sitä. Jumala oli kanssamme ja näytti tunnustekojaan
ja ihmeitään, ja koska saimme joka viikko uusia jäseniä, kirkko
kasvoi hyvin nopeasti.

Tukeuduin ainoastaan sanaan

Meidän oli kirkon avajaisten jälkeen säästettävä joka ikinen
penni. Tiesin kuitenkin, että siunausten salaisuus on kuten
Luukas kertoo evankeliuminsa kohdassa 6:38: *"Antakaa, niin*
teille annetaan. Runsas mitta, tiiviiksi paineltu, ravisteltu ja
kukkurainen, annetaan teidän syliinne. Niin kuin te mittaatte, niin
teille mitataan." Yritin auttaa puutteesta kärsiviä turvautumalla
sanaan.

Siihen aikaan kirkossamme oli kymmenen pappisseminaarin
opiskelijaa, ja meidän oli autettava heitä. Meidän ei ollut
helppo maksaa edes pyhätön vuokraa, joka oli 120 000
wonia (120 dollaria). Pari viikkoa avajaisten jälkeen saimme
lahjoituksia, ja lähetimme osan niistä muihin saman

uskonlahkon kirkkoihin siinä uskossa, että Jumala siunaisi meitä.

Perustamisjumalanpalveluksen jälkeen kukin jäsen vannoi antavansa miljoona wonia (1 000 dollaria) sen uskonlahkon pappisseminaarirakennuksen rakentamiseen, mihin kuuluimme. Yritimme parhaamme ja meistä tuli kirkko, joka auttaa muita tukeutumalla sanaan.

Kun perustin kirkon, etsin raamatusta kirkon josta ottaa mallia, ja löysin apostolien tekojen varhaisen kirkon.

"Te ette usko,
ellette näe tunnustekoja ja ihmeitä."

Perustamisjumalanpalvelus

Kun rukoilin perustamisjumalanpalveluksesta, Jumala sanoi: "Pidä perustamisjumalanpalvelus kun kaikki sato on kypsä, ennen ensimmäistä hallaa." Pidimme siis perustamisjumalanpalveluksen 10. lokakuuta 1982, ja meillä oli heti yli sata jäsentä. Jumala oli lähettänyt kirkon avaamisesta lähtien luoksemme paljon ihmisiä, ja pyhättö oli jo käynyt pieneksi. Perjantain koko yön kestävässä jumalanpalveluksessa oli noin 50 neliömetrin tilassa yli sata osanottajaa, joten joidenkin täytyi olla rukousselleissä tai portailla. Perustamisjumalanpalveluksen jälkeen vuokrasimme myös kellarin.

Kun rukoilin joulujuhlasta, Jumala lähetti luoksemme monia lahjakkaita ihmisiä valmistelemaan raamattuaiheista näytelmää, jotta juhlasta tulisi hyvä. Jumala lähetti myös ihmisiä, jotka olivat hyviä somistamaan kukilla, sekä näyttelijättären,

Perustuspalvelus

joka oli lisäksi hyvä tanssija. Hän opetti pyhäkoulussa tanssia ja käsikoreografioita. Seurakunta osasi pian valmistella juhlan omin voimin.

Siihen aikaan minun täytyi pitää yli kymmenen saarnaa viikossa eri jumalanpalveluksissa, mukaan lukien aamuiset rukoustilaisuudet. Kävin lisäksi koulua, koska en ollut vielä valmistautunut pappisseminaarilta. Pidimme lisäksi yöjumalanpalveluksia, mutta neljältä aamulla johdin myös aamurukousta. Kun ihmiset kuulivat, että kirkossani tapahtui monia ihmeparantumisia, luoksemme tuli sairaita kaikkialta maasta. Rukoilin kunkin heidän puolestaan useita kertoja päivässä.

Muutos perheessä

Herra Youngsuk Kim oli kova juomamies, ennen kuin löysi Jeesuksen. Hän meni sairaalaan, kun alkoi yskiä lakkaamatta. Hänen imukudoksistaan löydettiin tuberkuloosia. Hän joutui leikkaukseen ja häntä määrättiin lepäämään kokonaisen vuoden, mutta hänellä ei ollut siihen varaa. Hänen vaimonsa kärsi synnytyksen jälkeisestä rakkotulehduksesta. Hän oli niin masentunut, että yritti itsemurhaa, mutta ei onneksi onnistunut. Youngsuk Kim kuuli lokakuussa 1982 kirkostamme ja ilmoittautui jäseneksi. Hän lupasi paastota kymmenen päivää ja osallistua aamurukoukseen. Hänellä oli hyvin korkea kuume ja hän yski jatkuvasti. Kuitenkin kun hän näki monien muiden sairaiden paranevan, hän alkoi uskoa että hänkin voisi parantua. Rukoilin säännöllisesti hänen puolestaan. Kymmenentenä päivänä kuume laski ja yskiminen lakkasi. Hän oli varma, että oli parantunut, ja meni pyytämään uutta diagnoosia. Hänelle kerrottiin, että hänellä ei enää ollut tuberkuloosia. Pyhän Hengen tuli oli parantanut sen täysin. Silloin myös hänen vaimonsa ilmoittautui kirkon jäseneksi, ja myös hän parani kohta rakkotulehduksesta. Myös heidän tyttärensä parani. Youngsuk Kim kiitti Jumalaa alkamalla opiskella teologiaa. Hän toimii nyt pastorina.

Perjantaiset koko yön kestävät jumalanpalvelukset ja ihmeelliset raamatun merkit

Perjantain koko yön kestävät jumalanpalvelukset olivat tupaten täynnä ihmisiä, jotka olivat tulleet sinne kautta maan. Siitä tuli eräänlainen uskonlahkojen välinen jumalanpalvelus.

Kapea pyhättö oli ihmisiä tulvillaan. Pyhän Hengen tuli oli niin kuuma, että katto oli täynnä vesipisaroita. Osanottajat ylistivät Jumalaa kiihkeästi ja rukoilivat häntä. Palvelus alkoi kello 23 ja jatkui kello kuuteen aamulla. Joka perjantaisessa yöjumalanpalveluksessa parani monia sairaita, jotka sitten pystyivät seisomaan, kävelemään ja hyppelemään, mikä innoitti yhä useampia ihmisiä tulemaan.

Sairaalassa kuolemaan tuomitut paranivat heti kirkkoon astuessaan ja kainalosauvoilla kulkevat alkoivat kävellä ja hypähdellä. Sokeat oppivat näkemään, mykät puhumaan ja naiset, jotka eivät olleet kyenneet saamaan lasta, pystyivät nyt tulemaan raskaiksi. Eräs kätensä murtanut pystyi liikuttelemaan sitä vapaasti rukouksen saatuaan.

Leukemiapotilaan paraneminen

Kerran luokseni tuli rukousta pyytämään nainen, jonka kasvot olivat äärimmäisen kalpeat. Hän sanoi, että lääkäri oli kertonut että hän eläisi vain 15 päivää. Hän kertoi elämästään seuraavaa: Hän oli ollut kristitty jo pyhäkoulusta lähtien. Sitten häntä kosi mies, joka ei ollut uskova. Nainen vastasi, että menisi naimisiin vain uskovan kanssa, joten mies ilmoittautui kirkkoon ja kävi siellä hetken aikaa.

Nainen luuli, että mies olisi nyt hyvä kristitty, mutta muutaman kuukauden kuluttua hänen anoppinsa pakotti hänet uskomaan Buddhaan sanomalla: "Perheemme on ollut buddhalainen jo monta sukupolvea, joten sinunkin täytyy olla buddhalainen." Koska hän ei noudattanut anoppinsa tahtoa, hänen miehensä liittyi äitiinsä ja esti häntä käymästä kirkossaan

Mies hakkasi ja vainosi häntä. Jos perheessä tuli minkäänlaisia ongelmia, niistä syytettiin naista.

Hänet potkittiin ulos talosta moneen kertaan, mutta hän sieti kaiken. Mutta kun mies aloitti suhteen toisen naisen kanssa, hän ei enää kestänyt. Hän jopa lakkasi käymästä kirkossa. Hän tiesi, että hänen täytyi käydä kirkossa, mutta hän oli epätoivoinen. Lopulta hän sai leukemian. Vaikka hän ei enää käynytkään kirkossa, mies jatkoi suhdetta toisen naisen kanssa ja hakkasi häntä yhä.

Vaikka hänellä olikin leukemia, hänen miehensä ja anoppinsa kohtelivat häntä kylmästi eivätkä edes vieneet häntä sairaalaan.

Kun sairaalassa kerrottiin, että hän oli kuolemansairas – kuolemantuomio – hän kuuli uutisissa kirkostamme ja tuli pyytämään minulta rukousta viimeisenä yrityksenään turvautua Jumalaan. Jumala paransi naisen. Vähän myöhemmin hän palasi terveen näköisenä kiittämään minua ja palasi sitten kotiinsa.

Kaksi erilaista tunnustekoa

Jeesus paransi sairaita ja herätti kuolleita. Hän teki monenlaisia ihmeitä. Hän sanoi: *"Te ette usko, ellette näe tunnustekoja ja ihmeitä" (Johannes 4:48)*. Ihme on Jumalan teko, joka muuttaa säätä nopeasti. Kun Joosuan aikaan käytiin taistelu Gibeonissa, aurinko seisahtui taivaan laelle (Joosua 10:13). Jesajan aikaan auringon varjo peräänyi kymmenen askelmaa (toinen kuninkaiden kirja 20:11), ja kolme tietäjää matkusti Beetlehemiin seuraten liikkuvaa tähteä (Matteus 2).

Tunnusteot ovat Jumalan tekoja, jotka jättävät näkyviä merkkejä ja todisteita. Isä Jumala on joskus avainasemassa tunnusteoissa. Näistä tunnusteoistä on kerrotty vanhasta testamentista, ja Johanneksen ilmestyksen kohdassa 15:1 kerrotaan vielä yksi. Markus 13:22 kertoo: *"Sillä vääriä messiaita ja vääriä profeettoja ilmaantuu, ja he tekevät tunnustekoja ja ihmeitä johtaakseen, jos mahdollista, valitut harhaan."* Säkeessä sanotaan "jos mahdollista", mikä tarkoittaa, että nämä teot ovat todellisuudessa mahdottomia. Väärillä profeetoilla ei ole valtaa tehdä tunnustekoja, mutta "jos mahdollista", ne tekisivät niitä pettääkseen ihmisiä, jopa valittuja. Esimerkkejä Isä Jumalan tunnusteoista ovat kymmenen vitsausta Egyptissä (viides Mooseksen kirja 6:22) ja taivasta kohti nouseva liekki (tuomarien kirja 13:19-20).

Eräässä toisenlaisessa tunnusteoissa asialla ovat Herra sekä Pyhä Henki, jotka yhdessä jättävät jonkinlaisen merkin. Tällaisia tunnustekoja löytyy pääasiassa uudesta testamentista. Esimerkkejä Jeesuksen tunnusteoista ovat veden muuttaminen viiniksi, sairaiden parantaminen ja kuolleitten herättäminen, näön antaminen sokeille, kuulon kuuroille ja puhekyvyn mykille. Nämä tunnusteot ovat tekoja, joihin ihmiset eivät pysty (Johannes 6:2). Jeesus teki tunnustekoja saarnattuaan Jumalan sanaa, jotta ne todistaneet uskoisivat, että Jumalan sana on totta.

Tietenkin on siunatumpaa uskoa ilman näitä tunnustekoja, mutta ei ole helppo uskoa jotain mitä ei näe. Kun synnit yleistyvät, ihmisten sydämistä tulee uppiniskaisempia ja niiden on vaikea omaksua todellista uskoa. Nykyään on helpompi ja tehokkaampi kertoa evankeliumista, jos pystyy samalla esittämään tunnustekoja ja ihmeitä.

Nämä tunnusmerkit seuraavat niitä, jotka uskovat

Jotkut uskovat eivät usko, että raamatun tunnustekoja tapahtuu tänäkin päivänä, tai ainakin pitävät sitä omituisena. Jotkut saattavat ajatella epäillen: "Olen rukoillut uskossani. Miksi Jumalan tekoja ei sitten tapahdu?" Jeesus kuitenkin sanoi: *"Ja niitä, jotka uskovat, seuraavat nämä tunnusmerkit: Minun nimissäni he ajavat pois pahoja henkiä. He puhuvat vierailla kielillä. He tarttuvat käsin käärmeisiin, ja vaikka he juovat tappavaa myrkkyä, se ei vahingoita heitä. He panevat kätensä sairaiden päälle, ja nämä paranevat" (Markus 16:17-18).* "Ne, jotka uskovat" tarkoittaa tässä niitä, joilla on täydellinen henkinen usko. Roomalaiskirjeen kohdassa 12:3 kerrotaan, miten uskolle on mittansa, aivan kuin siemenille on tapansa itää, kukoistaa ja kantaa hedelmää. Kylvettyämme uskon siemenen itseemme usko voi kasvaa eri tavoilla, riippuen siitä miten huolehdimme siitä. Tästä syystä kukin mittaa uskoa eri tavalla. Jumala antaa meille henkistä uskoa taivaasta siinä määrin, kuin harjoitamme sanaa ja teemme sydämemme vilpittömiksi (kirje heprealaisille 10:22). Näin ollen, jos meillä on täydellinen usko joka muistuttaa Jeesuksen sydäntä, tunnusteot tulevat seuraamaan meitä.

Tulemme ajamaan pois pahoja henkiä Jeesuksen Kristuksen nimessä ja puhumaan vierailla kielillä. "Tarttuvat käsin käärmeisiin" merkitsee hengellisessä mielessä, että tuhoamme Saatanan teot Jumalan sanalla. Edelleen, ne joiden usko on täydellinen, eivät ole alttiita millekään sairauksille tai bakteereille, ja vaikka he vahingossa joisivatkin tappavaa myrkkyä, sillä ei ole heihin vaikutusta, koska Jumala polttaa sen Pyhän Hengen tulella. Näin kävi apostoli Paavalille, kun myrkkykäärme puri häntä Maltan saarella (apostolien teot 28:5). Jumala ei kuitenkaan suojele ihmistä, joka testaa Häntä juomalla myrkkyä tahallaan. Täydellinen usko antaa meille myös lahjan parantaa Jumalan voimalla, kun rukoilemme sellaisten puolesta, joilla on parantumaton sairaus.

Mitä "vieraat kielet" ovat?

Mitä "vieraat kielet" tarkoittavat? Vierailla kielillä puhuminen on Pyhän Hengen lahja, jonka Jumala toivoo kaikkien lapsiensa saavan (ensimmäinen korinttilaiskirje 14:5). Tavallisesti rukoilemme Jumalaa omalla kielellämme. Näin rukoilemme sydämestämme. Joskus kuitenkin rukoilemme vieraalla kielellä, joka on hengen rukous (ensimmäinen korinttilaiskirje 14:15).

Kun ymmärrämme, että olemme syntisiä, kadumme ja päästämme Jeesuksen sydämeemme, Jumala antaa meille lahjana Pyhän Hengen ja monessa tapauksessa myös kielillä puhumisen lahjan, mikä on yksi Pyhän Hengen lahjoista. Kun saamme Pyhän Hengen, Aatamin perisynnistä lähtien kuolleena ollut henki virkoaa. Jos saamme kielilläpuhumisen lahjan, tämä henki voi rukoilla Jumalaa. Jos siis saamme kielillä puhumisen lahjan ja rukoilemme, saamme rukoillessamme enemmän voimia ja sielumme kukoistaa.

Olen alusta lähtien rukoillut yörukoukseni kaikesta sydämestäni, ja kun aloin rukoilla hengellä eli muilla kielillä, aloin Pyhän Hengen innoittamana laulaa kielillä ja vaihdella rukouksen kieltä. Kun laulan ylistyslauluja muilla kielillä, käteni kohoavat joskus ylös tietämättäni ja huomaan tanssivani. Kun sitten siirryn syvempään rukoustilaan, puhun kielillä. Kielillä puhuminen on hyvin voimakas rukous.

Komentaminen Jeesuksen Kristuksen nimessä

En voinut koetella edes kasveilla

Miten kiitettävää onkaan, että Jeesuksen 2000 vuotta sitten näyttämän Jumalan teot tapahtuvat samalla tavalla jokaiselle, joka rukoilee uskossa! Aina siitä lähtien, kun olin uusi uskova enkä tiennyt paljoakaan Jumalan sanasta, olen kerännyt lukemattomia rukouksia joilla voin tehdä samoja Jumalan tekoja kuin profeetat ja apostolit. Uskovia seuraavia merkkejä tapahtui jo ennen kuin perustin kirkon.

Kun avasimme kirkon vuonna 1982, saimme kolehdissa viikoittain 30-40 000 wonia (30-40 dollaria). Halusimme alttarille kukkakoristeita, mutta meillä ei ollut ketään joka osaisi laittaa sellaisia, eikä rahaa ostaa kukkia. Meille tuotiin elokuussa ruukku, jossa oli tuuhea puu. Vaikka meillä ei ollut kukkia, meillä oli ruukkukasvi, joka oli kaunis ja suloinen. Kahden viikon kuluttua sen lehdet kuitenkin kellastuivat ja se alkoi kuolla.

Minun kävi sääli tätä kaunista, kuolevaa puuta. Jos Jumala pystyi herättämään kuolleen ihmisen, kai hän vastaisi jos rukoilisin puun puolesta? Tämä ajatus mielessäni asetin käteni puun päälle ja rukoilin: "Elvy, Jeesuksen Kristuksen nimeen!"

Kun seuraavana päivänä tulin pyhättöön rukoilemaan aamurukousta, keltaiset lehdet olivat taas vihreät. Seuraavana päivänä puu oli elpynyt täysin ja sen lehdet olivat tuoreen vihreät. Iloitsin tapahtuneen nähneiden kanssa, ja me kiitimme Jumalaa. Olin hyvin onnellinen ja mielissäni, koska kuoleva puu virkosi. Syyskuussa kirkkoon tuotiin krysanteemi ruukussa. Katselin kauniita kukkia ja mietin, kuolisivatko kukat jos rukoilisin niiden kuolemaa. Fiikuspuu kuoli, kun Jeesus kirosi sen. Jos nyt rukoilisin tämän krysanteemin kuolemaa, kuolisiko se?

Rukoilin ja käskin krysanteemin kukkia kuolemaan pelkkänä kokeena. Omatuntoni kuitenkin kolkutti. Kun sinä iltana rukoilin, Jumalan sana nuhteli minua ankarasti, vaikka kukaan ei ollutkaan nähnyt minun kiroavan kasvia.

"Palvelijani, myös kaikilla kasveilla on elämänsä ja ne ovat Jumalan kasvattamia, joten kuinka saatoit kirota sen? Koetteletko minua? Sinä olet paha. Kadu. Et sinä voi vain siunata ja kirota tahtosi mukaan. Se käy ainoastaan kun Pyhä Henki innoittaa sinua."

Olin niin yllättynyt, että hikoilin. Aloitin heti kolmen päivän paaston ja kaduin syvästi. Sen jälkeen en ole vihannut ihmisiä tai rukoillut vihoissani heitä vastaan, vaikka he vainoaisivat, pilkkaisivat tai kiroaisivat minua. Kuten Jumalan sana kertoo, olen rukoillut minua vainonneita ja siunannut heitä rakkaudella.

Maailman lähetyskeskuksen tehtävä

"Huuda minua avuksesi, niin minä vastaan sinulle. Minä ilmoitan sinulle suuria ja ihmeellisiä asioita, joista et mitään tiedä" (Jeremia 33:3). Noudatin tätä säettä ja rukoilin Jumalaa yhtä paljon kuin Jaakob Jabbok-joen rannalla. Kun huusin rukoukseni ja tottelin Jumalan sanaa paastoamalla ja yritin elää Hänen sanansa mukaisesti, Hän piti lupauksensa. Kuulin Jumalan äänen, ja silloin tällöin näin mahtavia ja voimallisia asioita. Joskus Jumala kertoi minulle etukäteen, mitä maassa ja maailmassa tulisi tapahtumaan. Kun avasimme kirkon, Jumala kertoi että hän toteuttaisi kirkollamme maailman lähetyskeskuksen ja että rakentaisimme hänelle suuren pyhätön.

Koska minut oli kutsuttu Hänen palvelijakseen, rukoilin että minusta tulisi palvelija joka levittää evankeliumia kaikille kansoille ja pelastaa monia sieluja. Sitten Jumala antoi minulle tehtäväksi maailman lähetyskeskuksen, ja kuulin nämä sanat: "Tulet ylittämään vuoria, jokia ja valtameriä ja tekemään merkkitekoja ja ihmeitä." Hän antoi minulle myös tehtäväksi saarnata evankeliumia valitulle kansalle – Israelille – viimeisten päivien aikana. Hän kertoi, että evankeliumi palaisi kotimaahansa, ja että jopa juutalaiset, jotka eivät tunnusta Jeesusta pelastajaksi, katuvat.

Näky suuresta pyhätöstä

Pidimme kirkon avattuamme perjantaisissa koko yön kestävissä jumalanpalveluksissa parantamiskokouksia. Jumala antoi näyn yhdelle seurakuntalaiselle viikossa. Tarkistin aina henkilökohtaisesti, oliko heidän saamansa lahja todella Jumalalta. Jumala antaa meille Pyhän Hengen lahjoja, koska ne auttavat meitä, mutta joskus ihmiset eivät saa Jumalan lahjoja vaan Saatanan tekosia ja näkevät todella omituisia asioita. Siksi meidän on nähtävä ero henkien välillä.

Syyskuussa 1982 Jumala näytti 17 seurakuntalaiselle näyn suuresta pyhätöstä, jonka tulisimme rakentamaa. Yksi näki katon, toinen sisätilat, toinen takaseinän ja toinen kauniit marmoripilarit. Katon keskellä olisi ristin muotoinen aukko, josta auringonvalo pääsisi sisään. Suuren pyhätön saarnastuoli oli keskellä pyhättöä ja pyöri hitaasti. Yksi seurakuntalainen näki minun saarnaavan siellä täpötäydelle pyhätölle.

Kokosimme kaikki näyt ja menimme asiantuntijan puheille. Hän piirsi pyhätöstä kuvan lintuperspektiivistä. Pidämme yhä sitä suuren pyhätön ilmakuvaa viikoittaisen tiedotuslehtemme ensimmäisellä sivulla. Olemme rukoilleet jatkuvasti, jotta voisimme toteuttaa Jumalan meille kirkon alussa antaman unelman.

Jumala kertoi, miksi pyhättöä tarvitaan ajan lopussa ja miten se rakennetaan. Suurta pyhättöä, jonka kautta Jumala haluaa kunniaa, ei voida rakentaa pelkästään siksi että meillä olisi rahaa. Jumala haluaa, että pyhätön rakentavat Hänen lapsensa, jotka rakastavat Jumalaa kiihkeästi ja ovat omistaneet Hänelle sydämensä ja tulleet pyhitetyiksi.

Ensimmäinen herätyskokous kotikaupungissa

Helmikuussa 1983 pidin ensimmäisen herätyskokouksen kotikaupungissani. Kokous pidettiin Hejen kaupunginosassa Muanissa, Joellanam-do-provinssissa. Sen kirkon seurakunta ei kuitenkaan osallistunut. Kirkko täyttyi sen sijaan muista kyläläisistä.

Heidän tarinansa oli säälittävä. Seuraavassa kylässä oli suuri kirkko, joka kuului isoon uskonlahkoon. Se houkutteli seurakuntalaisia rahalla, ja useimmat suunnittelivat siirtyä siihen kirkkoon. Niinpä pastori piti tämän herätyskokouksen, jotta saisi pitää ne seurakuntalaiset, jotka halusivat vaihtaa kirkkoa, mutta seurakuntalaiset eivät auttaneet eivätkä osallistuneet kokoukseen. He eivät osallistuneet, koska pastori ei ollut kutsunut kuuluisaa herätyskokoussaarnaajaa vaan tuntemattoman, ei vielä edes pappisvihkimystä saaneen pastorin nimeltä "Jaerock Lee".

Jumala teki suuria ihmeitä ensimmäisestä tapaamisesta alkaen. Nainen, joka ei ollut kyennyt kävelemään kymmeneen vuoteen ja joka ei pystynyt nukkumaan, koska hänen luitaan särki kovasti, kuunteli saarnaa ja tuli uskoon. Rukouksen ansiosta hän pystyi taas seisomaan, kävelemään ja hyppäämään. Uutiset tästä ihmeestä levisivät heti maaseudun kyliin, ja seuraavana päivänä kokoukseen tuli pastoreita ja seurakuntalaisia jopa 30 kilometrin päästä. Herätyskokous jatkui ja kirkko oli täynnä eri suunnilta tulleita ihmisiä.

Erään vanhan naisen selkä oli vääntynyt 90 astetta. Hänen täytyi aina kävellä katse maata kohden. Kun puhuin, tämä nainen toi minulle jokaiseen rukoustilaisuuteen – aamuiseen, iltapäiväiseen ja iltaiseen – lämmintä juotavaa, jopa kylmällä säällä. Itse asiassa en pitänyt hänen tuomastaan juomasta, mutta join kuitenkin ollakseni kohtelias. Herätyskokouksen viimeisenä päivänä hänen selkänsä oli suoristunut täysin. Monet muutkin kokivat Jumalan parantavan voiman ja ylistivät Häntä. Vasta kun seurakuntalaiset todistivat nämä Jumalan suuret teot, he ymmärsivät toimineensa väärin ja katuivat pastorinsa edessä ja alkoivat osallistua herätyskokoukseen.

Komensin häkäkaasua Jeesuksen Kristuksen nimessä

Siihen aikaan useimpia taloja lämmitettiin suurilla hiilibriketeillä. Talvisin niiden kanssa sattui monia onnettomuuksia. Uutisissa kuultiin joka päivä ihmisistä, jotka olivat kuolleet tai joutuneet sairaalaan kaasumyrkytyksen takia. 12. helmikuuta 1983 pidimme perjantain yöjumalanpalvelusta juuri ennen lunaarista uutta vuotta. Asuin silloin kirkkorakennuksen kellarissa. Siellä oli makuuhuoneita, olohuone, isännöitsijän huone ja toimistoja.

Ennen kuin perjantain yöjumalanpalvelus alkoi, eräs nuori mies nimeltä Suk-ki Pak ajatteli, että koska seuraava päivä olisi lunaarisen uuden vuoden juhlapäivistä ensimmäinen, hän ei tulisi sunnuntaina jumalanpalvelukseen vaan tapaisi sen sijaan ystäviään. Hän tunsi olonsa yhtäkkiä uniseksi ja halusi ottaa nokkaunet ja palata sitten jumalanpalvelukseen. Hän meni alas asuntooni.

Hän halusi vain levätä hetken, mutta oli kohta sikeässä unessa. Tyttäreni nukkuivat makuuhuoneessa asunnossani. 50-neliöisessä pyhätössä oli yli 150 ihmistä, eikä siellä ollut tilaa lapsille. Kirkko tulvi ihmisiä, jotka olivat tulleet jumalanpalvelukseen. He olivat jopa pienissä rukoushuoneissa ja seisomassa portailla pyhätön ulkopuolella.

Koska sinä päivänä oli hyvin pilvistä, hiilestä syntynyt häkäkaasu ei tuulettunut ulos kunnolla. Koska perjantain yöjumalanpalvelus alkaa kello 23 ja päättyy kello 6 aamulla, tämä nuori mies sekä kolme tytärtäni olivat alttiita kuolettavalle kaasulle yli 7 tuntia. Nuorukainen kertoi, että hän oli yhdessä vaiheessa tullut tajuihinsa, mutta koska hänen ruumiinsa oli aivan jäykkä, hän ei ollut pystynyt liikkumaan. Kun seurakuntalaiset olivat jumalanpalveluksen jälkeen lähdössä kotiinsa, isännöitsijä meni alakertaan ja saapui ensimmäisenä todistamaan tapahtunutta. Kun hän löysi heidät, hän huusi: "He ovat kuolleita!" Huudon kuullessaan pyhätössä vielä olevat ihmiset kokoontuivat yhteen. Tyttäreni ja nuori mies tuotiin pyhättöön. He olivat kaikki tajuttomia. Heidän silmänsä olivat muuttuneet valkoisiksi ja heidän suunsa oli täynnä kuplaista vaahtoa.

Tyttäreni hengittivät juuri ja juuri, mutta nuori mies, Suk-ki Pak, ei hengittänyt. Hänen ruumiinsa oli melkein täysin jäykkä. Hän oli itse asiassa jo kuollut. Tiesin hyvin, miten vaarallista häkä on, mutta koska en ollut koskaan ollut vastaavassa tilanteessa, en uskonut että heidät pystyttäisiin elvyttämään. Minun oli lähes mahdoton kuvitella, että Jumala elvyttäisi heidät rukoukseni tähden. Jos veisimme heidät sairaalahoitoon ja heidät onnistuttaisiin elvyttämään, he jäisivät loppuiäkseen mieleltään tai ruumiiltaan vammaisiksi tai pelkiksi ihmisvihanneksiksi.

Olin juuri aloittanut papin urani. Jos joku kuolisi onnettomuudessa heti kirkon avajaisten jälkeen, miten voisin jatkaa pappina? En voinut häpäistä Jumalaa sellaisella. Menin alttarille rukoilemaan: "Jumala, sinä annat elämän ja otat sen takaisin. Kiitän että tyttäreni ovat kanssasi taivaassa, missä ei ole kyyneliä, surua eikä tuskaa. Mutta tämä nuori mies on kirkon seurakuntalainen, ja jos hän kuolee, se on häpeäksi sinulle. Anna hänen palata henkiin."

Kun olin kiittänyt Jumalaa rukouksessa, monet seurakuntalaiset alkoivat rukoilla polvillaan, että he elpyisivät. Menin ensin kuolleen nuorukaisen luo, asetin käteni hänen päälleen ja rukoilin: "Käsken sinua Jeesuksen Kristuksen nimeen, häkäkaasu, mene pois! Isä, elvytä hänen henkensä ja ole kunnioitettu." Seuraavaksi rukoilin kunkin tyttäreni päällä yksi kerrallaan. Kun olin rukoillut nuoren miehen puolesta, rukoilin nuorimman tyttäreni, Soojinin, puolesta. Kun rukoilin, nuorukainen nousi pystyyn ja istahti kuorolaisten tuolien viereen. Näytti siltä, että hän ei tiennyt, mitä oli tekeillä, koska hän muisti ainoastaan nukkuneensa kellarissa. Kun sitten rukoilin toisen tyttäreni puolesta, Soojin tuli tajuihinsa ja nousi istumaan. Ei ollut kulunut minuuttiakaan siitä, kun olin rukoillut kaikkien kolmen tyttäreni puolesta, kun he kaikki olivat nousseet istumaan. Tämän nähneet seurakuntalaiset ylistivät Jumalaa hyvin liikuttuneina. Tämä nuori mies kertoi myöhemmin, että hänen henkensä oli erkaantunut ruumiista ja katsellut tapahtunutta ilmasta. Hän oli myös katsellut, kun isännöitsijä oli kantanut hänen ruumiinsa pyhättöön ja kun minä olin rukoillut hänen puolestaan.

Koska häkäkaasu tuhoaa aivosoluja, oli selvää että heidän piti olla kuolleita häkää seitsemän tuntia hengitettyään. Vaikka heidät olisikin viety sairaalaan ja he olisivat jääneet henkiin, heidän olisi kuulunut kärsiä jälkivaikutuksista. Mutta koska Jumala paransi heidät ja puhdisti heidät kaasusta ja kaikista jälkivaikutuksista, nuorukainen ja tyttäreni pystyivät elämään tervettä elämää ilman mitään jälkivaikutuksia. Kun kohtasin tällaisia koettelemuksia, tukeuduin yksinomaan Jumalaan ehkä edes ajatellut tukeutuvani maailmaan. Kun läpäisin tämän testin ja kiitin Jumalaa, ymmärsin että Hän antoi minulle vallan hallita jopa sellaisia elottomia asioita kuten häkä.

Sitten Jumala opetti minulle, miten häkä ajetaan pois. Koska häkä lamauttaa aivosolut ja sen jälkeen hermoston, se tainnuttaa henkilön ja tekee hänen ruumiinsa kankeaksi. Jumala opetti, että minun tulee rukoilla kaasumyrkytyksen saaneiden puolesta sanomalla: "Käsken Jeesuksen Kristuksen nimeen, mene pois nopeasti sierainten, suun ja molempien korvien ja kaikkien solujen kautta." Tällä tavoin koko ruumiin halvaannuttanut kaasu tottelee käskyä vapauttaa ruumis ja mennä nopeasti pois.

Eikö puhdistettuja ollut kymmenen? Missä ne yhdeksän ovat?

Rukoilin, ja Jumala näytti minulle

Kävin kirkon ensimmäiset kaksi vuotta seurakuntalaisten luona itse ja pidin heistä huolta. Jos joku ei tullut sunnuntaiseen jumalanpalvelukseen tai oli vaikeuksissa, paastosin ja rukoilin koko yön heidän puolestaan ja kaduin kyynelsilmin heidän puolestaan. Useimmat seurakuntalaiset asuivat kaukana kirkosta. Monilla heistä oli huono taloudellinen tilanne ja jotkut olivat vararikossa ja epätoivoisia.

Ennen kuin seurakuntalaisia oli sata, näin yhdellä silmäyksellä, kuka jumalanpalveluksesta puuttui. Paastosin seurakuntalaisten puolesta, ja jos minun oli vaikea käydä heidän luonaan, lähetin puolestani jonkin kirkon työntekijöistä. Yritin olla menettämättä yhtäkään Jumalan minulle uskomaa sielua.

Neuvoja rakkaudella

Joskus neuvoin seurakuntalaisia rakkaudella tai huomautin jostakin toivoen, että he muuttuisivat ja että heidän uskonsa kasvaisi. Jos olin huolissani jostakusta ja rukoilin hänen puolestaan kymmenisen minuuttia, Jumala kertoi mitä vaikeuksia sillä henkilöllä oli kotona tai töissä.

Eräänä sunnuntaina eräs seurakuntalainen, joka ei koskaan ollut poissa jumalanpalveluksesta, jätti tulematta. Olin hänestä huolissani. Rukoilin: "Jumala, tämä seurakuntalainen ei tullut jumalanpalvelukseen. Mitä hänelle on tapahtunut?" Jumala näytti, että mies oli ollut sunnuntaina pubissa. Vähän myöhemmin kerroin miehelle, mitä olin nähnyt, koska olin varma että hän ei loukkaantuisi tai hätkähtäisi. Hänen kasvonsa punehtuivat, mutta hän ei myöntänyt.

Eräs jäsen kävi vain aamupalveluksessa, mutta en nähnyt häntä iltapalveluksessa. Hän tapasi viettää sapattia asianmukaisesti. Kun rukoilin miehestä, Jumala näytti että hän oli juonut häissä. Muutaman päivän päästä kerroin hänelle: "Tietyn värisiä vaatteita käyttävä henkilö sai sinut ottamaan muutaman paukun. Kieltäydyit muutaman kerran mutta lopulta annoit periksi ja joit ne." Hänen kasvonsa punehtuivat ja hän oli hyvin hämillään.

Tällaisissa tapahtumissa minusta kuitenkin tuntui, että syntiä tehneet alkoivat pelätä minua ja pyrkivät välttämään minua. Jos näin seurakuntalaisten tekevän syntiä, petkuttavan, käyttäytyvän rivosti tai syyllistyvän aviorikoksiin, tulin surulliseksi ja rukoilin Jumalaa kyynelsilmin.

Eräänä päivänä kuulin rukoillessani Herran puhuvan minulle:

"Älä katso jäsentesi nykytilannetta. Katso heitä uskon silmin ja usko heidän muuttuvan tulevaisuudessa. Jos he petkuttavat sinua, kuuntele heitä äläkä yritä saada selville enempää. Jos katsot vain heidän nykytilannettaan, tulet surulliseksi, sielusi mätänee ja menetät terveytesi etkä sitten voi suorittaa velvollisuuttasi."

Olen siitä lähtien jättänyt kaiken Jumalan käsiin ja lakannut rukoilemasta tietääkseni, mitä seurakuntani jäsenet tekevät. Kirkkoon ei tullut ainoastaan ihmisiä ympäri maata tullakseen parannettavaksi, vaan jotkut tulivat etsimän elävää sanaa henkisenä tarpeena. Jotkut palvelivat Jumalaa ja omistautuivat Jumalalle ja odottivat taivaallista palkintoa sen jälkeen kun heidän ongelmansa olivat ratkenneet tai he olivat parantuneet, kun taas jotkut toiset palasivat maailmaan tavoittelemaan omaa etuaan.

Hylkäsimme idolit ja astuimme valoon

Kyeongsoon Park tuli perheestä, joka oli ennen kirkkoon tuloaan palvonut idoleja. Hänen anopillaan oli vajaamielinen tytär. Tämän äiti yritti parantaa tyttärensä pitämällä vähintään yhden manausrituaalin kuussa.

Hän oli myös ripustanut onnea tuottavia taikakaluja ja amuletteja huonekaluihin, tyynyihin ja jopa kattoon. Niitä oli aivan kaikkialla talossa.

Kävin kohta kirkon avaamisen jälkeen hänen talossaan pitämässä kotijumalanpalveluksen. Näin talossa pahojen henkien hahmoja ja sanoin hänelle: "Talossa on varmasti vielä amuletteja." Hän väitti: "Ei, pastori. Etsin kaikkialta ja heitin ne kaikki pois."

Vastasin: "Talossa on paha henki, joka ei tahdo lähteä. Talossa täytyy vielä olla amuletteja. Etsi ja polta ne." Kun Kyeongsoon Park etsi talon uudelleen, hän löysi muutaman amuletin. Koko perhe heitti amuletit pois, ilmoittautui kirkkoon ja alkoi viettää kristittyä elämää. Kyeongsoon Park parani pitkäaikaisesta sydäntaudista. Hänen anoppinsa taas parantui vatsavaivoista.

Nuori mies, jolla oli kuolettava tuberkuloosi

Keuhkotuberkuloosi oli siihen aikaan yleinen sairaus. Kwangjusta kotoisin olevalla Daehee Cholla oli ollut lukioaikoina keuhkotuberkuloosi. Hän otti terveyskeskuksesta saamiaan lääkkeitä ja parantui, mutta yliopistossa hän alkoi juoda ja polttaa, ja tauti uusiutui. Mutta tällä kertaa se ei parantunut millään, ei edes lääkkeillä. Hänen äitinsä antoi hänelle kaikkea, minkä piti olla "hyvää lääkettä". Nämä "lääkkeet" sisälsivät käärmeitä, kissoja, tuoretta maksaa, ihmisulosteiden nesteitä ja jopa spitaalislääkettä. He kokeilivat myös manausta ja vesikalvojen syömistä ja jopa hakivat hautausmaalta lihaa kuolleesta ruumiista ja syöttivät sen hänelle, koska sen piti olla "hyvää lääkettä".

Hänet diagnosoitiin tammikuussa 1982 Yonsein yliopiston Severance-sairaalassa. Toinen hänen keuhkoistaan oli jo mennyttä, eikä paranemisesta ollut toivoa. Hänet otettiin sairaalaan, mutta hänen tapaukseensa ei ollut parannuskeinoa. Hänen äitinsä antoi periksi ja halusi viedä hänet kotiin. Perheen isoäiti tuli silloin tapaamaan minua. Hän asui lähellä Manminkirkkoa. Vaikka hän ei ollut koskaan käynyt kirkossa, hän näki miten monet sairaat olivat parantuneet kirkossa. Hän näki heidän kävelevän ulos terveinä. Hän kehotti pojanpoikaansa käymään Manmin-kirkossa. 13. maaliskuuta 1983 Daehee Cho otti osaa perjantain yöjumalanpalvelukseen. Hän piti sitä viimeisenä toivonaan. Hän oli niin laiha, että hänen silmänsä pullottivat.

Hän osallistui siinä tilassa äitinsä kanssa joka päivä sairaille tarkoitettuihin tilaisuuksiin ja paastosi kolme päivää. Paaston kolmantena päivänä Jumala antoi hänelle katuvaisen hengen, ja hän katui täysin ja läpikotaisesti kolme kertaa. 13. päivänä siitä, kun hän oli tullut kirkkoon, hän vakuuttui että oli parantunut. Hän meni aamujumalanpalveluksen jälkeen kylpyhuoneeseen sylkemään. Syljessä ei ollut verta. Edellisenä päivänä hän oli sylkenyt verta. Sinä päivänä verta ei kuitenkaan ollut alkuunkaan. Kova rintakipu oli lakannut, eikä hänestä tullut verta eikä limaa. Hänet kutsuttiin myöhemmin Jumalan palvelijaksi, ja hän toimii kirkkomme apulaispastorina.

Rukoilin kaikkien potilaiden paranemista

Kun kirkkoon alkoi ensin tulla sairaita, rukoilin heidän välitöntä paranemistaan. Ajattelin, että olisi paras antaa heidän kokea Jumalan armo ja vapauttaa heidät taudin ikeestä. Rukoilin yksinkertaisesti: "Jumala, paranna kaikki potilaat heti kun he tulevat." Jumala vastasi, kun rukoilin. Kaikki kirkkoon tulleet sairaat paranivat heti. Pian kuitenkin oivalsin, että tämä ei johtanut pelastukseen, mikä kuitenkin oli tärkeintä. Monet jättivät Jumalan heti parannuttuaan.

Kerran eräs aviopari osallistui perjantain

yöjumalanpalvelukseen. He kertoivat, että mies oli loukannut liikenneonnettomuudessa jänteen. Hänen oli vaikea kävellä ja hänellä oli niin pahoja kipuja, että hän ei edes pystynyt istumaan suorassa jumalanpalveluksen aikana. Pyhä Henki saapui, ja laskin käteni hänen päälleen. Heti rukouksen jälkeen hän nousi seisomaan ja hyppäsi ilmaan. Parin kerran jälkeen hän lakkasi käymästä kirkossa.

Eräs kirkon pastori kävi hänen luonaan. Hän sanoi: "Eikö tämä riitä? Kävin jumalanpalveluksessa pari kertaa kiitollisena siitä, että parannuin. Maksaako joku minulle kirkossa käynnistä?" Hän ei enää koskaan palannut kirkkoon. Koska hän oli terve, hänestä ei tuntunut että hänen pitäisi enää käydä kirkossa. Jos Jumala ei olisi parantanut häntä, hän ei olisi kyennyt työskentelemään. Jumala antoi hänelle elämän ja armon ja paransi hänet, mutta koska hänellä ei ollut elävää sanaa, hän ajatteli vain omaa etuaan.

Eräs aviopari synnytti raskauden seitsemännellä kuulla keskosen. Vauva oli keskoskaapissa kolme kuukautta mutta ei tullut paremmaksi. Lääkäri sanoi, että tilanne on toivoton. Vauvan isä sanoi kerran: "Kun vauva on vuoden ikäinen, pidämme juhlat ja kutsumme kaikki kirkkoon." Kun vanhemmat oivalsivat, että lääketiede ei pystynyt auttamaan heitä, he toivat vauvan kirkkoon. Rukoilin vauvan puolesta. Se parani täysin 15 päivän kuluessa.

"Kiitos paljon, pastori. Kutsun sinut ja koko seurakunnan vauvan yksivuotisjuhliin, ja pidämme kunnon juhlat."

"Hienoa, tehdään niin."

Vauvan isä oli hyvin onnellinen, kun vauva oli parantunut, ja ehdotti juhlaa oma-aloitteisesti. Hän kuitenkin alkoi pikkuhiljaa jättämään jumalanpalveluksia väliin, ja kun vauvan ensimmäinen syntymäpäivä tuli, hän piti juhlat mutta kutsui ainoastaan sukulaisensa ja maallikkoystävänsä.

Eräs nuori mies Kang-won Dosta oli terve mutta tapasi rehennellä hyvin paljon. Kun hän kuunteli saarnaa kirkossa, hän alkoi katua. Kun rukoilin, että pahat henget lähtisivät tästä nuorukaisesta, hänen suustaan alkoi tulla kuplia ja hän kaatui maahan. Kun paha henki erkani hänestä, hän muuttui tavalliseksi hyväluonteiseksi mieheksi. Hän kuitenkin palasi omaan kirkkoonsa, emmekä enää nähneet häntä.

Erään vanhan rouvan näkö heikkeni niin paljon, että hän tuli lähes sokeaksi. Kun hänen perheenjäsenensä kuulivat kirkostamme, he tulivat naisen kanssa ja hän sai näkönsä takaisin. Mutta kohta paranemisensa jälkeen hän jätti kirkon.

Älä tee enää syntiä

Johanneksen evankeliumin kohta 5:14 kertoo, miten Jeesus paransi sairaan ja tapasi hänen myöhemmin temppelissä ja sanoi: *"Sinä olet nyt terve. Älä enää tee syntiä, ettei sinulle kävisi entistä pahemmin."*
Koska Jumalan rakkaus ja valta oli parantanut heidät, heidän tulisi nyt elää Hänen sanansa mukaisesti ja kiittää Häntä armosta. Mutta miten Jumala voi suojella heitä, jos he edelleen tekevät syntiä? Koska Jumalan täytyi kääntää kasvonsa heistä eikä Hän pystynyt pitämään heitä, he tulivat taas Saatanan

takia sairaaksi. Koska he hylkäsivät Jumalan armon, he saivat pahemman sairauden kuin aikaisemmin.

Voimme saada suojelusta tässä maailmassa

Marraskuussa 1982 tapahtui jotain sellaista. Siihen aikaan pidimme perjantain yöjumalanpalvelusta kello kuuteen aamulla. Kohta keskiyön jälkeen pyhättöön kannettiin noin viisivuotias tyttö. Tyttö itki sietämättömissä tuskissa. Hän asui Busanissa. Diagnoosin mukaan hänellä oli kuolettava haimasyöpä.

Lääkäri yritti leikata syövän, mutta kasvain oli liian suuri. Lisäksi se kasvoi vatsan sisälle, joten leikkaushaava oli vaarallista ommella. Lääkäri oli vain sulkenut hänen vatsansa löysästi metallilangan tapaisella erityislangalla. Se oli kamala näky.

Tytön nimi oli Wonmi. Hän sai morfiinia useita kertoja päivässä. Muutoin hän ei olisi kestänyt kipua. Wonmilla oli happinaamari, ja hän oli kuolemaisillaan. Hänen tätinsä isän puolelta suostutteli vanhempia sanomalla: "Veli, Soulissa on kirkko, joka on täynnä Jumalan armoa. Mennään sinne ja pyydetään hänelle rukous. Jumala parantaa Wonmin." Tytön vanhemmat olivat jo luovuttaneet, joten he kuuntelivat häntä. He toivat Wonmin kirkkooni Souliin.

Rukoilin tytön puolesta 15 päivää. Kun hän sai ensimmäisen rukouksen, kivut katosivat. Parin päivän päästä hän alkoi näkyvästi parantua. Kipu oli tiessään ja paisunut vatsa palasi normaaliksi. Hänen vanhempansa alkoivat silloin uskoa Jumalaan. Neuvoin heitä irrottamaan langan sairaalassa, mutta he eivät menneet sairaalaan vaan irrottivat sen itse uskollaan.

Uskomatonta kyllä, parin päivän päästä Jumala antoi aukinaisen haavan parantua.

Wonmi oli ollut vähällä kuolla ja kärsinyt kamalia kipuja, mutta nyt hän oli parantunut kymmenessä päivässä. Hän oppi pyhäkoulussa ylistyslauluja ja tansseja ja alkoi laulaa ja tanssia ystäviensä kanssa. Tapahtuneen nähneet olivat tietenkin iloissaan nähdessään hänet. Hän oli fiksu, ja monet seurakuntalaiset pitivät hänestä. He viettivät kirkossa 15 päivää, minkä aikana he saivat rukouksia, ja palasivat sitten kotikaupunkiinsa. Kun rukoilin tytön vanhempien puolesta, kuulin Jumalan sanat.

"Kun he palaavat, heidän täytyy noudattaa kymmentä käskyä, jotta heidän tyttärensä kasvaisi terveeksi. Mutta jos he eivät noudata käskyjä, Jumala kääntää kasvonsa pois."

Sanoin heille: "Teidän on vietettävä sapattia, maksettava kymmenykset oikein ja palveltava Jumalaa kunnolla. Vanhempien täytyy noudattaa kymmentä käskyä, jotta lapsi pysyisi terveenä." Wonmin isä sanoi: "Kiitos, pastori! Totta kai meidän täytyy tehdä se. Kirkolla ei taida vielä olla isoa bussia. Kun palaan kotiin, lähetän kirkolle sellaisen."

Vähän myöhemmin kuulin kuitenkin, että lapsi oli kuollut. Wonmin vanhemmat kävivät aluksi kotiin palattuaan kirkossa, mutta ajan mittaan he lakkasivat viettämästä herran sapattia. Kuitenkin voidaan olla kiitollisia siitä, että Wonmin henki pelastui ja hän elää ikuisesti onnellisena taivaan valtakunnassa, missä ei ole kyyneliä eikä surua.

Jumala, paranna heidät heidän uskonsa mukaan

Koska olin uusi pastori, minusta oli surullista nähdä ihmisten hylkäävän Jumalan armon, lähtevän kirkosta ja palaamaan aineelliseen maailmaan.

"Isä Jumala, he kohtasivat Sinut, kokivat Sinun tekosi ja paranivat. Miten he voivat jättää sinut tällä tavalla?" Rukoilin ja vuodatin särkynein sydämin monia kyyneleitä. Sitten eräänä päivänä kuulin Herran äänen.

"Palvelijani, kun paransin kymmenen spitaalista, yhdeksän heistä lähti ja vain yksi palasi kiittämään Jumalaa. Vastaavasti, kun pyydät Isää parantamaan heidät uskollasi, he hylkäävät armon ja lähtevät kirkosta, jos heissä ei ole totuutta ja elämää. Näin ollen he jäävät ainoastaan, jos he kuuntelevat sanaa ja tulevat uskoon. Kun heidän uskonsa sitten parantaa heidät, he eivät lähde kirkosta. Paransin heidät sinun voimasi kautta, koska sinä rukoilit, mutta muuta nyt rukouksen sisältöä. Sinun tulee rukoilla, että he paranevat heidän uskonsa mukaan."

Kristityn elämän pohjimmainen päämäärä on, että henkemme pelastetaan ja että pääsemme taivaan valtakuntaan. Jotta pääsemme taivaan valtakuntaan, meidän täytyy tietää Jumalan tahto ja uskoa Häneen. Kun Jeesus paransi kymmenen spitaalista, ainoastaan yksi heistä palasi Jeesuksen luokse kiittämään Jumalaa (Luukas 17:11-19). Loput yhdeksän jättivät Jumalan ja lähtivät aineelliseen maailmaan. Vain yksi pelastui.

Ihmiset tulevat kirkkoon, koska heillä on sairauksia ja muita vaikeuksia, mutta kun he osallistuvat jumalanpalvelukseen, kuuntelevat saarnaa ja oppivat Jumalan tahdon, he saavat uskoa ja elämää. Jumalan tahto on, että he parantuvat, kun Pyhä Henki tulee heidän luokseen jos he uskovat taivaaseen ja helvettiin ja jos he uskovat pelastuvansa. Jos heidät parannetaan ilman uskoa, he palaavat aineelliseen maailmaan, paitsi jos heillä on erittäin hyvä omatunto. Lähteneitä ei pelasteta. Muutin siis rukoustani ja sanoin: "Jumala, paranna heidät heidän uskonsa mukaan." Jumala näytti parannusvoimansa, kun he näyttivät uskonsa.

Säätä hallitseva usko

1. elokuuta 1983 saimme ensimmäisen kesäasuntolamme Daebu-saarelta Inchonin läheltä. Lähtöä edellisenä päivänä kuitenkin satoi rankasti ja oli ukkosta. Daegu-saaren lautta kulki ainoastaan kerran päivässä. Kysyin Jumalalta: "Jumala, miten voimme mennä asuntolaan tässä sateessa? Lakkauta sade!"

Meidän piti lähteä kirkosta kello viisi aamulla, joten jotkut kaukana kirkosta asuvat nukkuivat sen yön pyhätössä. Halusin nukkua asunnossani, mutta en saanut unta koska myrsky oli niin äänekäs. Makasin vuoteessani, mutta en pystynyt nukahtamaan. Rukoilin sydämessäni. Kello kolme aamulla kuulin Pyhän Hengen kertovan minulle, että huolta ei ollut. Menin neljältä pyhättöön pitämään aamujumalanpalvelusta. Paikalla oli nuoria aikuisia. Rukouksen jälkeen kello oli 4:55, mutta myrsky vain paheni. Ukkonen oli kiihkeämpi ja sade hakkasi raskaasti ikkunoita.

Sanoin: "Rukoillaan yhdessä, että sade lakkaa!" Koska nämä opiskelijat ja nuoret aikuiset olivat nähneet monia ihmetekoja perjantain yöjumalanpalveluksessa, heidän uskonsa oli suuri.

Pyhätössä olevat rukoilivat hartaasti muutaman minuutin, mutta ukkonen ja salamointi jatkui.

Kuulin: *"Älä huoli. Ota matkatavarasi ja mene ensimmäiseen kerrokseen. Kun joku astuu ulos kirkosta, sade lakkaa."* Kun julistin kuulemani, kaikki vastasivat: "Aamen." Kaikki nousivat ylös ja menivät ensimmäiseen kerrokseen. Kun jonon ensimmäinen astui ulos, rankkasade lakkasi välittömästi, ja samoin lakkasi ukkonen ja salamointi. Tässä kokemuksessa saimme Jumalalta lahjaksi suuren uskon.

Vaikeiden kohtien selitys ja "ristin sanoma"

Minut kutsuttiin kirkon avaamisen jälkeen puhujaksi monissa herätyskokouksissa. Saarnasin sanaa juurruttaakseni jokaiseen osanottajaan uskon ja antaakseni heille tilaisuuden ymmärtää Jumalan rakkauden. Kun rukoilin sairaiden puolesta, monet paranivat. Rammat kävelivät ulos kirkosta ja sokeat alkoivat nähdä. Tapahtui monia ihmeitä. Jumala kertoi minulle, mitä minun tuli saarnata noissa herätyskokouksissa. Saarnasin Jeesuksesta Kristuksesta, Isästä Jumalasta, todellisesta uskosta ja ikuisesta elämästä, ihmeistä, ylösnousemuksesta, Herran toisesta tulemisesta ja taivaan valtakunnasta.

Kokoukset kestivät tavallisesti maanantaista torstaihin. Ne alkoivat kello 18:00 ja saarna alkoi tavallisesti noin kello 19:30. Tavallisesti jatkoin kello 23 tai keskiyöhön saakka, koska pastori ja seurakuntalaiset pyysivät minua jatkamaan saarnaamista. Iltapalveluksen jälkeen tapasin nukkua pari tuntia ja nousta sitten johtamaan aamupalvelusta. Vuonna 1983 matkustin ympäri maata puhumassa herätyskokouksissa. Eräänä päivänä Herra käski minua lakata puhumasta herätyskokouksissa ja mennä vuorelle rukoilemaan. Hän halusi selittää minulle vaikeita raamatun kohtia. Olin rukoillut saavani selityksen noihin vaikeaselkoisiin kohtiin jo seitsemän vuotta, ja lopultakin sain vastauksen Herralta. Toukokuussa 1983 lakkasin puhumasta herätyskokouksissa ja menin Kwangjun rukousvuorelle Kwangjussa, Kyeong-gi Dossa. Menin sinne rukoilemaan sunnuntain jumalanpalveluksen jälkeen ja palasin perjantaina kirkkoon johtamaan yöjumalanpalvelusta. Tätä jatkui monta vuotta.

Kamppailin kylmää talvea ja kuumaa kesää vastaan

Auringonpaiste oli kesällä hyvin voimakas ja talvella lämpötila laski -10 – -15 asteeseen. Levitin siitä huolimatta kalliolle ainoastaan yhden armeijan huovan ja huusin rukoukseni taivaisiin. Menin vuorelle kylmälläkin säällä ja rukoilin koko päivän aamusta iltaan. Kamppailin kylmää säätä vastaan koko päivän. Jos lämpötila laski alle -10 asteen, minun ei enää tullut hiki kun huusin ja kamppailin kaikin voimin rukoillessani.

Koska minulla ei ollut rahaa, minulla ei ollut varaa lämpimään ja mukavaan majapaikkaan. Minulla oli varaa lämmittää ainoastaan yhdellä hiilibriketillä päivässä. Huone oli kylmä. Paperinen ikkuna oli revennyt, ja kylmä ilma pääsi sisään. Minulla oli huoneessa mustetta, jolla kirjoitin Herran antamat selitykset vaikeille raamatun kohdille. Huone oli niin kylmä, että muste jäätyi. Minun oli sulatettava se, ennen kuin pystyin kirjoittamaan. Koska minulla ei ollut kunnollista huopaa, nukuin epämukavasti vain yksi armeijan huopa peitteenäni. Nousin aikaisin aamulla ja menin pyhättöön osallistumaan aamurukoukseen. Aamiaisen jälkeen palasin vuorelle rukoilemaan koko loppupäiväksi.

Selitykset niihin raamatun kohtiin, jotka voi ymmärtää monella tavalla

Joskus mursin jään ja peseydyin kylmässä vedessä. Sitten rukoilin ja luin raamattua koko päivän. Ihmiset menivät kello 19 iltapalvelukseen, milloin tuli hiljaista. Tapasin mennä rukousselliin ja kamppailla hikoillen rukoillessani. Herra selitti minulle niitä raamatun säkeitä, joista olin rukoillut päivällä. Hän selitti minulle raamatun ensimmäiset kohdat, mitkä minulle olivat vaikeimmat ymmärtää. Se oli minulle nautinnollista kuin hunaja karhulle. Nämä kappaleet kertoivat erityisesti Jumalan rajattomasta ja iäisestä rakkaudesta. Katsotaanpa yhtä niistä vaikeista kohdista, jonka Herra selitti minulle. Johanneksen evankeliumin toisessa luvussa Jeesus meni Kaanassa hääjuhlaan ja muutti veden viiniksi. Ihmiset tavallisesti juovat hääjuhlissa ja nauttivat liiaksikin. Voi vain ihmetellä, miksi Jeesus, joka tuli pelastamaan koko ihmiskunnan, meni tällaiseen hääjuhlaan ja esitti siellä ensimmäisen tunnusmerkkinsä.

Hääjuhla kuvaa ajan loppua, milloin ihmiset syövät ja juovat ja syntiä on kaikkialla. Jeesuksen ensimmäinen tunnusteko symboloi hänen uransa alkua ja loppua. Jeesus kutsuttiin Kaanaan hääjuhliin, mikä merkitsee että kun maallikot kutsuivat Jeesuksen, he halusivat ristiinnaulita hänet. Hän salli heidän ristiinnaulita itsensä, ja niinhän siinä kävikin. Vesi symboloi ikuisen elämän vettä (Johannes 4:14), ja tämä vesi on Jumalan sana, joka antaa ikuisen elämän. Sana on Jeesus Kristus, joka tuli maailmaan ihmisruumiissa. Viini kuvaa Jeesuksen arvokasta verta. Se kuvaa sitä, että Jeesus, sana joka tuli maahan ihmisen muodossa, ripustettaisiin tulevaisuudessa ristille, jossa Hän vuodattaisi arvokkaan verensä. Jeesus, joka tuli tähän syntiseen maailmaan, tulisi antamaan pyhän ruumiinsa ristillä ja vuodattamaan kaikki verensä ja vetensä. Tämä säe näyttää meille Herran rakkauden.

Veden muuttaminen viiniksi tarkoittaa, että veri, jonka Jeesus vuodattaisi, muuttuu vereksi joka antaa ikuisen elämän. Viini, jota Jeesus teki hääjuhlissa, oli vain viinirypälemehua ilman alkoholia, joten se ei saanut ihmisiä juopumaan. Ihmiset maistoivat viiniä ja sanoivat, että se on hyvää. Tämä kuvastaa sitä, että ihmiset tulevat onnelliseksi, kun heidän syntinsä otetaan pois kun he juovat Jeesuksen verta, ja heillä on toivoa taivaan valtakunnasta.

Lopuksi, siinä sanotaan: *"Tämä oli Jeesuksen tunnusteoista ensimmäinen, ja hän teki sen Galilean Kaanassa. Hän ilmaisi sillä kirkkautensa, ja hänen opetuslapsensa uskoivat häneen."* "Ilmaisi sillä kirkkautensa" liittyy tässä neljään evankeliumiin, jotka kertovat että Jeesus joutuisi ristille mutta kolmantena päivänä hautajaistensa jälkeen särkisi kuoleman vallan ja nousisi kuolleista ilmaisemaan kirkkauttaan. Tämä yksi lause merkitsee paljon.

Opetuslapset hajaantuivat, kun Jeesus ristiinnaulittiin, ja vaikka ylösnousseen Herran nähneet kertoivat heille, että Jeesus oli ylösnoussut, he eivät uskoneet sitä. He uskoivat vasta kun itse tapasivat ylösnousseen Herran. Opetuslapset uskoivat Jeesukseen – eivät ensimmäisen tunnusteon jälkeen vaan vasta silloin kun hän ilmaisi kirkkautensa tulemalla ristiinnaulituksi, murtamalla kuoleman vallan ja nousemalla kuolleista. Huomaamme siis, että Hänen ensimmäisen tunnustekonsa tarkoitus ei ollut ainoastaan auttaa juhlimaan häitä tässä aineellisessa maailmassa.

"Ristin sanoma", ajan alusta piiloteltu salaisuus

Kun luin neljää evankeliumia, jotka kertovat Jeesuksen urasta, ja ymmärsin Jumalan armon ja rakkauden, en pystynyt jatkamaan lukemista koska nenäni valui ja vuodatin niin paljon kyyneliä. Aloin itkeä, kun luin miten Jeesus seisoi Pilatuksen hovissa. Kun luin miten Jeesusta ruoskittiin, miten hänen täytyi pitää ohdakkeita päässään ja miten hänet ristiinnaulittiin, itkin pitkän aikaa. En voinut lakata itkemästä. Lopulta minun oli suljettava raamattu.

Vaikka yritin hillitä itseäni, en pystynyt lukemaan neljää evankeliumia moneen päivään. Aloin raamattua lukiessani itkeä vielä monta vuotta kirkon avaamisen jälkeen. Lisäksi kykenin hädin tuskin osallistumaan ehtoolliselle, koska itkun tarvetta oli niin vaikea hillitä. Myöhemmin opin hillitsemään kyyneleeni, kun ymmärsin täysin, miten kiitollisia meidän tulee olla ja mikä siunaus meille on, että Jeesus valitsi ristin keinona pelastaa meidät. Pystyin lopultakin lukemaan raamattua ja osallistumaan ehtoolliselle iloiten ja kiitosmielin. Kun sain "ristin viestin", minkä Herra opetti minulle innoituksen kautta, ymmärsin Jumalan rakkauden entistäkin syvemmin.

Vuonna 1983 rukoilin Kwangjun rukousvuorella, ja Herra

selitti minulle "ristin sanoma". Hän selitti, miksi Jeesus on pelastajamme, miksi pelastumme kun uskomme että Hän on pelastaja, miksi Jumala istutti paratiisiin hyvän ja pahan tiedon puun ja miksi Jumala on laittanut ihmisen maan päälle. Hän selitti minulle tämän "ristin sanom", mikä on aikojen alusta piiloteltu salaisuus. Hän myös näytti minulle ensimmäisestä Mooseksen kirjasta kohdan hengen valtakunnasta ja selitti sen.

Jumala myös salli minun ymmärtää ja merkitä muistiin, miten ihmiset voivat tulla osallisiksi Jumalan luonteesta "Pyhän Hengen yhdeksän hedelmän", "autuuksien" ja "henkisen rakkauden" kautta.

Miten ruokin lauman henkisellä sanalla?

Jos rukoilin samassa paikassa pitemmän aikaa, sana levisi ja ihmiset tulivat pyytämään minua rukoilemaan puolestaan. Koska ihmisiä tuli yhä enemmän, minun täytyi siirtyä uuteen paikkaan. Jotta pystyin kommunikoimaan Jumalan kanssa rukoillen, tarvitsin yksinäisen paikan poissa maallisista asioista, aivan kuten apostoli Johannes, joka kirjoitti Ilmestyskirjan Patmos-saarella.

Niinpä menin erääseen paikkaan Kangwon Dossa ja Jochiwonissa. Kun rukoilin kuumana kesäpäivänä ilman tuuletinta, olin hiestä märkä mutta en tuntenut oloani epämukavaksi enkä valittanut.

Minulla oli kaksi kysymystä: "Miten saan lauman ymmärtämään Jumalan tahdon oikein ja annan heille henkisen viestin, jotta pystyn henkisesti johdattamaan heidät täydelliseen uskoon?" ja "Miten voin rukoilla enemmän ja saada osakseni saman Jumalan voiman, joka Apostoleilla oli, jotta pystyn tekemään maailman lähetyskeskuksen ja rakentamaan suuren pyhätön?" Koska nämä päämäärät vaativat huomioni, minulla ei ollut aikaa ajatella muita asioita.

Oli toukokuu 1984, pari päivää ennen syntymäpäivääni. Päädiakoni Geumsun Vin, joka nyt johtaa Great United Women's Mission Groupia, kutsui minut taloon, joka kuului eräälle hänen Kangwon Dossa asuvalle sukulaiselleen. Rukoilimme siellä hetken. Sinne oli mentävä soutuveneellä.

Minun oli palattava Souliin perjantaina ja saarnattava perjantain yöjumalanpalveluksessa ja sunnuntain jumalanpalveluksessa, mutta Jumala sai minut jäämään sinne paastoamaan kolmeksi päiväksi. Kolmen päivän paaston jälkeen Jumala opetti minulle hyvin yksityiskohtaisesti hengen ja taivaan valtakunnasta. Olisin voinut juhlia syntymäpäivääni seurakuntani kanssa, mutta oli arvokkaampaa ja riemukkaampaa saada Jumalalta suuri lahja paaston ja rukouksien jälkeen. Herran kertomus taivaan valtakunnasta oli kuin laaja viesti. Se yhdisti monia toisiinsa liittyviä raamatun säkeitä. Myöhemmin kerroin tätä viestiä sunnuntaiaamun jumalanpalveluksessa monen vuoden ajan, ja se julkaistiin kahdessa kirjassa.

Jopa torinaapurini kehottivat menemään Manmin-kirkkoon

Kirkon vieressä oli tori. Koska kirkko oli torin reunassa, ihmisten täytyi kävellä torin poikki päästäkseen bussipysäkiltä kirkkoon. Näin ollen torimyyjät näkivät usein ihmisiä, jotka kantoivat kuolemanvaarassa olevia lapsia, jotka näyttivät siltä kuin olisivat olleet liikenneonnettomuudessa.

Nykyään monet käyttävät pyörätuoleja, mutta ne eivät olleet siihen aikaan tavallisia Koreassa. Jos kauppiaat näkivät apua tarvitsevia potilaita, he sanoivat: "He ovat menossa tapaamaan Manmin-kirkon pastoria". Myyjät yllättyivät kovasti, kun nuo samat ihmiset paranivat päivässä parissa ja menivät torille ostoksille.

"Etkö sinä ollutkin eilen paareilla?"

"Kyllä."

"Miten sitten pystyt kävelemään?"

"Rukous paransi minut eilen."

Koska kauppiaat näkivät tällaista usein, he myönsivät että Jumala elää. Mutta kun saarnasimme heille evankeliumia, he sanoivat että Jumala elää mutta heillä on liian kiire ansaita elantonsa, eivätkä he ehdi kirkkoon. Vaikka he eivät tulleetkaan kirkkoon, he ehdottivat aina sairaan nähdessään, että tämä menisi Manmin-kirkkoon.

Herra työskenteli kanssamme

Muutto toiseen pyhättöön

Noin vuosi avajaispalveluksen jälkeen pyhätössä ei enää ollut tilaa uusille ihmisille. Rukoussellit, käytävät ja jopa olohuone olivat jumalanpalvelusten aikana täynnä ihmisiä. Tilaa ei todellakaan ollut. Aloimme siis rukoilla, että voisimme muuttaa isompaan paikkaan.

Tarvitsimme vähintään 600 neliömetrin tilat, mutta seurakuntalaisten usko ei riittänyt. Kun rukoilin uutta pyhättöä, Jumala vastasi: *"Rakenna tilapäinen suoja tyhjälle paikalle. Se tulee romahtamaan, joten rakenna se uudelleen. Sitten se romahtaa uudelleen. Sen jälkeen paljastan sallimukseni."*

Syyskuussa 1984 löysimme tyhjän paikan torin läheltä yksikerroksisen rakennuksen katolta. Jumala käski rakentaa sinne tilapäisen rakennuksen, mutta hän ei antanut minun kertoa seurakuntalaisille, että se romahtaisi. Katolle ei tietenkään lain mukaan saa rakentaa vakituista rakennusta. Selitin, että oli Jumalan tahto, että rakentaisimme sinne tilapäisen rakennuksen, ja annoin heidän aloittaa. Rakennuksen omistaja suostui ja lupasi mennä paikalliseen hallitustoimistoon hankkimaan tilapäisen rakennuksen vaatiman luvan.

Jos ajatellaan tavallisen ihmisen tavoin, toisen rakennuksen katolle on vaikeaa rakentaa tilapäistä rakennusta ja käyttää sitä pyhättönä. Koska se kuitenkin oli Jumalan sana, tottelin. Tiesin myös, että tilapäinen rakennus romahtaisi, kun saisimme sen valmiiksi. Kun seurakuntalaiset asettivat sementtitiilet paikalleen, hallintotoimiston työntekijät tulivat repimään sen alas. Kun rakensimme sen uudelleen, he repivät sen taas alas. Jotkut seurakuntalaiset valittivat, mutta useimmat tukeutuivat Jumalaan, joka sai kaikki asiat toimimaan parhaan mukaan, ja rukoilivat sydämestään yhteisvoimin. Paikalliset ihmiset, jotka näkivät tapahtuneen, ajattelivat: "Onko hallituksen pakko sekaantua noin paljon". He alkoivat sääliä kirkkoamme. Jopa torikauppiaat tiesivät, että Manmin-kirkossa tapahtui Jumalan tekoja. Kun seurakuntamme koki nämä tapahtumat, into uudesta pyhätöstä kasvoi kuumemmaksi ja sydämemme yhdistyivät. Jumala valmisteli jo uutta rakennusta tällä tavalla.

Siihen saakka meillä ei ollut kirkkorakennusta. Lähiseudulla oli kuitenkin valmis rakennus, joka oli noin 600 neliömetriä ja jota me voisimme käyttää. Jumala käski muuttaa siihen rakennukseen. Kirkossamme oli silloin noin 300 jäsentä, eikä kolehti riittänyt edes lähetystoimintaan. Useimmat seurakuntalaiset eivät olleet rikkaita, joten ei ollut helppo hankkia edes paria miljoonaa wonia. Jos olisin heti aluksi kertonut seurakunnalle, että meidän tuli muuttaa 600 neliömetrin rakennukseen, he olisivat valittaneet kovasti.

Tarvitsimme 40 miljoonaa wonia (40 000 dollaria), jotta pystyimme vuokraamaan paikan. Lisäksi tarvitsimme 20 miljoonaa wonia, jotta voimme tehdä siitä pyhätön. Tämä oli vaikea saavuttaa seurakuntamme uskolla. Mutta kun he läpäisivät koettelemukset, heidän uuden pyhätön janonsa kasvoi polttavaksi ja he rukoilivat innoissaan ja yhdessä, ajatuksissa ja teoissa. Keräsimme hetkessä rahat uuteen pyhättöön. Lopulta, 31. joulukuuta 1984, me vuokrasimme rakennuksen Dae-Bahng Dongissa, Dong-jak Gussa, ja pidimme siellä ensimmäisen jumalanpalveluksen. Jumala kasvatti tällä koettelemuksella seurakuntalaisten uskoa.

Kirkko-organisaatioiden perustaminen

Kirkon koko kasvoi vauhdilla, koska Jumala lähetti monia uusia seurakuntalaisia. Myös seurakuntalaisten usko kasvoi vauhdilla, kiitos Jumalan mahtavien tekojen, jotka ilmenivät jatkuvina tunnustekoina ja ihmeinä. Jotkut tulivat kirkkoon yksinomaan parannettavaksi, mutta monet janosivat ja etsivät elävää sanaa.

Perustimme Manmin-rukouskeskuksen lokakuussa 1983. Jumala antoi vaimoni, Bohnim Leen, johtaa päivittäisiä parantamiskokouksia, joissa ihmisiä parannettiin henkisesti ja ruumiillisesti. Hän nimesi vaimoni rukouskeskuksen presidentiksi. Hän johti parantamiskokouksia joka päivä ja keskittyi neuvontaan, kotikäynteihin ja rukouksiin. Tammikuussa 1984 perustimme "Omistautuneiden rukoilijoiden lähetyskeskuksen", jonka tehtävä oli rukoilla Jumalan valtakuntaa ja oikeamielisyyttä. Omistautuneet rukoilijat eivät ainoastaan rukoilleet vaan myös osallistuivat parantamiskokouksiin ja auttoivat sairaita rukouksin. Maaliskuussa 1984 avasimme Manmin-lastentarhan lähetyskeskuksena lapsille. Kirkko-organisaation muoto ja rakenne alkoi hahmottua jo pari vuotta kirkon avaamisen jälkeen. Lokakuussa 1985 vaimoni toimi rukouskeskuksen presidenttinä. Hän alkoi muutaman ihmisen kanssa pitää öisiä rukouskokouksia. Näistä rukouskokouksista tuli myöhemmin Daniel rukouskokous, johon tulee joka yö tuhansia seurakuntalaisia rukoilemaan. Presidentti Boknim Lee keskittyi paastoon ja rukouksiin. Hän ei pelkästään hakenut omaa onneaan perheestä vaan eli muiden sielujen puolesta. Jumala toimi Pyhän Hengen selkeällä äänellä ja siunasi hänet, jotta hän voisi suorittaa monia voimallisia tekoja. Hän johtaa vieläkin Daniel rukouskokousta joka yö. Monet seurakuntalaiset kokevat Jumalan voiman ja saivat vastauksia kysymyksiinsä rukoillessaan tai ylistäessään Jumalaa pyhätössä. Daniel rukouskokous auttaa kirkon seurakuntalaisten sielua kukoistamaan. Se on kirkon herätysliikkeen kantava voima.

Ne, jotka kaipasivat elävää sanaa, tulivat kuuntelemaan henkistä viestiä ja saivat rauhan ja levon. Ne, jotka saivat vastauksia ja ratkaisuja vaikeuksiinsa, pysyivät kirkossa, ja kirkosta tuli vakaa toiminnan keskus.

Lääketieteen opiskelija, jolla oli aivokasvain

Sooyeol Cho oli syntynyt kristittyyn perheeseen. Hän sai taudin jonka nimi on "nasofaryngeaalinen fibrooma". Hänen nenäverisuonensa pakkautuvat ja kehittivät kasvaimen. Siitä muodostui myöhemmin aivokasvain.

Eräs Sooyeol Chon sukulainen oli silloin Soulin

yliopistosairaalan varajohtaja. Sooyeol oli leikkauksessa 8 tuntia. Hänen nenässään oli kuitenkin leikkauksen jälkeen vielä tukos. Koska hän kävi yliopistoa, hän alkoi nauttia maallisista asioista, ja hänen oireensa pahenivat. Kolme kuukautta leikkauksen jälkeen hänen nenänsä oli täysin tukossa ja vuosi paljon verta. Hän meni sairaalaan, missä lääkäri sanoi että vaiva oli uusiutunut. Lääkäri oli sanonut ennen ensimmäistä leikkausta, että kasvain saattaisi levitä aivoihin. Kasvaimen juuret olivat jo olleet aivoissa, ja nyt hänellä oli aivokasvain. Joulukuussa 1984 hän ymmärsi, että lääketiede ei voisi parantaa häntä. Hän sai kuulla kirkostamme ja ilmoittautui perheensä kanssa jäseniksi.

Tammikuussa 1985 hän sai herätyskokouksessa armoa ja tuli paremmaksi. Lääkäri oli ehdottanut toista leikkausta, ja Sooyeol ajatteli vielä, että jopa lääketiede saattaisi pystyä parantamaan hänet.

Vuonna 1986, vuodatettuaan runsaasti verta enemmän kuin 10 kertaa, hän oivalsi että hän jäisi eloon ainoastaan Jumalan armosta. Hänellä oli kahdesti verenvuotoa peräsuolesta. Tämä oli uuvuttanut hänet.

Eräänä viikonloppuna, kun olin Jochiwonissa rukoilemassa, tunsin rukoillessani sydämessäni syvän surun ja oivalsin, että Sooyeol Cho oli kriittisessä tilassa. Rukoilin kyynelsilmin Jumalaa.

Eräs diakoni, joka tapasi rukoilla paljon kirkossamme, sai näyn, jossa vedin tosissani Jeesuksen kaavun helmaa ja pyysin Häntä parantamaan tämän nuoren miehen. Sen jälkeen Pyhä Henki kertoi minulle, jos tämä nuorukainen oli kuoleman vaarassa, ja hän selvisi kriittisistä hetkistä rukoukseni avulla. Sooyeol Cho alkoi silloin tosissaan uskoa Jumalaan ja parani samoin mitoin.

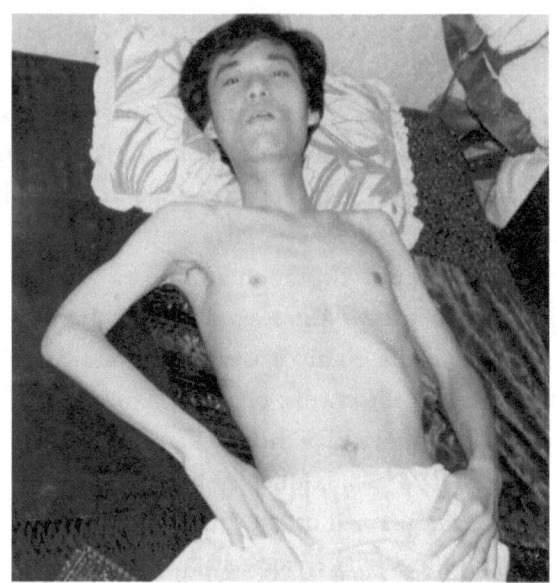

Sooyeol Cho kärsii keuhkokuumeesta

Hän on nykyään terve pastori

Jos hän ei rukoillut ja jos hän ei ollut täynnä Pyhää Henkeä, möykky nenässä kasvoi hyvin isoksi ja tukki kurkun tai tunkeutui kielen tavoin suuhun tai pilkotti ulos sieraimista. Kun hän sitten katui ja hyväksyi rukoukseni, hän puhdistui. Tällä tavoin tämä nuorukainen oppi maallisista ajatuksista ja itsessään vaanivasta pahuudesta. Hän aloitti paaston ajatellen: "Jos minun on kuoltava, niin kuollaan sitten." Hän yritti parhaansa mukaan muuttua. Hän parantui lopulta täysin. Hän palvelee nyt kirkossa yhtenä apulaispastoreista. Hän ja hänen vaimonsa ja poikansa ovat onnellinen perhe.

Ruumis jäykkänä häkämyrkytyksestä

Rukoilin huoneessani eräänä vuoden 1985 helmikuun lauantai-iltapäivänä. Kuulin oven ulkopuolelta melua, ja sitten joku huusi, että joku oli kuollut. Kun poistuin huoneesta rukouksen jälkeen, sain selville eräs kirkon naispalvelijoista oli saanut häkämyrkytyksen.

Hän oli mennyt kotiin perjantain yöjumalanpalveluksen jälkeen, sytyttänyt hiilibriketin ja mennyt nukkumaan.

Hänet oli löydetty häkämyrkytyksen saaneena lauantaina kello 14. Hän oli löytyessään hengittänyt kaasua monta tuntia, joten hänen ruumiinsa oli jo halvaantunut ja hänen suunsa oli täynnä kuplia. Eräs naapuri löysi hänet ja kantoi asuntooni, mutta nainen vaikutti kuolleelta. Hän oli tiedoton, ja hänen ruumiinsa oli jo aivan jäykkä ja kylmä.

Asetin käteni hänen päälleen ja rukoilin: "Käsken sinua Jeesuksen Kristuksen nimeen, häkäkaasu, mene pois! Mene pois molempien silmien, molempien sierainten, suun ja kaikkien solujen kautta!" Kun päätin rukoukseni ja otin käteni pois, hän alkoi lämmetä ja avasi hitaasti silmänsä. Hänen jäykkä ruumiinsa alkoi sitten rentoutua. Häntä hierottiin muutaman minuutin, minkä jälkeen hän pystyi liikkumaan normaalisti. Hän nousi istumaan ja toipui ilman mitään jälkivaikutuksia.

Jos hänet olisi viety sairaalaan, hän olisi tuskin toipunut. Vaikka hän olisikin jäänyt henkiin, hän olisi kärsinyt elinikäisestä traumaattisesta ja heikentävästä aivovauriosta. Mutta kaikkivaltias Jumala, joka elvyttää kuolleetkin, näytti voimansa. Naisesta tuli täysin normaali parissa minuutissa. Kyseinen nainen on Minsun Lee, joka myöhemmin meni naimisiin kirkkomme pastorin Jeonhwan Chan kanssa.

"Mene Shindaebang Dongiin"

Joskus olen rukoillut sellaistenkin puolesta, jotka ovat lakanneet hengittämästä. Kesäkuussa 1985 dekaani Seok-hee Chon kaksivuotiaalle tyttärelle, Seung-ahille, tapahtui jotain ikävää. Hänen äitinsä oli keittämässä makkaroita, kun tytär käveli hänen luokseen ja ojensi kätensä. Äiti antoi hänelle palan makkaraa. Kohta hän ei enää aistinutkaan tyttärensä liikkuvan huoneessa. Hän meni toiseen huoneeseen ja löysi Seung-ahin makaamassa lattialla. Hänen suussaan oli kuplia ja hän yritti saada vedetyksi henkeä. Hänen ihonsa oli alkanut muuttua siniseksi.

Kaikki tapahtui äidin yllätykseksi parissa minuutissa. Hän kantoi tyttärensä nopeasti taksiin. Koska hän oli kuullut ja nähnyt parantumattomien sairauksien paranevan ja kuolleiden heräävän henkiin kirkossamme, hän osoitti uskonsa Jumalan edessä. Hän käski taksikuskia ajamaan Shindaebang Dongiin.

Taksikuski sanoi, että lähempänä oli monia sairaaloita, joten miksi nainen halusi mennä niin kauas?

"Ei, Shindaebangissa on hyvin pätevä lääkäri."

Satuin olemaan hänen saapuessaan kotona, joten pystyin rukoilemaan tytön puolesta. Kuulin, että lapsi oli jo lakannut hengittämästä. Hänen ruumiinsa oli kylmentynyt taksimatkan aikana. Rukoilin hartaasti Jumalaa tuomaan kuolleen lapsen hengen takaisin. Heti kun lakkasin rukoilemasta, lapsi heräsi ja alkoi jälleen hengittää. Hänellä ei ole todettu minkäänlaisia jälkivaikutuksia. Hän opiskelee tällä hetkellä Kyung-heen yliopistossa, ja hänen vanhempansa toimivat pastoreina Jinjoomum Manmin kirkossa Sacheonissa, Kyeong-nam-provinssissa.

Jumalan voima paransi kolmannen asteen palohaavan

Sunnuntaina 6. huhtikuuta 1986 päädiakoni Eun-deuk Kim, joka oli silloin 62-vuotias, joutui kirkon keittiössä onnettomuuteen. Kaasuhellalla oli suuri pata, jossa keitettiin vettä nuudeleita varten.

Hän liukastui ja tarttui vahingossa padan kädensijaan ja kaatoi kiehuvan veden päälleen. Sitä valui hänen rinnalleen, vatsalleen, käsilleen ja jaloilleen, minne se jätti vakavia palohaavoja. Onneksi hän ei polttanut kasvojaan tai päätään.

Menin heti tapahtuneesta kuullessani keittiöön. Rukoilin hänen puolestaan, kun hän makasi lattialla. Palohaavat olivat niin vakavia, että iho oli kalttaantunut ja tarttunut vaatteisiin. Hän oli vielä juuri ja juuri tajuissaan. Kuumuus oli sietämätöntä, ja kun rukoilin hänen puolestaan, hän kertoi että hän tunsi poltteen poistuvan. Kuumuus lähti liikkeelle rinnan vasemmalta puolelta ja liikkui oikealle ja sitten alas ja poistui oikeasta jalasta.

Vaikka kuumuus oli poissa, palaneet kohdat näyttivät paistetulta lihalta, ja niistä kohdista mihin vaatteet olivat tarttuneet, oli kuoriutunut ihoa. Se oli kamalaa. Jos hänet olisi siinä tilassa viety sairaalaan, ei olisi ollut varmaa, että hän selviäisi. Vaikka hän olisi jäänytkin eloon, ihosiirtoihin olisi mennyt vuosia. Hänellä olisi ollut monia jälkivaikutuksia ja arpia vielä leikkauksienkin jälkeen. Hänet vietiin asuntooni, missä rukoilin hänen puolestaan kerran päivässä. Hän ei saanut lääkitystä eikä ruiskeita, mutta Jumala auttoi häntä toipumaan hyvin nopeasti.

Keitetyistä kuolleista soluista tuli paksuja rupia, aivan kuin puunkuorta, mitkä putosivat kohta pois tehden tietä uudelle

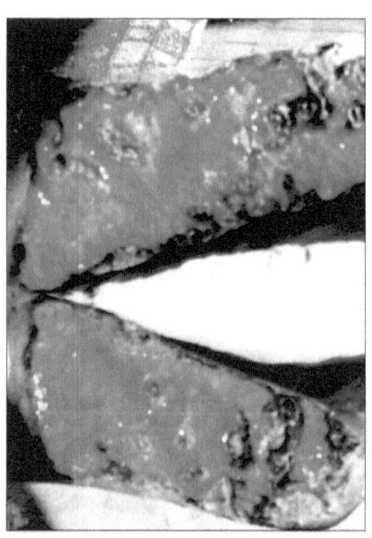

Parantui 3. asteen palovammoista

lihalle. Palaneihin kohtiin muodostui uutta kudosta ja uusia verisuonia. Kuollut iho elpyi. Häntä katsomassa käyneet näkivät, miten kaikki tapahtui.

Päädiakoni Eun-deuk Kon parani täysin kolmen kuukauden sisällä onnettomuudesta. Hän palasi täysin ennalleen. Vuonna 2007 hän on 82-vuotias ja elää omistautunutta kristillistä elämää.

Tulisia sanoja

"Kun Herra Jeesus oli puhunut heille tämän, hänet otettiin ylös taivaaseen ja hän istuutui Jumalan oikealle puolelle Opetuslapset lähtivät matkaan ja saarnasivat

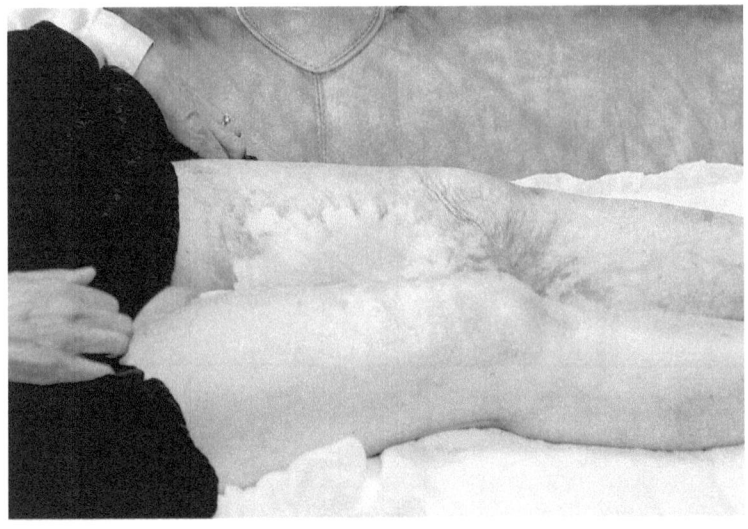

Parantui täysin ja kasvatti uutta kudosta rukouksen jälkeen

kaikkialla. Herra toimi heidän kanssaan ja vahvisti sanan tunnusmerkeillä" (Markuksen evankeliumi 16:19-20).

Kun opetuslapset menivät saarnaamaan, Herra toimin heidän kanssaan. Samaan tapaan saattaa näyttää, että minä asetan käteni potilaiden päälle, mutta itse asiassa heidän päällään ovat Herran veren tahrimat kädet. Ne, joilla on näkemisen lahja, ja ne, jotka näkevät henkisiä asioita, kertoivat että kun rukoilin, myös Herra asetti kätensä potilaan sairaiden kohtien päälle. Rukoilen jokaisessa jumalanpalveluksessa sairaiden puolesta. Monet näkevät jonkinlaisen tulimassan tulevan ulos käsistäni. Tämä tuli on Pyhän Hengen tulta ja menee kuhunkin seurakuntalaiseen heidän uskonsa mukaan ja polttaa sairauden pois. Asetan käteni heidän päälleen ja rukoilen hartaasti kaikesta sydämestäni ja kaikella uskollani, että he parantuvat ja että heidän ongelmansa ratkeaa, ja Jumala vastaa Pyhän Hengen tulisilla teoilla.

Pyhän Hengen inspiraatio kertoo tulevista

Pastoriksi vihkiminen

Minut vihittiin pastoriksi vuonna 1986, neljä vuotta kirkkoni avajaisten jälkeen. Pidimme kirkon luovutuspalveluksen kesäkuussa. Seurakunnan jäsenet antoivat minulle sinä päivänä ison kultaisen avaimen luottamuksensa ja rakkautensa merkiksi. Tämä merkitsi sitä, että sain kirkon pastorina täydet valtuudet ja että seurakuntalaiset luottaisivat ja uskoisivat minuun. Säilytän yhä tätä seurakuntalaisten sydämestään antamaa lahjaa aivan kuin aarretta.

Pappisvihkimisen jälkeen Herra ohjasi minua pitämään 21-päiväisen Daniel-rukouksen. Yritin puhua Jumalalle paastotessani ja rukoillessani Jochiwonissa. Jumala alkoi selittää minulle Ilmestyskirjaa, joka kertoo viimeisten päivien tapahtumista.

Sunnuntaijumalanpalveluksessa 20. heinäkuuta 1986 aloitin Ilmestysluentosarjan. Sarja kesti noin neljä vuotta ja päättyi 20. joulukuuta 1989. Ne, jotka vähääkään tuntevat hengen valtakuntaa sen takia, että haluavat tietää siitä lisää, kuuntelivat saarnoja innolla.

Perjantain yöjumalanpalvelukset olivat täynnä ihmisiä, jotka olivat tulleet sinne kautta maan

Kirkko täyttyi taas kohta sen jälkeen, kun muutimme uuteen rakennukseen ja pidimme herätyskokouksen. Koska herätys tapahtui hyvin nopeasti, meillä ei ollut aikaa rakentaa kirkkoja. Vuonna 1987 vuokrasimme rakennuksen Shindaebang Dongista, Dongjak Gusta ja muutimme sinne. Siitä tuli kolmas pyhättömme. Kirkko oli taas aivan täynnä kolme kuukautta sen jälkeen, kun päätimme uuteen kirkkoon muuttamista juhlistavat herätysjuhlat. Meillä oli silloin 3 000 rekisteröitynyttä jäsentä. Käytimme pyhättönä sekä toista että kolmatta kerrosta, mutta kaikki eivät mahtuneet, koska tilat olivat liian pienet. Joidenkin jumalanpalvelukseen tulleiden täytyi palata kotiin.

Kirkostamme oli kasvanut kesäkuuhun 1989 mennessä valtaisa, ja sillä oli 6 000 rekisteröitynyttä jäsentä. Olin kirkon perustamisesta lähtien halunnut keskittyä ainoastaan Jumalan sanaan ja rukouksiin, joilla voisin täysin suorittaa Jumalalta saamani tehtävän. Näin ollen jätin seurakuntalaisista huolehtimisen apulaispastoreille. Varhaisten kirkkojen aikoina apostolit valitsivat seitsemän diakonia huolehtimaan kirkkotöistä, koska heillä itsellään oli kädet täynnä. Apostolit keskittyivät ainoastaan Jumalan sanaan ja rukouksiin (apostolien teot 6:3-4). Seurasin esimerkkiä enkä sekaantunut kirkon raha-asioihin, ja kaikille muille töillekin oli osastonsa.

Pidimme pastorikokouksia kerran pari vuodessa, joilla rohkaisimme pastoreita ja teimme heistä mahtavia pappeja. Halusin ympärilleni mahtavia pastoreita, joita Jumala ja seurakunta rakastaisi minua enemmän, joten pyrin kouluttamaan mahdollisimman monta apulaispastoria.

Perjantain yöjumalanpalvelus tuli kuuluisaksi kautta maan siitä, että Pyhä Henki esiintyi siellä, ja niihin osallistui monia ihmisiä eri uskonlahkoista. On todella hienoa, kun Pyhä Henki täyttää heidät yöllä ja sitten he palaavat omaan kirkkoonsa palvelemaan kirkkoaan sunnuntaina! Perjantain yöjumalanpalveluksessa 12. joulukuuta 1986 aloitin luentosarjan, joka koski Jobin kirjaa, jonka Herra oli selittänyt minulle. Sarja päättyi perjantain yöjumalanpalveluksessa 11. joulukuuta 1992.

Sarjan henkinen viesti poikkesi muista Jobin kirjan tulkinnoista. Se sisälsi arvokkaita opetuksia, jotka analysoivat erään Jobiksi kutsutun henkilön sydäntä. Pidin sarjan auttaakseni ihmisiä löytämään sydämestään pahuuden ja epätotuuden. Vuonna 1989 lähtien Herra alkoi opettaa yksityiskohtaisesti ihmisen "hengestä, sielusta ja ruumiista". Sen jälkeen hän opetti minulle eri "ulottuvuuksista". Kun opetin tietoni seurakunnalle, heidän henkiset silmänsä avautuivat ja pystyin näkemään heissä selviä muutoksia. Kun heidän uskonsa kasvoi, minun oli opetettava heille uusia asioita. Minun oli siis matkattava yhä syvemmälle hengen valtakuntaan.

Muuta yksikin ihminen viljanjyväksi

Eräänä päivänä rukoillessani Herra sanoi minulle pahoitellen:

"Palvelijani, julkaise nopeasti sinulle kertomani viestit kirjoissa. Nykyään on hyvin vähän niitä, jotka todella uskovat ja jotka voidaan pelastaa. Ihmiset sanovat uskovansa mutta toimivat laittomasti. He ristiinnaulitsisivat Minut uudelleen. He eivät usko, mutta he luulevat uskovansa."

Jeesus sanoi: *"Mutta kun Ihmisen Poika tulee, löytääkö hän uskoa maan päältä?"* *(Luukkaan evankeliumi 18:8)*. Syntiä ja laittomuutta on nykyään kaikkialla, joten on vaikea löytää ketään, jolla on Jumalan vaatima todellinen henkinen usko. Maanviljelijä korjaa ainoastaan viljan, ja ruumenet poltetaan tulessa. Jumala haluaa samaan tapaan mieluummin yhden viljanjyvän kuin suuren määrän ruumenia. Hän kerää valtakuntaansa ainoastaan viljaa (Matteuksen evankeliumi 3:12). Hän haluaa, että rukoilemme ahkerasti, toimimme Hänen sanansa mukaisesti ja heitämme menemään lihan himot niin, että olemme nuhteettomia Herran edessä, mikä on koko ajatus (ensimmäinen kirje tessalonikalaisille 5:23).

Kun seurakuntalaiset kuulivat "hengestä, sielusta ja ruumiista" ja "ulottuvuuksista", he alkoivat ymmärtää perusasioita itsestään ja pyrkivät luopumaan synnistä. Jos meille ei kerrota synnistä, emme todennäköisesti tiedä siitä paljoa. Jos ihmiset eivät tiedä maallisista myönnytyksistään, heistä tulee todennäköisesti lopulta kuin ruumenia, joita ei voi pelastaa. Pastorien täytyy sen tähden opettaa uskoville tarkasti, mitä synti on.

Luotin ainoastaan Jumalan viesteihin

Kun Jumala lähetti opetuslapsensa, hän sanoi: *"Mutta kun teidät luovutetaan viranomaisten käsiin, älkää olko huolissanne siitä, miten tai mitä puhuisitte, sillä teille annetaan tuona hetkenä sanat, jotka teidän tulee puhua.'Te ette puhu itse, teissä puhuu Isänne Henki'"* (Matteuksen evankeliumi 10:19.20). Avasin kirkon, kun opiskelin viimeistä vuotta pappisseminaarilla. Minun oli myös tehtävä kotitehtävät. Minun oli myös valmistettava vähintään kymmenen saarnaa viikossa joka-aamuisia rukouspalveluksia, perjantain yöjumalanpalvelusta ja sunnuntain aamu- ja iltajumalanpalvelusta varten. Minun oli myös käytävä katsomassa ja neuvomassa seurakuntalaisia ja minun oli rukoiltava henkilökohtaisesti sairaiden puolesta, joten minulla oli aina kiire.

Minulla ei edes ollut aikaa kirjoittaa saarnoja muistiin, mutta kun rukoilin, Jumala kertoi minulle saarnan nimen ja raamatun kohdan. Kun rukoilin, Jumala antoi saarnan aikana innoituksensa. Kun seisoin saarnastuolissa, mieleni täyttyi Jumalan sanoilla.

Jumalanpalvelukset televisioidaan nykyään koko maahan ja muihinkin maihin satelliiteilla ja internetillä, joten kirjoitan saarnani etukäteen muistiin. Saarnasin ilman mitään muistiinpanoja kirkon perustamisesta siihen saakka, kun saarnat alettiin televisioida.

Olen vain arvoton palvelija

Vuoden 1987 huhtikuussa en eräänä päivänä saanut saarnan aikana innoitusta, koska en ollut ehtinyt rukoilla tarpeeksi.

Minusta tuntui, että saarna ei sujunut hyvin. Olin saarnan jälkeen hyvin pahoillani siitä, että en ollut valmistautunut saarnaan rukoilemalla enempää. Kun joudun sellaiseen tilanteeseen, minusta tuntuu että en pysty mihinkään ja että en ole mitään, jos Jumala ei ole kanssani. Jos Jumala hylkäisi minut, en pystyisi saarnaamaan ollenkaan, parantumisia ei tapahtuisi vaikka kuinka rukoilisin eikä Pyhä Henki tekisi saarnatessani mitään, joten kirkon seurakuntalaiset eivät muuttuisi. Vaikka minulla onkin saavutuksia, olen Jumalan edessä vain arvoton palvelija. Vaikka minulle onkin suotu taivaasta käsin suuri valta ja minua käytetään Jumalan työkaluna, en voi tulla siitä ylimieliseksi.

Huhtikuussa 1987 julkaistiin muistelmani *Tasting Eternal Life before Death (Ikuisen elämän maistaminen ennen kuolemaa)*. Kirjasta julkaistiin yhä uusia painoksia ja sitä myytiin jatkuvasti. Se on käännetty monille kielillä ja sitä levitetään monissa maissa ympäri maailmaa. Tämä kirja on auttanut monia ihmisiä uskomaan elävään Jumalaan, parantavaan Jumalaan, Jumalaan joka vastaa rukouksiin ja rakkauden Jumalaan.

Silloin Saksassa asuva Soojung Maeng sai tämän kirjan saksalaiselta pastorilta ja luki sen. Hän sai kirjasta hyvän kuvan. Kun hän palasi Koreaan, hän tuli kirkkomme jumalanpalvelukseen, ja lopulta hän alkoi käydä kirkossa säännöllisesti. Hänestä tuntui, että elävä sana oli muuttanut hänen elämäänsä. Hän oli täynnä intoa levittää ilosanomaa, ja tällä hetkellä hän toimii lähetystyöläisenä Washington D.C:ssä. Hän on omistanut elämänsä evankeliumin levittämiselle.

"Tämä on AM 837 Khz Christian Broadcasting System. Tänään kerromme ohjelmassamme'You Are with Me' pastori

Jaerock Leen tarinan. Hän tulee Manmin Joong-ang kirkosta."
Kokemuksistani tehtiin kuunnelmasarja, ja CBS-radiokanavan
ohjelma "You Are with Me" lähetti sen 1.–30. kesäkuuta. Sitä
lähetettiin kuukauden ajan kahdesti päivässä, aamulla ja illalla.
Tämä ohjelma auttoi monia kautta maan saamaan osakseen
Jumalan armon ja muistamaan nimeni. Jotkut kertovat, että he
alkoivat uskoa Jumalaan.

18. elokuuta esiinnyin CBS:n ohjelmassa nimeltä "Renew
Me", missä kerroin kokemuksistani. Tuottaja pyysi, etten
kertoisi, että Jumala oli parantanut minut. Hän sanoi, että
ihmeistä kertomista vastustettaisiin. En ollut samaa mieltä,
joten vain hymyilin. Lopuksi kerroin lähetystä nauhoitettaessa
koko tarinani sekä sen, miten Jumala paransi minut. Tarinaani
ei kuitenkaan lähetetty aikataulun mukaisesti, joten kysyin
tuottajalta, mitä oli tapahtunut. Nauha oli vähällä tulla
tuhotuksi, mutta onnistuimme juuri ja juuri löytämään sen
erään henkilön avulla. Lopulta sitä lähetettiin tunnin verran.
Mielestäni olisi ollut mukavaa, jos he olisivat kertoneet koko
totuuden.

Pyhän Hengen innoittamia profetioita

Jumala antaa meille Pyhän Hengen lahjoja meidän
hyödyksemme (ensimmäinen korinttilaiskirje 12:7).
Ensimmäinen korinttilaiskirje 14:1-5 kuuluu: *"Pyrkikää
rakkauteen, mutta tavoitelkaa myös henkilahjoja, ennen kaikkea
profetoimisen lahjaa. Kielillä puhuva ei näet puhu ihmisille vaan
Jumalalle; kukaan ei ymmärrä häntä, Hengen valtaamana hän
puhuu salaisuuksia. Mutta se, joka profetoi, puhuu ihmisille: hän*

rakentaa, kehottaa ja lohduttaa. Kielillä puhuva rakentaa itseään, profetoiva rakentaa seurakuntaa. Toivoisin teidän kaikkien puhuvan kielillä, mutta vielä mieluummin toivoisin teidän profetoivan. Profetoiva on arvokkaampi kuin kielillä puhuva, ellei tämä sitten osaa myös tulkita puhettaan, niin että se koituu seurakunnan parhaaksi."

Apostoli Paavali toivoi kaikkien Jumalan lasten saavan kielillä puhumisen lahjan, ja hän kehotti uskovia saamaan erityisesti profetoimisen lahjan. Kerroin joskus Pyhän Hengen innoittamana seurakuntalaisten huviksi ja hyödyksi ja uskon kasvattamiseksi, mitä tulisi tapahtumaan. Rukoilin aamurukouksessa: "Isä Jumala, lähetä meille ensi viikolla tietty määrä osanottajia." Sitten ilmoitin, että seuraavalla viikolla tulijoita olisi tietty määrä. Siihen aikaan seurakunta kasvoi hyvin nopeasti.

"Seuraavalla viikolla jumalanpalveluksessa on 50 henkeä."

Seuraavana sunnuntaina seurakuntalaiset laskivat osanottajien määrän. Se oli täsmälleen 50.

"Saamme 65 osanottajaa ensi viikolla."

Osanottajien määrä kasvoi joka viikko, ja minä profetoin joka sunnuntai. Seuraavana sunnuntaina seurakuntalaiset laskivat osanottajien määrän ja kokivat yllätyksen.

Kun saavutimme 80 henkeä, määrä ei kasvanut moneen viikkoon. Kun rukoilin asiasta, oivalsin että paholaisvihollinen yritti estää meitä saavuttamasta 100 osanottajaa. Paastosin ja rukoilin seurakuntalaisten kanssa ja ajoin paholaisvihollisen pois, ja siitä viikosta lähtien määrämme alkoi taas kasvaa, ja kirkon avaamisen vuosipäivänä 10. lokakuuta meitä oli enemmän kuin 100.

Joskus Jumala kertoi minulle etukäteen kolehdin määrän. Näin tapahtui silloin, kun saimme noin 6 miljoonaa wonia (6 000 dollaria) viikossa. Koska keskityimme maailmanlaajuiseen lähetystyöhön, meillä oli paljon enemmän menoja kuin kuluja. Elimme aina puutteessa, eikä kirkkomme taloudellinen tilanne ollut hyvä. Aloin rukoilla siitä Jumalaa. Kun rukoilin hartaasti, Herra ratkaisi vaikean tilanteen. Jumala kertoi minulle Hengen innoituksella täsmälleen, paljonko kolehtia saisimme.

"Seuraavalla viikolla kolehti on 33 miljoonaa wonia (33 000 dollaria)." Kun sain vastauksen, kerroin sen niille kirkon työntekijöille, jotka olivat vastuussa kirkon varoista, jotta heidän uskonsa kasvaisi. He eivät reagoineet mitenkään, koska eivät pystyneet uskomaan minua. He ajattelivat, että kolehdin määrä ei millään voi viisinkertaistua viikossa.

Seuraavana sunnuntai-iltapäivänä talouskomitean työntekijät kuitenkin laskivat kolehdin ja kertoivat, että määrä oli täsmälleen 33 miljoonaa wonia. Siitä lähtien rukoilin Jumalaa aina kun meillä oli taloudellisia vaikeuksia, ja Jumala siunasi meitä aina moninkertaisesti, jotta Hänen armonsa auttaisi meidät vaikeuksien yli. Hän ilmoitti minulle erityisesti silloin, kun Hän antoi monta kertaa tavallista enemmän, ja minä kerroin talouskomitealle etukäteen. Heidän uskonsa kasvoi, kun he kokivat tällaista useasti.

Jumala kertoi minulle Korean ja maailman tulevaisuudesta

Huusin aina rukoukseni ja elin Hengen täyttämänä. Herra kertoi minulle joskus tulevista tapahtumista sekä suurista ja salaisista asioista. Herra lähetti Pietarille näyn, jossa Hän kertoi tälle tulevista (apostolien teot 10), ja Stefanos näki Jumalan kunnian ja Herran seisovan Jumalan oikealla puolella. Jumalan voimalle mikään ei ole mahdotonta. Siitä kerrotaan sekä vanhassa että uudessa testamentissa, ja hän toimii niin nykyäänkin.

Aamoksen kirjan kohdassa 3:7 sanotaan: *"Ei Herra Jumala tee mitään ilmoittamatta suunnitelmiaan palvelijoilleen, profeetoille."* Kuten mainitsin, Jumala kertoi minulle rukoillessani etukäteen kirkkomme jäsenistä ja maan ja maailman tilanteesta.

26. lokakuuta 1979, kun vielä kävin pappisseminaaria, aloin yhtäkkiä tuntea oloni huonoksi heti aamulla. Rukoilin siitä. Herra paljasti, että eräs maamme suurista tähdistä tulisi putoamaan. Hän kertoi, että presidentti Park Chung Hee tulisi kuolemaan. Kerroin vaimolleni, että tapahtuisi suuri katastrofi, ja lähdin pappisseminaariin. Olin niin huolissani, että itkin koko päivän. Seuraavana aamuna kuulimme, että presidentti Park Chung Hee oli murhattu edellisenä yönä.

Ilmoittamatta suunnitelmiaan palvelijoilleen, profeetoille

Jumala kertoi minulle etukäteen maailmantilanteen kehittymisestä, ja joskus Hän kertoi joistakin tärkeistä henkilöistä. Vuonna 1984 Hän kertoi, että I.P. Gandhi, joka oli Intian naispääministeri, tulisi kuolemaan. Jumala kertoi siitä pari kuukautta ennen tämän kuolemaa, ja minä kerroin asiasta seurakunnalle. Lokakuussa luin sitten lehdestä, että sikhit olivat salamurhanneet hänet.

Jumala kertoi samana vuonna, että presidentti Reagan ja pääministeri Thatcher valittaisiin uudelleen. Hän myös selitti, miksi heidät valittaisiin uudelleen. Margaret Thatcher oli lyhytsanainen ja pyrki nöyryydellään ja lauhkeudellaan olemaan moitteeton Jumalan edessä. Hän ei ajatellut rikkauksia eikä valtaa, vaan palveli ihmisiä rakkaudella. Jumala selitti, että ihmiset rakastivat näitä kahta, koska he rakastivat maataan ja palvelivat ja rakastivat ihmisiään.

Neuvostoliiton kommunistisen puolueen pääministeri K.U Chernenko kuoli vuonna 1985. Jumala lähetti minulle siitä näyn jo vuonna 1984, monta kuukautta aikaisemmin. Kerroin seurakunnalle näkemäni, jotta heidän uskonsa kasvaisi. Muutamaa kuukautta myöhemmin lehdissä kerrottiin, että hän oli sairas, ja lopulta hän kuoli.

6/29-julistus ja demokratisointi

29. kesäkuuta 1987 Taewoo Roh, demokraattisen oikeuspuolueen presidentti, julkaisi 6/29-julistuksen. 12. helmikuuta 1985 pidettyjen yleisvaalien jälkeen vastustavat puolueet kritisoivat presidentti Doohwan Chunin valinnan pätevyyttä, koska hänet oli valittu välillisissä vaaleissa, ja vaativat välittömiä presidentin vaaleja. He vaativat, että maan ihmisten tulisi valita presidentti suoraan.

Presidentti Doohwan Chun yritti vastustaa näitä liikkeitä julkaisemalla 13. huhtikuuta 1987 perustuslain suojelumääräyksen, jolla hän yritti lakkauttaa keskustelut perustuslain muuttamisesta ja valita hallituksen olemassa olevien lakien puitteissa. Hän kutsui 10. kesäkuuta demokraattisen oikeuspuolueen kokoukseen, jossa hän valitsi Taewoo Rohin puolueen presidenttiehdokkaaksi pyrkimyksenä jatkaa sotilashallintoa. Eräs yliopisto-opiskelija nimeltä Jongcheol Park kuoli näissä oloissa poliisin kidutuksesta. 10. kesäkuuta alkoivat suuret mielenosoitukset kautta maan. 26. kesäkuuta yli miljoona ihmistä osoitti mieltään myöhään yöhön 37 kaupungissa. Koska poliisivoimat eivät riittäneet hillitsemään mielenosoituksia, hallitus harkitsi sotavoimien lähettämistä. Maltilliset kuitenkin voittivat lopulta. He päättivät hyväksyä ihmisten vaatimat välittömät vaalit. Tätä kutsuttiin 6/29-julistukseksi.

15. kesäkuuta 1987 johdin herätyskokousta Cheil-kirkossa Bupyeongissa. 18. kesäkuuta Jumala lähetti minulle yllättäen innoituksen ja näyn. Hän kertoi 6/29-julistuksesta ja sen sisällöstä. Ymmärsin että asiat etenivät hyvin nopeasti, koska Hän kertoi minulle Pyhän Hengen innoituksen kautta maata kohtaavasta suuresta muutoksesta. Seuraavana päivänä, 19. kesäkuuta, kerroin seurakuntalaisille näystä käyttäen lyhenteitä, ja nämä lyhenteet painettiin seuraavan sunnuntain viikoittaiseen tiedotuslehteen. Hallitus neuvotteli salaa asiasta, ja tavallisen kansalaisen oli vaikea kuvitella sellaista.

Asioiden kulku painettiin etukäteen 21. kesäkuuta 1987 tiedotuslehteen

Koska diktaattorisen hallituksen asenne oli mikä oli, painoimme seuraavan sunnuntain viikoittaisen tiedotuslehdessä lyhenteet päinvastaisessa järjestyksessä. Säilytimme tuon tiedotuslehden. Lyhenteet olivat (korealaisin kirjaimin): "Min, Gey, Yak, Sei, Dae, Gye, Chong, Mo, Roh, Hu, Dae." Sitten selitin lyhenteiden merkityksen jumalanpalveluksen aikana sunnuntaina 5. kesäkuuta.

Se tarkoitti: "Presidentti(Dae) Chun julkaisi perustuslain suojelumääräyksen tukeakseen presidenttiehdokas(Hu) Taewoo Rohia(Roh). Mutta koska mistä ammutaan(Chong) päähän(Mo), kaikki perustuslain suojelusuunnitelmat(Gye) epäonnistuvat. Ihmisten vastustus heikensi(Yak) presidentti(Dae) Cheonin vaikutusta(Sei), ja hän julkaisee

6/29-julistuksen koska hänen täytyi hyväksyä ihmisten vaatimukset. Perustuslakia muutetaan(Gey) siten, että järjestetään välittömät vaalit. Tämä on demokratisoinnin(Min) alku.

6/29-julistuksen kahdeksan lauseketta ovat seuraavat:

1. Rauhanomainen hallituksen vaihto helmikuussa 1988 muuttamalla perustuslakia.
2. Rehelliset ja oikeudenmukaiset vaalit muuttamalla presidentin valintaa koskevia lakeja.
3. Armahduksen ja lain suojan myöntäminen Daejung Kimille
4. Ihmisten arvokkuuden kunnioitus ja ihmisoikeuksien kohentaminen
5. Puheenvapauden salliminen
6. Paikallinen autonomisuus, yliopistojen vapaus ja koulutuksen autonomisuus
7. Takuu kaikilta puolueilta
8. Selkeät säädökset yhteiskuntajärjestyksen puhdistamisesta

Presidenttivaalien tulos

Rukoilin presidentinvaaleista joulukuussa 1987, ennen kolmansiatoista vaaleja. "Jumala, kenet haluat? Kuka sopii sinun tahtosi mukaan parhaiten? Kenestä tulee presidentti?"

Jumala kertoi, että Taewoo Roh valittaisiin presidentiksi. Sitten Jumala näytti Youngsam Kimin menevän siniseen taloon eli presidentin palatsiin kukin koristellulla autolla sen jälkeen kun

Roh ja Daejung Kim menivät siniseen taloon kukin koristellulla autolla.

Hän selitti, että jos Youngsam Kim ja Daejung Kim liittyisivät yhteen, Youngsam Kim olisi presidentti ensin ja sitten Daejung Kimistä tulisi presidentti. Hän selittä näitä näkyjä lähettäessään, että Hänen tahtonsa oli että nämä kaksi ehdokasta liittyisivät yhteen, mutta koska he eivät liittyisi yhteen näissä vaaleissa, Taewoo Rohista tulisi presidentti.

Jumala kertoi myös, että Roh saisi odotettua enemmän ääniä ja toiseksi tulisi Youngsam Kin, kolmanneksi Daejung Kim ja neljänneksi Jongpil Kim, joka saisi vain muutaman äänen. Hän kertoi myös yksityiskohtaisesti, miten ehdokkaan Youngsam Kim ja Daejung Kim voisivat liittyä, ja jos näin kävisi, Youngsam Kimistä tulisi presidentti ensin.

Kirjoitin tiedot kirjeeseen ja lähetin erään seurakuntalaisen viemään sen Youngsam Kimille hänen kotiinsa Sangdo Dongiin. Hän meni Youngsam Kimin kotiin, mutta Youngsam Kim oli Busanissa pitämässä puhetta, joten hän antoi kirjeen tämän vaimolle. Hän luki kirjeen heti ja lupasi antaa sen miehelleen. Meillä on yhä kopio tuosta kirjeestä. Nämä kaksi ehdokasta eivät kuitenkaan liittyneet yhteen, joten presidentiksi valittiin Taewoo Roh.

Luku 6

Kirkon kasvu ja testit

Puheenvapauden riisto ja särkynyt nuija

Kirkkoni kuului itse asiassa Union of the Korea Holiness Church -uskonlahkoon. Pyrin kirkon perustamisesta lähtien toimimaan parhaani mukaan yhteistyössä uskonlahkoni kanssa. Kirkkoni kasvoi jatkuvasti.

Yhdistyttyä toiseen uskonlahkoon

13. joulukuuta 1988 uskonlahkomme kuitenkin yhdistyi Korea Holiness Church Anyangin kanssa, ja meistä tuli Anyang-uskonlahko. Union of the Korea Holiness Church -uskonlahkon presidenttinä oli siihen aikaan pappisseminaariprofessori pastori Taekgoo Sohn, ja yhdistyminen tapahtui juuri hänen ehdotuksestaan. Kirkkoni kasvoi silloin räjähdysmäisesti. Kun perustimme viidennen haarakirkkomme Suwoniin, uskonlahkon yleiskokous vastusti kirkkomme nimeä. Heidän mukaansa

nimessä ei saanut olla "Manmin", ja nimi oli muutettava "Suwon Deokwoo -kirkoksi".

Joulukuussa 1989 sain yleiskokouksesta virallisen kirjeen, jossa kerrottiin, että minun oli oltava paikalla tutkimuksissa kello 11 aamulla. Saavuin yleiskokoushuoneeseen 18. joulukuuta kello 10:30, mutta minulle ei kerrottu, että kokous alkaisi vasta keskipäivältä. Minut kutsuttiin sisään vasta keskipäivän jälkeen. Sisällä oli kuusi pastoria, jotka muodostivat yleiskokouksen. He alkoivat kysyä kysymyksiä heti kun astuin sisään. Luulin, että olisimme aloittaneet rukouksella tai jumalanpalveluksella, koska olimme kaikki pastoreita. Pettymyksekseni näin ei käynyt. He laukoivat kysymyksiä ja syytöksiä.

"Kuulin, että olet sanonut, että Jeesus palaa 3-4 vuoden kuluessa. Onko se totta?"

"En ole koskaan sanonut sellaista."

"Valehtelet! Olet valheellinen pastori."

Kysymykset tyrmistyttivät minua. He sanoivat, että minun ei tarvinnut selittää vaan vastata pelkästään "kyllä" tai "ei".

"Olet hyvä valehtelija, ja juuri siksi onnistut petkuttamaan tuhansia karitsoita. Luuletko, että emme pysty valehtelemalla hankkimaan saman määrän seurakuntalaisia?" "Sanotaan, että Jumala ilmestyy sinulle. Onko sinulla muuta sanaa kuin raamatun 66 kirjaa?"

"Sellaista ei ole tapahtunut."

"Valehtelija! Estät kirkon jäseniä menemästä töihin ja käsket opiskelijoita lopettamaan opiskelun!"

"En ole koskaan tehnyt sellaista."

"Tanssitko alttarilla noitatansseja?"

"En ole koskaan tehnyt sellaista."

Nämä järjettömät kysymykset jatkuivat. Kaikki johtui väärinymmärryksistä. Minulle ei annettu tilaisuutta selittää mitään. Eräs minua kuulusteleva pastori, jota kutsun "pastori S:ksi", antoi minulle yhdeksän ennalta valmistettua lauseketta. Minulle ei edes kerrottu, että tämä mieletön kysely oli osa tuomioon johtavaa oikeudenkäyntiä. Kyseiset yhdeksän lauseketta oli myös lähetetty kirkkooni. Minulle kerrottiin, että jos en korjaisi näitä yhdeksää seikkaa, he panisivat tutkimuksen tuomion täytäntöön. Näihin lausekkeisiin sisältyi: muistelmieni Tasting Eternal Life before Death (Ikuisen elämän maistaminen ennen kuolemaa) myynnin kieltäminen; saarnakasettien myynnin kieltäminen; "Manmin"-sanan käytön kieltäminen haarakirkkojen nimissä; ja pyhien tanssien kieltäminen (tanssiminen ylistyslaulujen aikana). En voinut hyväksyä näitä vaatimuksia.

Vastasin tähän "viralliseen kirjeeseen" yksityiskohtaisesti ja perustelin vastaukseni huolella. Lisäsin, että kirjoitin kirjeen koska en nähnyt mitään, mikä olisi Jumalan sanaa vastaan, ja jos jotain oli vialla, olisin kiitollinen jos he kertoisivat minulle asiasta. Monta kuukautta myöhemmin yleiskokous lähetti minulle vastauksen, jonka mukaan se oli päättänyt hylätä vastaukseni, mutta ei kertonut siihen mitään syytä.

Puheenvapauden riisto

Uskonlahkoni yleiskokous kesti kaksi päivää. Se alkoi 30. huhtikuuta ja päättyi 1. toukokuuta. Kuuluin kokouksen edustajiin, joten osallistuin kokoukseen. Kaksi muuta kokouksen jäsentä oli kirkkoni seurakunnanvanhimpia. Emme löytäneet minulle varattua tuolia. Ymmärsin, että minut aiottiin erottaa kirkosta. Etsin nimeäni joka puolelta, mutta en löytänyt sitä. Nimeäni ei myöskään ollut jäsenluettelossa. Koska minulla ei ollut istuinta, minulla ei ollut oikeutta puhua. Koska kuitenkin halusin heidän kuulevan totuuden, seurasin kokousta takapenkiltä.

Nimeni mainittiin 1. toukokuuta kokouksen alussa. Pastori "S", tutkintakomitean johtaja, alkoi kertoa minut tuomitsevia asioita. Minua kiellettiin puhumasta kokoukselle, ja sitten kokous jatkui ennalta suunnitellun ohjelman mukaisesti. Minusta kerrottiin pelkkiä valheita, esimerkiksi:

"Pastori Jaerock Lee on sanonut, että hän tietää, minä päivänä Herra palaa. Se mainitaan hänen kirjassaan sivulla se ja se."

En ole koskaan sanonut, että tietäisin koska Herra palaa. En tiedä sellaista päivämäärää, ja tietenkään sellaista ei ole kirjoitettu kirjaani, mutta koska osallistujille ei annettu silloin tilaisuutta lukea kirjaani, he uskoivat mitä heille kerrottiin, ja heidän täytyi osallistua äänestykseen. "Koska pastori Jaerock Lee on täysin harhateillä, meidän on erotettava hänet. Nostakaa kätenne, jos olette samaa mieltä."

Useimmat 300 kokouksen jäsenestä lähtivät huoneesta ja paikalle jäi vain 90. Heistä noin 30 nosti kätensä. Nämä olivat ihmisiä, jotka olivat ennalta luvanneet tehdä niin. Laskimme kätensä nostaneiden määrän. Heitä oli kolmekymmentä, mutta puheenjohtaja julisti: "48 nosti kätensä, mikä on enemmän kuin puolet, joten ehdotus hyväksytään." Hän iski nuijalla, ja minut erotettiin kirkosta ainoastaan 30 jäsenen suostumuksella 300:sta.

Särkynyt nuija

Kun puheenjohtaja iski nuijalla, sen varsi katkesi ja sen putosi maahan. Tämä ei tietenkään ollut tavanomaista. Nuijan särkyminen tuntui merkitsevän sitä, että tuomio ei ollut Jumalan silmissä oikea. Minä olin joutunut uhriksi, eikä minun sallittu sanoa sanaakaan. Seurakunnanvanhin Boaz chungho Lee sai luvan puhua ja sanoi: "Tähän asti sanottu on valetta. Miten voit tuomita hänet edes kuulematta häntä? Hän on täällä paikan päällä, joten meidän tulee kuunnella häntä."

"Annamme hänelle oikeuden puhua. Palaa paikallesi."

Puheenjohtaja ei lupauksestaan huolimatta kuitenkaan antanut minulle tilaisuutta puolustaa itseäni. Vanhin Lee palasi paikalleen, mutta minulle ei annettu puheenvuoroa. Lee alkoi väittää vastaan äänekkäästi:

"Puheenjohtaja, palasin paikalleni ainoastaan sen takia, että lupasit antaa pastori Jaerock Leelle oikeuden puhua. Miksi et anna hänelle sitä?"

Puheenjohtaja oli kuin ei olisi kuullut Leen vastaväitettä. Kaikki päättyi hyvin nopeasti. Olin istunut siellä seitsemän tuntia, aamusta saakka, ja sietänyt paljon halveksintaa vain sen takia, että halusin tilaisuuden puhua. Sitä ei koskaan kuitenkaan myönnetty minulle. Jopa kuolemaantuomitulle annetaan tilaisuus puolustaa itseään. Jopa diktaattorin hallitsemassa maassa ja kommunistisen puolueen oikeudenkäynnissä kuunneltaisiin epäiltyä. Minulle ei kuitenkaan annettu puhevuoroa, ja uskonlahko hautasi minut epäoikeudenmukaisesti.

Raamatun opetukset oikeudenkäynneistä

Raamattu kertoo, että seurakunnanvanhimmankin syyttämiseen tarvitaan vähintään kaksi todistajaa (ensimmäinen Timoteuksen kirja 5:19). Koska olen Jumalan palvelija ja pastori, heidän olisi tietenkin tullut antaa minulle tilaisuus puolustaa itseäni, mutta he estivät minua sanomasta sanaakaan ja tuomitsivat minut yksipuolisesti. Mikä pahempaa, syytökset eivät pitäneet paikkaansa vaan olivat täysin keksittyjä.

Kun kuningas Saul ajoi takaa Daavidia koska oli kateellinen, Daavid sai kerran tilaisuuden tappaa Saulin, mutta pidättäytyi tekemästä sitä. Hän sanoi: *"Pois se minusta, Herrani tähden, sillä en tee sellaista Herran voidellulle. En ojenna kättäni häntä vastaan, koska hän on Herran voideltu."* Vaikka Saul oli hylännyt Jumalan, Jumala oli voidellut hänet kerran. Ainoastaan Jumala saa käsitellä palvelijoitaan, jotka Hän on voidellut. Minut kuitenkin erotettiin ihan noin vain.

Olisin voinut välttää tapahtuneen sanomalla kerran "kyllä"

Jotkut kokouksessa olleet pastorit säälivät minua ja neuvoivat: "Pastori, sinua kadehditaan koska kirkkosi kasvaa niin nopeasti.

Voisit sanoa edes kerran'kyllä' siihen, mitä muut vanhemmat pastorit sanovat. Sano'kyllä' edes kerran! Jos he sanovat, että maito on vettä, sano'aamen', ja jos he sanovat että vesi on maitoa, sano silloinkin'aamen'." En suostunut toimimaan väärin vaan seurasin oikeaa polkua. Muistan, kun Danielia oltiin heittämässä leijonien luolaan, eikä hän silloinkaan suostunut tekemään väärin. Sitten mieleeni tuli kerta, kun Danielin kolme ystävää eivät suostuneet vääryyteen edes kun heidät heitettiin tuleen. Kun ajattelin sitä, en tukeutunut maallisiin asioihin vaan pelkästään Jumalaan.

Kun uutiset tapahtuneesta levisivät kirkossamme, sadat jäsenet menivät vastustamaan päätöstä niiden kahden pastorin luo, jotka olivat johtaneet hanketta erottaa minut. Lisäksi monet pastorit, jotka tiesivät totuuden, soittivat heille ja protestoivat. Uskonlahkon presidentti pyysi lopulta minua puheilleen. "Voin jättää tapahtuneen huomiotta, jos vain sanot yhden asian," hän sanoi. "Sitten palautan nimesi, ja me palaamme takaisin samanlaisiin suhteisiin kuin meillä oli aiemminkin. Sano vain, että sanot'kyllä' niihin yhdeksään lauselmaan ja hyväksyt ne." En kuitenkin voinut myöntyä, koska se ei ollut oikein. Miten voisin suostua vääryyteen pelkästään sen takia, että pelkäsin tulla erotetuksi? Surin asiaa viikon ajan niin kovasti, että laihduin neljä kiloa. Kun ajattelin niitä kahta pastoria, jotka tuomitsivat minut yksipuolisesti, en voinut olla tuntematta surua. Minun kävi myös sääli heitä. Eräs pastori, jota kutsun "pastori K:ksi", oli myös yksi uskonlahkoni presidenteistä. Hän sanoi usein: "Manmin Joong-ang -kirkko ei ole raamatun mukaan harhaoppinen."

Julkaisin kirjan nimeltä Heaven Will Declare the Justice ja lähetin sen kaikkiin korealaisiin kirkkoihin, huolimatta niiden uskonlahkosta. Tämän jälkeen Jumala puhui minulle rukoillessani:

"Olisit voinut päättää itse erota uskonlahkosta ja siten välttyä erottamisen häpeältä. Mutta et tehnyt niin, jotta et pettäisi uskonlahkoasi. Juuri sellaisen palvelijan Minä haluan. Teit oikean valinnan. Sinusta tulee kohta kirkkoyhdistysten johtaja."

Jumala johdatti meidät perustamaan uuden uskonlahkon, jotta välttyisimme järjettömiltä kielloilta ja pystyisimme työskentelemään kaikin voimin Jumalan valtakunnan edestä. 1. heinäkuuta 1991 perustettiin United Holiness Church of Korean yleiskokous ja minut valittiin sen presidentiksi. Kun olimme läpäisseet suuren koettelemuksen, tunsin kuinka Jumala oli antanut minulle entistäkin enemmän valtaa.

Herätyskokouksia ympäri maata

Minut oli pastoriksi vihkimiseni jälkeen kutsuttu moniin paikkoihin ympäri maata puhumaan herätyskokouksissa. Vuonna 1987 aloin puhua joka kuukausi uskonlahkojen välisissä herätyskokouksissa sellaisissa kaupungeissa kuin Pohang ja Daegu. Puhuin enimmäkseen siitä, miksi meidän tulee huutaa rukouksemme, sekä siitä, miksi Jeesus on pelastajamme. Molemmista kerron myös kirjassa Ristin Sanoma.

Herätyskokousten toisena ja kolmantena päivänä pastorit saivat armoa saarnatusta sanasta, koska he ymmärsivät Jumalan sanan henkiset merkitykset. Toisin kuin herätyskokouksen alussa, he kiittivät minua nyt nöyrästi.

Päädiakoni Boonhan Cho parani vyöruususta

Maaliskuussa 1990 minut kutsuttiin erääseen kirkkoon

Daegussa. Onnistuin myös käymään päädiakoni Boonhan Chon kotona. Hän oli silloin 77-vuotias, ja hänellä oli paha vyöruusu. Hänen pojanpoikansa, diakoni Joonha Hwang, toimi silloin armeijan lääkärinä Jinhaen kaupungissa. Hän opiskeli samalla lääketieteen tohtoriksi Korean yliopistossa. Diakoni Joonha Hwang oli tosi uskova ja otti useaan kertaan vapaata huolehtiakseen isoäidistään. Boonhan Cho kävi kirkossamme jonkin aikaa, koska hän halusi kuulla Jumalan elävän sanan.

Hänellä oli myös rakkuloita iholla, ja ne aiheuttivat puhjetessaan pahan reumatismin. Virukset pääsivät kosketuksiin hermojen kanssa, mikä aiheutti niin paljon kipua, että hän kirkui yötä päivää. Hän ei kyennyt enää liikkumaan, vaan hänen oli oltava makuulla jatkuvasti. Hänen raajansa olivat koukussa, ja syöminen ja nukkuminen oli hänelle hyvin vaikeaa. Hän oli pelkkää luuta ja nahkaa. Hän toivoi kuolevansa nopeasti. Häntä hoitavat perheenjäsenet tietenkin kärsivät myös kovasti.

Asetin käteni hänen päälleen ja rukoilin hänen puolestaan. Heti kun päätin rukouksen, hän huusi: "Paha henki lähtee!" Hän nosti samalla oikean kätensä. Koska hänellä oli vyöruusu kaulan oikealla puolella ja oikeassa olkapäässä, oikean käden liikuttelu oli hänelle erityisen vaikeaa. Hän kuitenkin nousi kohta istumaan. Hänestä tuntui, että taudin aiheuttanut paholainen oli lähtenyt. Hän oli täysin parantunut.

Kaikki hänen lapsensa halusivat pitää huolta hänestä, mukaan lukien hänen vävynsä, joka toimi professorina Kyoungbookin yliopistossa Daegussa, mutta siitä huolimatta hän tuli Souliin, vuokrasi pienen talon kirkon läheltä ja vietti Pyhän Hengen avustuksella terveellistä kristittyä elämää vielä pitkän aikaa.

Huolimatta häiriöistä Daegun herätyskokouksessa

Minut kutsuttiin 4. toukokuuta 1990 puhumaan Jooahm Mountain Prayer Centeriin Daegun kaupunkiin. Sen järjesti Kyeong Sang -provinssin lähetyskeskusten liitto. Ihmisiä oli niin paljon, että he istuivat jopa alemmalla ja ylemmällä alttarilla. Kaikki eivät kuitenkaan mahtuneet pyhättöön. Irrotimme ikkunaruudut, jotta myös ulkopuolelle jääneet pystyivät osallistumaan. Edes kuoro ei mahtunut sisään, joten sen täytyi laulaa ulkona. Jumalan armosta kokoukseen osallistui monia pastoreita, ja siellä tapahtui monia parantumisia.

Koska kokous oli niin suuri menestys, sen organisoija järjesti seuraavana vuonna vieläkin suuremman kokouksen. Sitä varten vuokrattiin Daegun lukio. Monet lähetysorganisaatiot tukivat kokousta rukouksillaan. Minut tuominnut uskonlahko yritti häiritä kokousta.

Jumala puhui minulle viikko ennen kokousta perjantaisessa yöjumalanpalveluksessa. Hän vaati, että kaikki seurakuntalaiset paastoaisivat seuraavana sunnuntaina yhden päivän ajaakseen Saatanan synagogan pois. Minulla ei ollut ollut aavistustakaan siitä, mitä Daegussa oli tekeillä. Lauantaina Daegussa käyneet kirkon työntekijät kertoivat minulle, mitä siellä oli tekeillä.

Minut tuominnut uskonlahko lähetti virallisen kirjeen organisointikomitean puheenjohtajalle, lehdistölle ja muille asiaan liittyville organisaatioille. Kirjeessä sanottiin, että minut on tuomittu harhaoppiseksi ja erotettu kirkosta. Tämä oli vain yritys häiritä kokousta. Seuraavaksi kokousta kannattaneen uskonlahko "J:n" pastorien kokous lähetti kaikille kirkoilleen virallisen kirjeen, jossa sanottiin: "Koska pastori Jaerock Lee on harhaoppinen, tuomitsemme myös kaikki tätä kokousta kannattavat vääräuskoisiksi." Tämä johti siihen, että monet kokousta tukeneet organisaatiot ja sen puolesta rukoilleet pastorit eivät kyenneet enää auttamaan. Liikkeellä oli monia virheellisiä huhuja, mukaan lukien huhu, että kokous oli peruutettu. Kokous alkoi 18. maaliskuuta 1991 ilman, että minulla oli tilaisuutta kertoa totuutta kirkkoni asemasta. Ne tukiorganisaatiot, jotka uskoivat saamiinsa kirjeisiin, käänsivät meille selkänsä. Kokoukseen osallistui kuitenkin uskonlahkon painostuksesta huolimatta monia pastoreita. Olimme kaikki kiitollisia! Kirkkomme jäsenet menivät Daeguun ja tekivät kokousvalmistelut, koska Jumala kosketti heidän sydäntään. Yhtäkkiä kirkostamme tulikin tilaisuuden vetäjä. Osallistujia oli monia, ja kaikki päättyi Jumalan armoon.

Vihollispaholainen yritti peruuttaa kokouksen ja järjesti paljon vastustusta, mutta koska Jumala tuntee kaikki ihmisten mielet ja suunnitelmat, hän antoi meidän paastota ja saarnata etukäteen. Hän toimii aina kaikkien parhaaksi.

Mitä voimme tästä päätellä? Jos Jumala on meidän puolellamme, kuka voi olla meitä vastaan? Kun hän ei säästänyt omaa Poikaansakaan vaan antoi hänet kuolemaan kaikkien meidän puolestamme, kuinka hän ei lahjoittaisi Poikansa mukana meille kaikkea muutakin? Kuka voi syyttää Jumalan valittuja? Jumala – mutta hän julistaa vanhurskaaksi! Kuka voi tuomita kadotukseen? Kristus – mutta hän on kuollut meidän tähtemme, ja enemmänkin: hänet on herätetty kuolleista, hän istuu Jumalan oikealla puolella ja rukoilee meidän puolestamme! Mikä voi erottaa meidät Kristuksen rakkaudesta? Tuska tai ahdistus, vaino tai nälkä, alastomuus, vaara tai miekka?

On kirjoitettu: "Sinun tähtesi meitä surmataan kaiken aikaa, meitä kohdellaan teuraslampaina." Mutta kaikissa näissä ahdingoissa meille antaa riemuvoiton hän, joka on meitä rakastanut (kirje roomalaisille 8:31-37).

Uuteen pyhättöön muutto uskolla

Maaliskuussa 1987 kasvava seurakuntamme ei enää mahtunut pyhättöömme, joten rukoilimme uutta suurempaa paikkaa. Shindaebang 2 Dongiin, missä kirkkomme sai alkunsa, oli rakennettu uusi rakennus. Vuokrasimme siitä toisen ja kolmannen kerroksen. Pidimme 13.–17. huhtikuuta herätyskokouksen juhlistaaksemme muuttoa uuteen rakennukseen. Kokouksen nimi oli "Ei jokainen minua'Herraksi' kutsuva pääse sisään". Saarnasin armosta, Pyhästä Hengestä, uskosta ja ikuisesta elämästä. 1300-neliöinen pyhättö oli taas täynnä ihmisiä kolme kuukautta herätyskokouksen jälkeen!

Kun huusimme rukouksen

Seurakuntalaisemme rukoilivat silloin kolme tuntia päivässä

Daniel öisessä rukouskokouksessa, aivan kuin tänäkin päivänä. Laitoimme ikkunoihin styroksia estääksemme melua tulemasta sisälle, mutta koska rakennuksessa ei ollut minkäänlaista äänitiivistystä, emme pystyneet estämään melua pääsemästä ulos. Kirkon edessä oli onneksi tori eikä asuntoja. Alueella asukkaille järjestetyssä kokouksessa eräs henkilö valitti kirkosta tulevasta metelistä. Naistenliikkeen edustaja kuitenkin sanoi: "He sulkevat ikkunat keskikesälläkin ja laittoivat ikkunoihin styroksia. Rukoukset kuulostavat minusta kehtolaululta." Asiaa ei sen jälkeen otettu esille. Eräs asukas valitti kerran poliisille. Valituksen kirjannut poliisi sanoi. "Sinä nukut, mutta nämä ihmiset rukoilevat tämän maan puolesta niin kovasti, että eivät ehdi nukkua. Mikä sinua oikein vaivaa?" Henkilö vaikeni heti.

Jumalan armolla kriisin yli

Jumala ei halunnut, että jättäisimme tekemättä mitään nykytilanteelle. Hän lähetti meille koettelemuksen, joka auttoi meitä muuttamaan uuteen paikkaan. Huhtikuussa 1988 pyhättö, toimistot, portaikot ja jopa käytävät olivat täynnä ihmisiä, jotka halusivat osallistua jumalanpalvelukseen. Rakennuksen alimmassa kerroksessa oli silloin tavarataloja. Koska kauppa ei käynyt, ne sulkivat yksi toisensa jälkeen ovensa. Sopimuksemme salli meidän ostaa myös alakerran, mutta yllättäen torikauppiaat ja alueen asukkaat vastustivat sitä. He levittivät perättömästi huhua, että kirkko yritti päästä eroon seudun kauppiaista.

He suorittivat sunnuntaisin kirkon porttien edessä shamaanirituaaleja ja soittivat perinteisiä korealaisia rumpuja hyvin äänekkäästi. Jos soitimme poliisin paikalle, he saapuivat vasta kun kaikki oli ohi. Kaiken takana oli kaupunginhallitus. Eräs herra "S", joka kuului oppositiopuolueeseen, kävi kirkossa useaan otteeseen, ja meistä tuli ystäviä. Rukoilin hänen puolestaan ennen vaaleja, ja hän tuli valituksi. Vaalit hävinneen suuremman puolueen ehdokas ajatteli, että jos kirkkomme kannatti oppositiota, hänen olisi vaikea voittaa seuraavia vaaleja. Hän päätti käyttää vaikutusvaltaansa paikallisiin hallituksen virkamiehiin ja poliiseihin ja ajaa kirkon pois heidän avullaan. Ymmärsin tilanteen vasta paljon jälkeenpäin. Kirkon työntekijät sanoivat, että he eivät kestäneet enää tilannetta ja halusivat mennä paikalliseen hallituksen toimistoon esittämään protestin. He halusivat myös ryhtyä lakitoimiin, mutta suostuttelin heidät olemaan tekemättä mitään. Suostuttelin Jumalan sanalla, jonka mukaan meidän tulee maksaa paha hyvällä.

Kirkon jäsenet tottelivat minua. He sietivät paikallisten asukkaiden vastustuksen ja yrittivät auttaa heitä. Vainosta tuli kuitenkin ajan mittaan entistäkin pahempaa. Kirkkoon tuotiin paikallinen "Dong" (paikallishallinnon toimisto), aluehallinnon toimisto, paikallishallinnon edustaja, naisliiton presidentti ja jopa joukko vanhuksia häiritsemään jumalanpalvelusta, ja palokunta kävi joka päivä tarkistamassa tilat vain häiritäkseen meitä.

Polvistuin rukoilemaan Jumalan edessä. Eräänä päivänä minulle kerrottiin, että ne, jotka yrittivät karkottaa kirkon, halusivat tavata minut. Menin paikallishallinnon kokoushuoneeseen. Paikalla oli enemmän kuin 10 edustajaa alueen eri sektoreilta.

"Pastori, pelasta meidät! Me kärsimme kovasti. Kaikki menee

päin helvettiä." "Mekin haluamme muuttaa, mutta meillä ei ole tarpeeksi isoja tiloja eikä myöskään rahaa." "Paljonko tarvitsisitte, jotta voisitte siirtää pyhättönne muualle?"

He kertoivat tarinansa. Tunnistin Jumalan työn merkit. Monet niistä, jotka olivat kaikkein kovimmin protestoineet kirkkoamme ja yrittäneet ajaa sen pois, olivat yllättäen sairastuneet kaikenlaisiin tauteihin. Huhu tapahtuneesta levisi salamannopeasti. Jotkut pelästyivät uutisista. Ne, jotka johtivat meitä vastustavaa liikettä, tunsivat joutuneensa helvettiin. He tarjoutuivat tapaamaan minut, koska eivät kestäneet pelkoaan. He antoivat meille 300 miljoonaa wonia (300 000 dollaria), minkä summan tarvitsimme, jotta pystyimme siirtämään pyhättömme. Meillä ei edes ollut kymmentätuhatta dollaria, joten se oli meille suuri summa.

Kun kuningas Abimelek ryösti Saaran luullen tätä Abrahamin siskoksi, Jumala ilmestyi hänelle unessa ja kertoi, että Saara oli Abrahamin vaimo, ja käski häntä lähettämään tämän takaisin. Abimelek ei lähettänyt Abrahamille ainoastaan Saaraa vaan myös lampaita, lehmiä ja palvelijoita (ensimmäinen Mooseksen kirja 20). Abraham selviytyi kriisistä Jumalan avulla, ja häntä kohdeltiin hyvin. Kirkkomme selviytyi kriisistä samaan tapaan Jumalan avulla.

Edessämme oli Jumalan meille valmistama maa

Rukoilimme: "Jumala, anna meille maa, joka on 5 000 neliötä suurempi." Kirkon lähellä oli rakennus, joka oli noin 5 000 neliömetriä, ja rukoilimme hartaasti että voisimme siirtyä sinne. Sitten eräänä päivänä vuonna 1990 ilmavoimien akatemia, joka oli ollut Boramaen puistossa, ilmoitti että se muuttaisi ja että alueesta tulisi puisto. Soulin kaupunginhallitus aikoi myydä maan yksityisille sijoittajille. Oivalsin, että Jumala oli valmistellut kirkollemme paikan Boramaen puistossa. Alueella oli monia etuja. Jumala oli juuri tämän vuoksi johdattanut minut avaamaan kirkon Shindaebang Dongissa. Kun rukoilimme pääsyä Boramaen puistoon, Herra vastasi: *"Olen antanut teille maan. Menkää ja ottakaa se. Koko seurakunnalla täytyy olla uskoa. Kun valtaatte siunatun maan, minä otan ohjat kaikissa toimissa."* Kirkkomme esitti tarjouksensa, mutta silloisella seurakuntalaistemme uskolla oli vaikea ostaa edes 300 neliötä maata. Ainoastaan parikymmentä jäsentä osoitti uskonsa.

Jumala johdatti Israelin kansan Kanaanin maahan, mutta he eivät päässeet sinne koska eivät totelleet Jumalaa. Ainoastaan lapset saivat mennä sinne. Koska emme voineet näyttää tarvittavaa uskoa, Jumala johdatti meidät toiseen paikkaan Guro Dongissa. Hän oli valmistellut teollisuusalueella rakennuksen, joka oli noin 8 000 neliömetriä.

Muistotilaisuus uudelle pyhätölle ja jatkuvat häiriöt

Guron teollisuuskompleksi oli yksi Korean ensimmäisiä teollisuusalueita. Siellä oli monia tehtaita. Neljäs pyhättömme, Guro Dongin pyhättö, oli aikaisemmin ollut yhtiö nimeltä Shin Ae Electronics. Olin tavannut sen omistajan ennen kuin se meni vararikkoon.

Hän sanoi minulle: "Herra pastori, haluaisin rakentaa Manmin Joong-ang kirkon pyhätön tälle maalle." Vaikka se oli ensi tapaamisemme, hän sanoi haluavansa rakentaa Manmin Joong-ang kirkolle rakennuksen yhtiönsä maalle. Uskoin hänen puheisiinsa. Vastasin "aamen". Shin Ae Electronics meni myöhemmin vararikkoon, ja omistaja pakeni Yhdysvaltoihin. Päädiakoni Shin-ae Hyeonista tuli yhtiön uusi CEO. Hän joutui kuitenkin vaikeuksiin yhtiön suurten velkojen, lakkoilun ja maksamattomien palkkojen takia. Hän alkoi rukoilla, että joku kuuluisa pastori voisi käyttää yhtiön tiloja Jumalan valtakunnan hyväksi. Hän sai Jumalalta vastauksen: "*Anna maa pastori Jaerock Leelle, jota Minä rakastan.*" Hän alkoi kysellä ja lopulta löysi minut. Hän soitti minulle, ja minä menin tapaamaan häntä paikkaan, missä hän piti herätyskokouksia. Paikka oli Yongsan. Jumala oli parantanut minut juuri hänen kirkossaan vuonna 1974. Olin tavannut hänet vain kerran paranemiseni jälkeen. Emme olleet tavanneet sen jälkeen, eikä hän enää muistanut minua. Hän kertoi, miten oli onnistunut löytämään minut. Jumala kosketti minua, ja me päätimme ostaa tilat. Tarvitsimme 10 miljardia wonia (10 miljoonaa dollaria), ja työvoimakuluihin menisi aluksi 2 miljardia wonia (2 miljoonaa dollaria).

Muistotilaisuus uudelle pyhätölle

Lähdimme Shindaebang Dongista Guro Dongiin 10. helmikuuta 1991, ja pidimme samana päivänä muistojumalanpalveluksen. Maksoimme velat ja maksamattomat palkat. Aloimme sitten muuntamaan rakennusta kirkoksi.

Meillä oli ollut muuttaessamme ainoastaan 300 miljoonaa wonia (300 000 dollaria), jotka olimme saaneet vanhasta rakennuksesta. Realistisesti emme pystyneet tekemään mitään niin monella seurakuntalaisella. Olimme kuitenkin varmoja siitä, että Jumala johdatti meitä, joten marssimme uskomme innoittamana. Vuosi muuttomme jälkeen pankki julisti paikan taas huutokaupattavaksi, mutta meillä ei ollut siihen varaa. Pankki sanoi: "Kirkkonne on jo ratkaissut yhtiön ja ammattiliiton väliset vaikeudet ja olette jo maksaneet paljon kirkon rakentamisesta. Mutta kenen uskotte keinottelevan tällä maalla?" Meitä kehotettiin ostamaan, kun hinta laskisi. Todellisuus oli kuitenkin toisenlainen. Eräs yhtiö osti tilat osana kiinteistöspekulointejaan. Meitä käskettiin lähtemään. Meillä ei ollut paikkaa minne mennä, joten emme lähteneet. 15. helmikuuta 1992 tilat ostanut yhtiö toi paikalle sata toimeenpanijaa ja kantoi kirkon omaisuuden ulos. Muutama kirkon työntekijä jopa pahoinpideltiin, kun he yrittivät estää sitä. Yhtiö haastoi meidät tietenkin oikeuteen ja väitti meidän rikkoneen lakia. Jumala auttoi tapahtuneella seurakuntalaisiamme rakastamaan kirkkoa entistä enemmän ja rukoilemaan ahkerammin. Hän kosketti sitten tilojen uusia omistamia, jotka lopulta allekirjoittivat kanssamme uuden sopimuksen. Aloimme maksaa tiloja.

Soulin evankelisen kampanjan häiriöt

"1995 Nation's Re-Unification and Jubilee Crusade Organizing Committee" järjesti kirkossamme 18.–21. toukokuuta 1992 Soulin evankelisen kampanjan. Sen järjesti Nation Re-Unification and Evangelism Movement tukenaan the Kukmin Ilbo, Far East Broadcasting Company, Christian Broadcasting System, *The Christian Newspaper, The Korea Church Newspaper* ja Police Chaplain's Office. Vihollispaholainen yritti jälleen estää tämän kokouksen.

Puhujina oli kuitenkin muutamia kuuluisia pastoreita, kuten pastorit Hyeon-gyoon Shin ja Jaechul Hong. Heitä painostettiin olemaan puhumatta kokouksessa. Minua kutsuttiin taas harhaoppiseksi ja sanottiin, että minut oli erotettu uskonlahkosta. Jos muut pastorit puhuisivat kokouksessa, heille koituisi tulevaisuudessa vaikeuksia. Nämä puhujat kuitenkin tiesivät, että noudatin uskoa evankeliumiin rakastamalla Herraa Jeesusta, eivätkä he alistuneet vaatimuksiin. Kokous oli Pyhän Hengen ansiosta menestys. Kirkossamme pidettiin myös samana vuonna "Seoul Citizen Evangelism United Crusade" 14.–17. syyskuuta. Sen järjesti Korea Christianity Revival Association, ja siellä puhui kahdeksan pastoria, mukaan lukien pastori Jongman Lee.

Sovinto Holiness-uskonlahkon kanssa (Anuang)

Minut tuominnut uskonlahko, Holiness Christian Church of Korea (Anyang), alkoi helmikuussa 1992 vastustaa kirkkoamme, koska kirkostamme oli tullut nopeasti kasvava itsenäinen uskonlahko. Pastori "Y", joka toimi silloin uskonlahkon presidenttinä, oli kertonut monia valheellisia huhuja Korean kristittyjen neuvostolle ja lehdistölle. Tällainen panettelu ei ainoastaan loukannut mainettani vaan siitä oli myös haittaa ilosanoman levittämiselle. Lopulta päätimme, että kirkkomme edustajien tuli haastaa pastori "Y" oikeuteen panettelusta.

Hän sai sakkorangaistuksen, ja hänet aiottiin lisäksi lähettää vankilaan. Hän tuli epätoivoiseksi ja pyysi minua moneen kertaan pappisseminaariprofessorini, pastori Taekgu Sohnin, välityksellä peruuttamaan syytteen. Pastori Taekgu Sohn pyysi meitä myös tekemään sovinnon, koska pastori "Y" lupasi olla enää puuttumatta asiaan vaan keskittyä vain toimimaan pappina.

Pastori "Y" oli melko vanha, joten säälin häntä. Kun sitten halusin hyväksyä pastori Taekgu Sohnin pyynnön ja peruuttaa syytteen, tapauksesta vastuussa oleva lakimies vastusti ajatusta voimakkaasti. Hän sanoi: "Lakisyytettä ei kannata kumota tällä hetkellä. Olen tutkinut heidän toimiaan. Jos tätä tilannetta ei ratkaista lopullisesti, he vain tekevät saman uudelleen." Allekirjoitin lakimiehen vasovaäitteistä huolimatta sopimuksen, jolla syytteet peruttiin.

Me molemmat allekirjoitimme sopimuksen 20. huhtikuuta 1993. Meillä on vielä se asiapaperi. Pastori "Y" allekirjoitti kirjallisen lupauksen, joka kuuluu: "Olen pahoillani, että olen levittänyt materiaaleja ja panetellut pastori Jaerock Leetä ja Manmin Joong-ang kirkkoa. Pyrin vastaisuudessa parhaani mukaan pidättäytymään sellaisesta ja keskityn toimimaan vain pappina." Me kumosimme lakisyytteen ja annoimme hänelle anteeksi, mutta kuten lakimies oli ennustanut, hän ei edes kiittänyt vaan jatkoi kirkkomme häiritsemistä. Hänen tekosyynsä oli: "En pyytänyt anteeksi uskonlahkon presidenttinä vaan yksityishenkilönä."

Harhaoppisuutta raamatun mukaan

Nopea uskonnollisten herätysten leviäminen teki minusta kuuluisan, mutta jotkut alkoivat pitää minua harhaoppisena sen takia, että Holiness Christian Church of Korea oli tuominnut minut. Ne, jotka eivät olleet koskaan tavanneet minua, kuulleet minun puhuvan tai olleet kirkossamme, saattavat tuomita minut sen mukaan, mitä muut minusta sanovat. Raamatun mukaan jopa apostoli Paavalia, joka rakasti Jeesusta Kristusta niin kovasti ja saarnasi evankeliumia kaikesta sydämestään, vainottiin ja kutsuttiin "hulluksi", "tuhoisaksi kuin rotta" ja "nasaretilaisten lahkon johtajaksi" (apostolien teot 24:5).

Tässä vaiheessa kannattaa ottaa selville, miten raamattu määrittelee harhaoppisuuden. Toisessa Pietarin kirjeen kohdassa 2:1 sanotaan: *"Israelin kansan keskuudessa esiintyi kuitenkin myös vääriä profeettoja, ja samoin on teidänkin joukkoonne ilmestyvä vääriä opettajia. He salakuljettavat teidän keskuuteenne tuhoisia harhaoppeja, jopa kieltävät herransa, joka on ostanut heidät omikseen." "Herransa*, joka on ostanut heidät omikseen" viittaa tässä Jeesukseen Kristukseen. Raamattu ei edes mainitse sanaa "harhaoppi" ennen kuin Jeesus ristiinnaulittiin, nousi kuolleista ja suoritti velvollisuutensa pelastajana. Tästä syystä sanaa "harhaoppi" ei löydy vanhasta testamentista eikä neljästä evankeliumista, eli Matteuksen, Markuksen, Luukkaan ja Johanneksen.

Neljän evankeliumin mukaan edes kirjanoppineet, fariseukset, papit ja ylipapit eivät käyttäneet sanaa "harhaoppi" silloinkaan, kun syyttivät Jeesusta. Vasta Jeesuksen noustua kuolleista ja toteutettua velvollisuutensa Kristuksena ilmestyi niitä, jotka kielsivät "herransa, joka on ostanut heidät omikseen", ja raamattu varoittaa heistä vasta toisessa Pietarin kirjeessä. Nimi Jeesus tarkoittaa "Hän joka pelastaa kansansa sen synneistä" (Matteuksen evankeliumi 1:21), ja Kristus tarkoittaa "voideltu". Jeesus täytti velvollisuutensa Kristuksena ja pelastajanamme vasta, kun hänet ristiinnaulittiin ja hän nousi kuolleista.

Näin ollen, sen sijaan että päättäisimme rukouksemme sanomalla "Rukoilen Jeesuksen nimeen", on parempi sanoa henkisen merkityksen kannalta "Rukoilen Jeesuksen Kristuksen nimeen". Ensimmäisen Johanneksen kirjeen kohdassa 2:22 sanotaan: *"Kuka sitten on valehtelija, ellei se, joka kieltää Jeesuksen olevan Kristus? Sellainen ihminen on antikristus, niin Isän kuin Pojan kieltäjä."* Näin ollen Pyhän Kolminaisuuden (Isän Jumalan, Pojan Jeesuksen Kristuksen ja Pyhän Hengen) kieltäminen olisi harhaoppisuutta. Jumalan silmissä ei siis ole oikein, että tuomitaan huolimattomasti henkilö tai kirkko, joka uskoo Isään Jumalaan ja hyväksyy Jeesuksen pelastajaksi.

Se, että tuomitsee kirkon, jossa Pyhä Henki toimii Jeesuksen Kristuksen nimeen, on sama kuin tuomitsisi Pyhän Hengen ja vastustaisi sitä. Raamattu varoittaa, että tällaista syntiä ei koskaan anneta anteeksi. Pyhä Henki on osa kolmiyhteistä Jumalaa, ja jos ihmiset väittävät Pyhän Hengen tekoja paholaisen teoiksi, he väittävät samalla Jumalaa paholaiseksi ja harhaoppiseksi. Miten sellaisen ihmisen voi pelastaa? Matteus kertoo evankeliumissaan kohdasta 12:22 eteenpäin, miten Jeesus paransi henkilön, jonka paha henki oli tehnyt sokeaksi ja mykäksi. Fariseukset tuomitsivat Jeesuksen sanoen: *"Itsensä Belsebulin, pääpaholaisen, avulla hän pahoja henkiä karkottaa."*

Jeesus vastasi: *"Sen tähden sanon teille: jokainen synti ja herjaus tullaan antamaan ihmisille anteeksi, mutta Hengen herjaamista ei anteeksi anneta. Joka sanoo jotakin Ihmisen Poikaa vastaan, hänelle annetaan anteeksi, mutta joka puhuu Pyhää Henkeä vastaan, hänelle ei anteeksi anneta, ei tässä eikä tulevassa maailmanajassa"* (Matteuksen evankeliumi 12:31-32).

Se, että fariseukset tuomitsivat Jeesuksen Jumalan voimalla tekemät Pyhän Hengen työt, oli herjausta Pyhän Hengen tekoja vastaan. Se oli niin vakava synti, että sitä ei annettu anteeksi, eikä heitä pystytty pelastamaan.

Kuoliaaksi vuotamisen testi

Kesäkuussa 1992 minun oli käsiteltävä monia vaikeita sellaisia vaikeita asioita kirkossa, joista en pystynyt kertomaan kenellekään, enkä ehtinyt lepäämään enkä nukkumaan moneen päivään. Olin äärimmäisen uupunut. Muutama apulaispastori ja kirkon työntekijä lakkasi rukoilemasta eikä totellut käskyjä. Lopulta Jumala lähetti koettelemuksen. Koska otin aivan yksin harteilleni niin suuren taakan, olin vähällä saada aivoverenvuodon. Jos joku seurakuntalainen sairastui, minä rukoilin hänen puolestaan. Mutta mitä tapahtuisi, jos minä tosiaan saisin aivoverenvuodon? Jumala toimi siten, että ennen aivoverenvuotokohtausta hän kuitenkin katkaisi nenästäni paksun verisuonen, jotta vuotaisin verta.

Tämä tapahtui lauantaina 13. kesäkuuta 1992. Koska minun oli tarkoitus toimittaa häät, olin valmistautunut lähtemään ulos. Nenäni alkoi yhtäkkiä vuotaa verta, joten pyysin erästä toista pastoria huolehtimaan häistä puolestani. Verta juoksi molemmista sieraimistani ja suustani. Iltapäivän kuluessa verta vuosi noin puolitoista tuntia. Yöllä sitä vuosi yli tunnin. Minun täytyi istua pää kumarassa. Jos nostin pääni, veri juoksi kurkkuuni ja uhkasi tukehduttaa minut.

Kun aloin sunnuntaiaamuna peseytyä, veri alkoi taas vuotaa, enkä päässyt menemään kirkkoon. Sieraimistani vuosi valtavasti verta, ja se virtasi alas kaulaani pitkin. Pystyin vain ihmettelemään, mistä niin suuri määrä verta oli peräisin.

Enemmän kuin sata apulaispastoria ja kirkon työntekijää kuuli tapahtuneesta ja tuli katsomaan minua. Ensin he auttoivat pyyhkimään veren paperinenäliinoilla ja sitten pyyhkeillä, mutta koska vuotaminen ei lakannut eivätkä he pystyneet ehdyttämään sitä, aloin pitää edessäni vatia. Koska kaikki tiesivät, että en tukeutunut maallisiin asioihin vaan ainoastaan uskoon, kukaan ei ehdottanut että menisin sairaalaan.

Äkisti minulle tuli halu kuunnella virsilaulua. Kerroin tämän paikalla olleille. Joku alkoi laulaa virsiä. Kun kuuntelin, sydämeeni virtasi rauha, ja halusin hyvin innokkaasti päästä taivaaseen. Kaikki energiani kaikkosi ja aloin menettää tajuntaani. Samalla tunsin, kuinka hengestäni tuli puhtaampi ja kuinka se täyttyi Pyhällä Hengellä.

Elämän tai kuoleman valitseminen

Sillä hetkellä sain selkeän innoituksen, jossa Jumala kertoi minulle täsmälleen, millainen joidenkin huoneessa olevien henkinen tila oli. Kehotin heitä luopumaan Jumalan vihaamasta ylimielisyydestä ja epätotuudesta ja kerroin perheenjäsenilleni viimeisen tahtoni. Kuulin myöhemmin, että koko seurakunta rukoili puolestani.

Pulssini pysähtyi ja minä lakkasin hengittämästä. Kun menetin tajuntani, tunsin henkeni lähtevän ruumiistani. Kuulin, miten seurakunnanvanhin Boaz Lee ja muut rukoilivat huutaen ja itkien: "Jumala, anna pastorimme palata henkiin!" He kertoivat, että kun he koskettivat ranteitani, he eivät tunteneet pulssia, ja kun he koskettivat rintaani, se tuntui kylmältä. Herra tuli silloin luokseni.

"Palvelijani, tuletko kanssani vai palaatko täyttämään velvollisuuteni?"

"Herra, haluan olla rinnallasi."

Asuimme silloin vuokra-asunnossa. Minulla ei ollut taloa eikä pankkisäästöjä. En kuitenkaan ollut huolissani perheestäni vaan halusin vain mennä taivaaseen. Herra näytti minulle kaksi näkyä. Kun astuin Herran rinnalle, paholaisvihollinen hyökkäsi kirkkomme kimppuun. Pyhättö romahti ja monet uskovat muuttuivat vaelteleviksi lampaiksi ja palasivat maalliseen elämään matkaamaan kohti kuolemaa. Jotkut seurakuntalaiset kulkivat taivaan portteja kohden paastoten ja rukoillen, mutta useimmat eksyivät ja alkoivat kulkea kohti maallisia asioita ja helvettiä. Tulin heti järkiini.

"Herra, anna minun palata. Haluan tulla luoksesi seurakuntalaisten kanssa sen jälkeen, kun olemme rakentaneet suuren pyhätön."

Rukoilin, että saisin elää. Yläpuolelleni ilmestyi valo, ja joku vahva voima otti minusta otteen. Istuin ylös ja pyysin vettä. Sain myöhemmin selville, että juomani vesi muuttui ruumiissani vereksi. Nousin seisomaan ja menin olohuoneeseen. Jotkut seurakuntalaiset, jotka eivät olleet päässeet huoneeseen, rukoilivat ja itkivät siellä. He olivat yllättyneitä ja hyvin onnellisia. Kättelin jokaista ja puhuin heidän kanssaan. Kasvoni alkoivat punehtua. Missään ei näkynyt merkkiäkään siitä, että olin vuotanut kuoliaaksi. En ollut vielä täysin tajuissani, ja muistan ainoastaan mitä kuulin muilta, mutta en mitään yksityiskohtia.

Siitä lähtien join aina verta vuotaessani vettä. Tavallisesti join mieluummin virvoitusjuomia kuin vettä, mutta silloin halusin juoda paljon vettä. Olin vuotanut niin paljon, että olisin kuollut, ellen olisi saanut uutta verta. Koska Herra muutti veden viiniksi, uskoin että kun joisin vettä, Jumalan voima voisi muuttaa sen vereksi. Koska tiesin, että jopa verenvuotoni oli Jumalan tahto, en halunnut luottaa tämän maailman lääketieteeseen tippaakaan. Koska uskoin ja luotin kaikkivaltiaaseen Jumalaan täydellisesti, jätin kaiken Hänen käsiinsä.

En edes tuntenut halua mennä sairaalaan pidentääkseni elämääni. Jos Jumala halusi henkeni, minulla ei ollut mitään syytä yrittää elää. Valitsisin kuoleman ainoastaan, jos se olisi Jumalan tahto. Tunnen kaikkivaltiaan Jumalan paremmin kuin kukaan ja olen parantanut niin monta sairasta Jumalan voimalla. Jos minua ei pystytä parantamaan uskolla, miten voisin opettaa seurakuntaa hyväksymään uskolla parantamisen? Tästä syystä valitsen mieluummin kuoleman kuin sairaalan. Hyväksyin kuolemani ilomielin ja kerroin viimeisen tahtoni perheelleni hyvin mielin, mutta koska Jumala ei halunnut minun kuolevan, Hän antoi minun herätä taas henkiin.

Läpäisin Abrahamin kokeen

Kun verenvuoto oli lakannut, söin illallista ja menin rukouspaikkaani. Sinä yönä vuosin kuitenkin taas verta noin puolitoista tuntia ja lisää seuraavana aamuna. En pystynyt syömään enkä makaamaan. Jos makaisin, sydämessäni oleva veri valuisi alas, joten minun täytyi istua vinottain, pää kumarassa. Sunnuntaina olin yhä rukouspaikassani. Minulla oli videolla aikaisemmin pitämäni saarna "Jumala, parantaja". Kun kuulin rukouksen sairaille, asetin käteni pääni päälle ja otin rukouksen vastaan. Verenvuoto lakkasi silloin täysin. Tällöin oivalsin jälleen kerran, että rukoileminen sairaiden puolesta on hyvin tehokasta.

Laskin yhteen, kauanko verenvuoto oli kestänyt. Olin vuotanut 8 päivän kuluessa 30 kertaa yhteensä 24 tuntia. Siinä ajassa ruumiista ehtii virrata ulos kaikki veri moneen kertaan. Kun vuosin verta, join vettä. Vesi muuttui vereksi. Tätä jatkui 8 päivää. Jumala koetteli minua 8 päivää, mutta Jobin tavoin en koskaan valittanut enkä pahastunut. Olin ainoastaan kiitollinen. Jos olisin kuollut, olisin päässyt Herran rinnalle ja eläisin onnellisena taivaassa, joten minulla ei ollut mitään syytä surra.

Koska verta vuosi eniten kun olin makuulla, minun oli kaiken aikaa istuttava pää kumarassa. Ajattelin kaikenlaista. Jumala antoi minulle paljon valtaa, mutta en johdattanut seurakuntalaisia uskoon kunnolla, en johtanut kirkon työntekijöitä kunnolla enkä ollut vielä rakentanut pyhättöä. Mitä enemmän ajattelin, sitä enemmän olin pahoillani Jumalan edessä. Nämä 8 päivää kuluivat unetta, katuen Jumalan edessä.

Koska olisin suostunut kiitollisena luovuttamaan henkeni Jumalan sitä vaatiessa, Hän virvoitti minut 8 päivän päästä.

Jumala kertoi myöhemmin, että olin läpäissyt henkeni antamisen kokeen samoin kuin Abraham läpäisi kokeen, jossa hänen piti uhrata Iisak, ainut poikansa. Kun läpäisin tämän kokeen, Jumalan luottamus minuun kasvoi ja Hän siunasi minut antamalla minun nähdä lisää mahtavia tekoja. Tämä tapahtuma oli samalla tilaisuus kirkon työntekijöille ja seurakunnalle herätä uudelleen. Kirkko perustettiin silloin vankalle kalliolle.

Vaikka varoitin aikarajaisesta eskatologiasta

Vuonna 1984 saarnasin kirkon avaamisen jälkeen lopun merkeistä sen perusteella, mitä olin Jumalan inspiroimana oivaltanut. Kerroin Etelä- ja Pohjois-Korean välisestä suhteesta, numerosta "666", Euroopan yhteisöstä jne. Etelä- ja Pohjois-Korealla oli kuitenkin huonot suhteet, eivätkä luottokortit olleet yleistyneet, joten seurakunta ei tuntenut hyvin asioita, joista kerroin.

Jeesus valitti: "Mutta kun Ihmisen Poika tulee, löytääkö hän uskoa maan päältä?" Yritin siis parhaani mukaan antaa seurakuntalaisille uskoa, jotta heistä tulisi todellisia viljanjyviä joilla on nyt aikojen lopussa todellinen usko. Koska saarnasin aikojen lopun merkeistä, luultiin että olin asettanut maailmanlopulle aikarajan. Artikkeleitani julkaistiin sanoma- ja aikakauslehdissä ja lähetettiin radiossa. Olin taas tunnettu.

Joissakin artikkeleissa minun väitettiin sanoneen asioita, joita en ollut sanonut, ja eräs pastori "L", joka saarnasi aikarajaisesta eskatologiasta, väitti että olin hänen kanssaan samaa mieltä. Useimmat lehdet kirjoittivat minusta suopeasti, mutta erään kuukausilehden herra "T" väitti, että sanoin tietäväni, koska Herra tulee takaisin. Koska kaikki kuitenkin paljastuisi oikeaan aikaan, en ryhtynyt lakitoimiin enkä väittänyt vastaan.

Kaikki saarnani nauhoitetaan ja niitä myydään aina yleisölle. Olen aina opettanut kirkon alkuajoista lähtien, että seurakuntani tulee herätä kristityn elämässään samaan tapaan kuin ne viisi viisasta morsiusneitoa Matteuksen evankeliumin 25. luvussa. Tässä on pari otetta saarnoistani vuoden 1992 alusta ja puolivälistä, jotka saavat toimia esimerkkinä siitä, mitä asiasta opetan.

"Jotkut teistä ovat tänään lukeneet kirjoja tai kuulleet huhuja. Onko täällä ketään, joka uskoo, että Herra tulee 10. lokakuuta, tai 28? Sellaista ei saa koskaan tehdä! Oletteko koskaan kuulleet minun puhuvan vuodesta 1992? Ette ole. Olen vain opettanut Jumalan sanaa, ja olen opettanut teitä luopumaan synnistä ja elämään valossa ja oikeamielisyydessä, jotta muistuttaisitte Herraa; ja olen opettanut teidät pukemaan itsenne kyynelilläni ja rukouksillani Herran kauniiksi morsiameksi. Vaikka Herra tulisi huomenna, käskisin teitä istuttamaan tänään omenapuun." (Ote sunnuntaijumalanpalveluksesta 19. tammikuuta 1992, "Ole hereillä")

"Matteuksen evankeliumin 24. luvussa opetuslapset kysyivät Herralta hänen paluustaan ja lopun merkeistä.

Jeesus kertoi heille sen ajan merkeistä, kun hän tulisi takaisin. Näin tiedämme lopun merkeistä... Jotkut väittävät, että se tapahtuu lokakuussa 1992, ja jotkut uskovat heitä ja toiset taas pitävät heitä hulluina. Mitä te ajattelette? Jos rakastatte Jumalaa ja tunnette Hänen tahtonsa, teillä ei pitäisi olla mitään tekemistä sellaisen väitöksen kanssa. Ette edes kuuntelisi sellaista. Meidät voi pelastaa usko eikä se, että tietäisimme, minkä kuun minä päivänä Herra palaa. Jeesus on pelastajamme, ja Hän lunastaa syntimme, jotta ne voidaan antaa anteeksi uskolla, jotta meistä voi tulla Jumalan lapsia ja jotta voimme mennä taivaan valtakuntaan. Jotkut väittävät, että voimme pelastua ainoastaan, jos uskomme ja väitämme, minä kuukautena ja minä päivänä se tapahtuu, ja että meitä ei voida pelastaa, jos emme tee sitä. Naurettavaa! Se ei ole raamatun mukaan alkuunkaan totta."

(Ote sunnuntaijumalanpalveluksesta 13. toukokuuta 1992, "Mikä on merkkinä?")

Luku 7

Jumala laajensi papiston rajoja

Evankeliumin avaamat ovet

Maailmanlaajuinen Pyhän Hengen evankeliumikampanja

Minut kutsuttiin toukokuussa 1992 vuosittaiselle kansalliselle rukousaamiaiselle, johon osallistuivat myös presidentti ja tärkeitä poliitikkoja. Menin sinne Nissi-orkesterimme kanssa. Elokuun 14.–15. samana vuonna osallistuin 1992 maailmanlaajuiseen Pyhän Hengen valloituskampanjaan, mikä pidettiin Yoidon aukiolla. Tämän kampanjan nimi oli "Maailma Pyhälle Hengelle", ja se oli valtava kokous, johon osallistui kaikkiaan yli miljoona ihmistä. Kirkostamme osallistui 200-jäseninen kuoro – Nissi-orkesteri – sekä 400 seurakuntalaista, jotka vapaaehtoisina ohjasivat kampanjapaikan liikennettä ja pitivät huolta sen turvallisuudesta.

Kokouksessa tapasin pastori Gwangsam Rahin, joka oli Washington D.C. Holy Spirit Clubin presidentti ja Pyhän Hengen evankeliumikampanjan vakituinen puheenjohtaja.

Olimme lukioaikaisia koulutovereita. Hän palveli pappina Washington D.C:ssä. En ollut tavannut häntä valmistumisemme jälkeen, mutta nyt tapasimme toisemme pastoreina.

Hän sanoi, että oli ihmetellyt, mistä kirkosta vapaaehtoiset tulivat, ja hämmästyi kuullessaan, että he tulivat minun kirkostani. Tämä tapaaminen oli ensimmäinen askel kohti saarnaamista Amerikassa.

Washington D.C:n yhdistetty evankeliumikampanja

Vuonna 1983 Jumala avasi maailmanlaajuisen lähetyskeskuksen ovet. Minua pyydettiin puhumaan 6. – 8. elokuuta 1993 Washington D.C:n yhdistetyssä evankeliumikampanjassa, jonka järjesti Washington D.C. Korean Churches Association. Minua oli usein pyydetty pitämään kokouksia ulkomailla, mutta siihen saakka en ollut kyennyt vastaamaan. Koska kyseessä kuitenkin oli Yhdysvaltojen pääkaupunki, ajattelin että asialla oli Jumala, joten päätin mennä.

Washington D.C:n yhdistetyn evankeliumikampanjan järjestäjä sanoi, että kokous järjestettiin juurruttamaan paikallisiin korealaisiin tosi usko ja auttamaan heitä muuttamaan elämänsä Pyhän Hengen töiden kautta. Kokous pidettiin Wheatonin lukion urheilusalissa. Sitä sponsoroi 180 kirkon liitto Koillis-Yhdysvalloista, kuten Washington D.C:stä, New Yorkista ja Baltimoresta. Kokous oli kaikki kolme päivää täynnä pyhää henkeä.

Ensimmäisenä päivänä saarnasin "viestiä ristiltä", toisena "lihan ja hengen usko" ja kolmantena "ikuisen elämän siunaus". Osanottajat kaipasivat nöyrinä Herran sanaa ja ottivat viestini vastaan "aamenella".

Kehotin ihmisiä elämään valossa

Washingtonin kampanjan päätyttyä menestyksellisesti minut
kutsuttiin taas puhujaksi ja kunniapresidentiksi 1993 LA:n
evankeilumikampanjaan, jonka järjesti Koreatownin korealainen
järjestö. Tapaus juhlistaisi 20:ttä Koreatownin päivää 19.
syyskuuta samana vuonna. Jumala salli minun valmistautua
kampanjaan rukoilemalla paljon. Rukoilin tavallista enemmän
tämän kokouksen puolesta. Rukoilin vuorilla kolme viikkoa ja
valmistauduin huutamalla rukouksia.

LA:n evankeliumikampanjan järjestäjät pyysivät minua
lohduttamaan paikalla olevia korealaisia, mutta en noudattanut
heidän toiveitaan. He eivät kaivanneet lohdutusta. Heidän tuli
katua, että he eivät viettäneet asianmukaista kristittyä elämää.
Heidän tuli pyhittää Herran päivä asianmukaisesti ja elää valossa.

Afrikanamerikkalaiset mellakoivat Los Angelesin alueella
29. huhtikuuta 1992. Siellä asuvat korealaiset tunsivat
itsensä loukatuiksi ja kokivat joutuneensa uhriksi. Kaikki sai
alkunsa valkoisten mustiin kohdistamasta rasismista, mutta
mellakoijat alkoivat siitä huolimatta ryöstellä ja sytyttää tuleen
korealaistenkin omistamia kauppoja. Monet korealaiset perheet
kokivat sekä aineellista että henkistä vahinkoa.

Raamattu opettaa, että jos noudatamme Jumalan sanaa ja jos
sydämemme on uskollinen ja uskomme täydellinen, sielumme
kukoistavat ja kaikki sujuu hyvin ja pysymme terveinä. Jos
harjoitamme Jumalan sanaa, meitä suojellaan kaikenlaisilta
onnettomuuksilta ja katastrofeilta. Luin apostolien tekojen
kohdat 4:11-12. Saarnani nimi oli "Miksi Jeesus on ainut

pelastajamme?". Saarnasin ristin viestistä ja yritin istuttaa heihin uskoa. Kehotin heitä ryhtymään todellisiksi kristityiksi, jotka elävät ennen kaikkea Jumalan sanasta. Sain myös kutsun erääseen kirkkoon Irvineen, jossa toistin viestini. 21. syyskuuta, kaikkien kokousten jälkeen, kävin puhumassa Los Angelesin kaupunginvaltuustolle. Valtuuston jäsenet keskeyttivät kokouksen hetkeksi ja pyysivät minua puhumaan, joten rukoilin heille kaikille siunausta. Minut nimitettiin sinä päivänä Los Angelesin piirikunnan kunniakansalaiseksi. Se oli kuulemma ensimmäinen kerta, kun sellaista tapahtui. Osallistuin kukkaisparaatiin, mikä oli Los Angelesin korealaisten päivän festivaalin kohokohta, ja minua kuljetettiin näytöslavalla. Rukoukseni ja matkani näytöslavalla esitettiin KTAN-, KATV- ja KTE-verkoissa ja The Hankook Daily- ja The Joong-ang Daily-lehdissä. Tulin niiden ansiosta tunnetuksi. Kaikki tapahtui Jumalan armosta.

Saarnoja lähetetään jatkuvasti

Minun saarnojani alettiin maaliskuussa 1990 lähettää Far Eastern Broadcasting Companyn ohjelmassa nimeltä "Faraway Land, Good News". Sitä esitettiin Kiinassa ja joissain osissa Venäjää. Olen sen jälkeen saanut kiitoskirjeitä monilta kiinankorealaisilta, ja jotkut ovat jopa käyneet kirkossamme.

Korean radio alkoi saman vuoden elokuussa lähettää saarnojani Washington D.C:ssä. Niitä alkoi lähettää joulukuussa 1992 Busan Christian Broadcasting System ohjelmassa "This Gospel", marraskuussa 1993 Iri Christian Broadcasting System ja vuoden 1994 helmikuun alussa Cheongju Christian Broadcasting System viikoittain. Lähetettyjen saarnojen määrä on kasvanut vuosi vuodelta. Niitä lähetetään kaikkiaan yli 900 minuuttia joka viikko. Minun oli nauhoitettava jokainen saarna, eikä se ollut helppoa. 20.–22. toukokuuta 1994 puhuin Washington Christian Radio Systemin (WCRS) järjestämänä Washington D.C:n ja Baltimoren korealaisille. Tämän jälkeen seurakunnan vanhin Yeong Ho Kim, WCRS:n CEO, pyysi minua WCRS:n johtokunnan puheenjohtajaksi. Hyväksyin ehdotuksen. WCRS:n kuulijat suhtautuivat tähän suotuisasti, ja minusta tuli alueella tunnettu. Kim, CEO ja seurakunnan vanhin, lähetti minulle palautetta monelta ihmiseltä, jotka kertoivat että viestini oli puhdasta ilosanomaa. Hän oli mielissään, kun sai niin paljon hyvää palautetta kuulijoilta.

Usko on vakuus toiveista

Meidät tunnistettiin yhdeksi 50 parhaasta kirkosta maailmassa

Kun muutimme uuteen pyhättöön Guro Dongissa helmikuussa 1991, pidimme kahden viikon herätyskokouksen. Kokouksen viimeisenä päivänä pidimme koko yön kestävän perjantaisen jumalanpalveluksen, ja rekisteröityjen jäsentemme määrä kohosi yli 10 000. Jumala lähetti meille monia erilaisia ihmisiä monista eri kulttuureista ja sosiaalisista ja ekonomista olosuhteista. Pyhättö täyttyi kuudessa kuukaudessa. Kolmen vuoden kuluttua kirkkoon ei mahtunut enää lisää ihmisiä.

11. helmikuuta 1993 Korean suurimmat päivittäiset sanomalehdet ja kristilliset sanomalehdet lainasivat yhdysvaltalaista "Christian World" Magazinea, joka luetteli 50 maailman parasta kirkkoa. Kirkkomme oli niistä yksi. Avajaisista oli kulunut vain 20 vuotta, ja Jumala oli jo siinä ajassa sallinut

kirkkomme kasvavan maailmanlaajuiseksi. Sitä en tehnyt minä vaan Jumala. Pystyin vain kiittämään ja ylistämään Isä Jumalaa.

Mitä rukoilimme toivoen

Sananlaskujen kirjan kohdassa 29:18 sanotaan: *"Ellei profeettoja ole, kansa villiintyy, onnellinen se, joka Herran lakia seuraa."* Jumala kertoo tahtonsa profeettojensa kautta. Jos näin ei tapahdu, kansa villiintyy eli lakkaa noudattamasta Jumalan lakia ja alkaa käyttäytyä tahtonsa mukaan, mikä johtaa heidät kadotuksen tielle.

Kun paastosin 40 päivää juuri ennen kirkon avaamista, Jumala lähetti minulle monia näkyjä ja unia. Jumala työskentelee kanssamme toteuttaakseen hyvän tahtonsa. Hän lähetti minulle unia ja johdatti minua. Rukoilin kovasti, että kun avaisin kirkon, Hän antaisi kirkosta tulla maailmanlaajuisen lähetyskeskuksen ja rakastaisi kirkkoa kovasti.

Jotta kirkosta voisi tulla maailmanlaajuinen lähetyskeskus, tarvitsimme työntekijöitä. Minun oli koulutettava monia johtajia, jotka toimivat Jumalan silmissä oikein. Heitä ei tarvittu ainoastaan kotimaiseen lähetystyöhön vaan myös lähetettäväksi ulkomaille. Rukoilin, että saisin kouluttaa monia erinomaisia pastoreita. Kun vielä olin teologisessa koulussa, teologian opiskelijoita käytettiin vain kirkkojen vessojen siivoukseen, viikoittaisen tiedotuslehden laatimiseen ja monien muiden pastorien ja kirkon jäsenten hankalien töiden suorittamiseen. He eivät tavallisesti saaneet kiitosta. Jos he tekivät virheen, pastori nuhteli heitä ja pahimmassa tapauksessa heitti heidät ulos kirkosta. Oli hyvin ikävää nähdä oppilaat sellaisissa oloissa. Aloin kirkon avattuani tukea kirkkomme opiskelijoiden opinto- ja elinkustannuksia. Halusin tukea heitä siten, että aineellinen maailma ei varastaisi heidän sydäntään vaan heistä kasvaisi tehokkaita pappeja. Jumala kosketti sydäntäni kouluttamaan monia pastoreita. Koska kirkon varallisuus ei kuitenkaan ollut hyvä, tämä ei ollut helppoa. Joskus kirkon raha-asioista vastuussa olevat valittivat tilanteesta. Suostuttelin heitä ja pyrin auttamaan heitä ymmärtämään ja työskentelemään rauhassa.

Maailmanlaajuinen lähetyskeskus vaati myös hyvän ylistysryhmän, joten rukoilin sitäkin. Kun paastosin 40 päivää, näin ylistysryhmien johtavan kunkin kokouksen ylistystä. Rukoilin joka päivä: "Jumala, kun avaan kirkon, anna minulle hienoja ylistysryhmiä." Odotin tätä uskoen. Myöhemmin rukoilin ylistysryhmän lisäksi orkesteria, jotta voisimme paremmin kunnioittaa Jumalaa. Ensimmäisten aikakirjojen kohdassa 23:5 sanotaan: *"Neljätuhatta portinvartijoiksi ja neljätuhatta ylistämään Herraa soittimilla, jotka Daavid oli tätä varten teettänyt."* Näemme, että Herran Temppelissä soitti neljä tuhatta ihmistä. Psalmi 150 kehottaa meitä ylistämään raikuvin torvin, harpuin, lyyrin, luutuin, huiluin, helisevin symbaalein ja riemukkain symbalein!

Odotin Jumalan johdatusta monta vuotta orkesteria rukoillessani. Jumala kutsui monia soittimia taitavia ammattimuusikkoja. Jumala salli heidän kasvaa elämän sanassa ja kosketti heidän sydäntään unella. Muusikoilla on tavallisesti oma erikoinen luonteensa, eikä heidän ole helppo luopua itsestään ja tietämyksestään, jotta he voivat palvella ja ylistää Jumalaa. Kuitenkin jotkut ammattimuusikot halusivat ainoastaan ylistää

Jumalaa kiittämällä Jumalan armosta. He muodostivat orkesterin. Nimesimme sen Nissi-orkesteriksi. 1. maaliskuuta 1992 pidimme perustamisjumalanpalveluksen, ja orkesteri on siitä lähtien toiminut kirkossa hyvin aktiivisesti. He soittivat Yoido Squarella pidetyssä Jubilee-kampanjassa ja muissa kirkkojen pitämissä konserteissa sekä muissa hyväntekeväisyyskonserteissa Koreassa ja sen ulkopuolella.

Jumala antoi meille myös hienon kuoron. Meillä on nykyään enemmän kuin 20 ylistysryhmää, ja he kunnioittavat Jumalaa ylistyksellään sekä Koreassa että monissa muissa maissa.

Ylistä Häntä tamburiinein ja tanssein

Maailmanlaajuisen lähetyskeskuksen unelma ei tuonut tullessaan ainoastaan ylistysryhmiä vaan myös tanssiryhmiä. Mietin raamattuun turvaten, millainen asenne ilahduttaa Isäämme kun ylistämme Häntä. Löysin Daavidin kirjoittaman vastauksen. Daavid tanssi iloissaan, kun Herran liitonarkku tuotiin hänelle takaisin (toinen Samuelin kirja 6:12-23). Hänen vaimonsa Mikal kuitenkin halveksi häntä mielessään ja kritisoi häntä. Sitten Daavid sanoi: *"Hän valitsi mieluummin minut kuin isäsi ja isäsi suvun ja määräsi minut Israelin, Herran kansan, hallitsijaksi. Herran edessä minä tahdon iloita" (toinen Samuelin kirja 6:21)*. Mikalista, joka oli halveksinut Jumalan edessä tanssivaa kuningas Daavidia, tuli kirottu ja hedelmätön nainen. Meidän tulee tietenkin noudattaa Jumalan sanaa ja miellyttää häntä sen sijaan, että pelkäisimme, mitä ihmiset sanovat.

He tanssivat noitatansseja!

Maaliskuussa 1986 perustimme "Holy Dance Teamin" (Pyhän tanssiryhmän) ylistämään Jumalaa kauneilla ja innoittavilla tansseilla, jotka esitettiin ylistyslaulujen tahdissa. Näin katsojissa heräsi toivo taivaasta. "Holy Dance Teamin" nimi muutettiin myöhemmin "Arts Mission Teamiksi" (Taiteelliseksi lähetystyöryhmäksi).

Nykyään tanssiminen on tiedotusvälineiden kehityksen ansiosta hyvin yleistä kristittyjen kulttuurissa, mutta siihen aikaan se oli hyvin harvinaista. Kirkkomme perusti "Praise Committeen" (Ylistyskomitean) ja "Performing Arts Mission Committeen" (Esiintyvän taiteellisen lähetystyökomitean). Ne järjestävät tapahtumia ja keräävät ammattilaislaulajia, -tanssijoita ja -muusikkoja. Koska kirkkomme kasvoi hyvin nopeasti, jotkut tulivat siitä kateelliseksi ja alkoivat levittää vääriä huhuja ja valheita. Näin alkoi myös huhu "He tanssivat noitatansseja jokaisessa jumalanpalveluksessa!". Järjestimme erikoistapahtumiin ja raamatun juhliin monta kertaa vuodessa tanssinäytöksiä, jotka esitettiin seurakunnan edessä. Näistä kuitenkin levitettiin vääriä huhuja, jotka väittivät että pahat henget riivasivat meitä ja että tanssimme jokaisessa jumalanpalveluksessa.

Näistä vääristä huhuista huolimatta "Holy Dance Teamimme" kutsuttiin vuonna 1991 osallistumaan pastori Hueon-gyoon Shinin järjestämään Halleluja Neuvostoliitto -kampanjaan. Tämä oli ensimmäinen kerta, kun he esiintyivät Jumalan kunniaksi kansainvälisesti. He ovat sen jälkeen saaneet esiintymisillään osakseen monen ihmisen kiintymyksen ja suosion sekä Koreassa että muissa maissa. He jatkavat yhä Jumalaa ylistävää palvelustaan.

Tunnettu taidoistaan

Kirkossa on nykyään monia esittävien taiteilijoiden ryhmiä. He ovat parannelleet kykyjään Jumalan nimissä ja palvelevat Häntä aktiivisesti. 1. kesäkuuta 1991 yksi kirkkomme ryhmistä osallistui Far Eastern Broadcasting Companyn järjestämään 10. kansalliseen gospelmusiikkikilpailuun ja voitti ensimmäisen palkinnon. 17. kesäkuuta 1995 kirkkomme "The Sound of Light Chorus" (Valon ääni -kuoro) voitti 14. kilpailussa ensimmäisen palkinnon. "The Sound of Light Chorus" koostui silloin kolmesta jäsenestä, joista yksi oli kolmas ja nuorin tyttäreni Soojin. Jumala on aina kutsunut häntä palvelijakseen jo lapsesta saakka, ja hän on suorittanut teologian opiskelunsa ja palvelee nyt kirkossamme pastorina.

17. huhtikuuta 1993 Hwaetbool (Torch) Hallissa järjestettiin kristillisen musiikin konsertti lapsille, jotka olivat vastuussa perheestään. Nissi-orkesterimme kutsuttiin sinne soittamaan. Myöhemmin samana vuonna Nissi-orkesteri ja "Art Mission Team" saivat muitakin kutsuja. He esiintyivät syyttäjille tarkoitetussa erikoisjumalanpalveluksessa, mikä pidettiin oikeuden pääsyyttäjän toimiston kokoushuoneessa. 6. kesäkuuta 1993 kirkkomme "Crystal Singers" (Kristallilaulajat) -ryhmä osallistui Christian Broadcasting Companyn järjestämään 4. kansalliseen gospelmusiikkikilpailuun ja voitti kultapalkinnon.

Kirkkoyhteisöjen papistoissa toimiminen

Vuosien 93-94 muutokset ja kasvu

Koska kirkkomme jäsenet osallistuivat moniin kristillisiin tapahtumiin ja toimivat niissä vapaaehtoisina, monet organisaatiot halusivat nimetä minut korkeisiin asemiin. Koska monet pastorit olivat kuitenkin minua korkeammassa asemassa ja koska halusin auttaa kulissien takaa, en hyväksynyt heidän tarjoamiaan asemia. Kieltäydyin moneen kertaan, mutta koska ajattelin että he saattoivat pitää epäkohteliaana sitä, että hylkäsin niin monta ehdotusta, pyysin alentaa ehdotusta yhden tason verran, jonka sitten hyväksyin. Kun menin järjestettyihin tapahtumiin, minun oli istuttava nimetyllä paikalla jos istuimeen oli merkitty nimeni, mutta muussa tapauksessa istuin aina takarivissä. Minua nolotti istua keskellä, kun monet pastorit olivat minua korkeammassa asemassa. Minusta tuntui mukavimmalta istua takana. Lisäksi minun on nytkin ajateltava

Parantui täysin ja kasvatti uutta kudosta rukouksen jälkeen

Daegu Evangelization United Crusade

Daegu Evangelization United Crusade

Konsertti Vankien Edification and Evangelization Servicen aikana

Saarnaamassa kansakunnan ja asukkaiden Fasting Prayer Meetingin aikana

Hallelujah Seoul United Crusade (Manminin keskuskirkossa)

1995 Jubilee Crusade Etelä- ja Pohjois-Korean yhdistymiseksi (Yoido)

Jumalan sanaa ja rukoiltava pikemmin kuin harrastaa joitain ulkopuolisia toimia. Apulaispastorini tai kirkon seurakunnan vanhimman osallistuvat täten usein tapahtumiin puolestani.

Koska en harrasta seuraelämää enkä osallistu moniin kokouksiin ja koska en erityisemmin vietä aikaa muiden pastorien kanssa, jotkut ulkopuoliset, jotka eivät tunne minua hyvin, saattavat pitää minua ylimielisenä. Pyrin kuitenkin aina puolestani tekemään tapahtumasta menestyksen, jos minua pyydetään auttamaan jossain kirkkotapahtumassa.

21. kesäkuuta 1993 pidin erikoisrukouksen Koko maan kattavalle pyöräilykampanjalle ja Imjingak suurelle valtion yhdistämistapahtumalle. Myös Nissi-orkesteri, kuoromme ja vapaaehtoisemme osallistuivat. Saman vuoden 18.–21. lokakuuta kirkossamme pidettiin Soulin alueen evankeliumikampanja, joka oli valmistelua valtion yhdistymistä juhlistavalle suurkampanjalle.

Puhujina oli neljä hyvin kuuluisaa korealaista pastoria, jotka painottivat että meidän tulee yhdistää jaettu maamme evankeliumilla. 24. marraskuuta samana vuonna minut kutsuttiin puhumaan Haneolsan rukousvuorella pidettyyn rukoustilaisuuteen maan yhdistymiseksi. Saarnasin viestini ja rukoilin osanottajien puolesta. Tilaisuudessa tapahtui monia paranemisia.

Olin myös kiinnostunut vankilassa olevien ja juuri vapautuneiden sivistyslähetystyöstä. 28. helmikuuta 1994 National Edification Committee Christian Association järjesti Myung Sungin presbyteerisessä kirkossa toisen oikeusministeriön kansallisen sivistyskomitean korealainen kristillinen kampanjan, jonka nimi oli "Sana, rakkaus ja sivistys". Olin yksi liiton presidenteistä ja luin tilaisuudessa raamatun kohtia. Kirkkomme ylistysryhmä, Nissi-orkesteri ja tanssiryhmät esiintyivät kampanjassa Jumalan kunniaksi. Saman vuoden 24. maaliskuuta Sejong Centerin pääsalissa pidettiin 11. lähetyskeskuskuorofestivaali kunnioittamaan Christian Broadcasting Systemin (CBS) 40. vuosipäivää. Festivaalissa esiintyivät kirkkomme kuoro ja Nissi-orkesteri. World Evangelization Central Council, jonka presidentti oli siihen aikaan pastori Hyeon-gyoon Shin, järjesti 20. kesäkuuta 1994 Imjingak suuren kampanjan maan yhdistymiseksi. Pidin siellä edustusrukouksen.

Presidentti pastori Hyeon-gyoon Shin piti saarnan nimeltä "Valtion yhdistäminen evankeliumilla" ja kehotti kaikkia kirkkoja yhdistäytymään, riippumatta uskonlahkosta. Sadat kirkkomme seurakuntalaiset toimivat siellä vapaaehtoisina kuoroissa, orkestereissa, paikannäyttäjinä ja liikenteen ohjaajina. Kirkossamme pidettiin 20.–22. kesäkuuta Maailman evankeliumin keskusneuvoston Soulin alueen suurkampanja maan yhdistämiseksi, jossa puhujana oli pastori Homun Lee.

14. kesäkuuta pidettiin Olympics Gymnasiumissa 1994 Soulin Pyhän Hengen suurkampanja, jossa presidenttinä toimi Jongjin Pee. Reinhard Bonnke piti saarnan ja siunauksen. 5. syyskuuta samana vuonna osallistuin Olympics Gumnasiumissa pidettyyn kristittyjen naisjohtajien kampanjaan, jonka järjesti Nation's Re-Unification Jubilee Crusade Committee. Tein siellä raportin tämän organisaation historiasta.

Vierailu presidentin palatsissa Cheong Wa Daessa ja juhlistuskampanja

29. heinäkuuta 1995 pidin erikoisrukouksen Paastorukouskokous maan ja kansojen puolesta -tapahtumassa, koska olin Nation's Re-Unification & Evangelization Movement Associationin vakinainen puheenjohtaja. 12. elokuuta 1995 kymmenen pastoria, jotka johtivat Korean 50. itsenäisyyspäivää juhlistavaa Rauhanomaisen yhdistymisen juhlistuskampanjaa, kutsuttiin presidentin palatsiin Cheong Wa Daeen. Meille kerrottiin, että saisimme puhua presidentille tunnin verran ja antaa hänelle ehdotuksiamme. Kysyin edellisenä päivänä Jumalalta rukouksessa, mitä minun tuli kertoa presidentille seuraavana päivänä. En kuitenkaan saanut vastausta. Rukoilin kokouksen puolesta, mutta Pyhä Henki ei vastannut minulle. Minusta tuntui omituiselta, että en kuullut Pyhän Hengen ääntä.

Olimme 12. elokuuta kello 11:00 kokouksessa Cheong Wa Daessa. Tällöin ymmärsin, miksi en ollut saanut vastausta rukoukseeni. Olimme kokouksessa presidentti Youngsam Kimin kanssa, mutta emme saaneet tilaisuutta puhua tai tehdä ehdotuksia. Presidentti puhui jatkuvasti, ja sitten kokous päättyi. Voimme vain rukoilla ja palata takaisin.

Menimme Yoido Squarelle osallistumaan Rauhanomaisen yhdistymisen juhlistuskampanjaan, joka alkoi kello 14:00. Näin, että kirkkomme seurakuntalaiset toimivat siellä vapaahentoisina ohjaamassa liikennettä, pysäköimässä autoja, ohjaamassa ihmisiä paikoilleen ja soittamassa Nissi-orkesterissa.

Mikä on kirkon kasvun salaisuus?

Pastori Hyeon Gyoon Shinin toivo ja näky

Minut kutsuttiin 5. joulukuuta 1994 National Evangelization Movement Associationin herätyskoulutuskeskukseen, missä pidin saarnan, ja 8, joulukuuta kirkossamme pidettiin 4500. avoin CBS:n ohjelman "Renew Us" (Uudista meidät) lähetys juhlistamaan CBS:n 40. vuosipäivää. Pidin saarnan nimeltä "Oikea ääni", jossa kehotin asemaa täyttämään velvollisuutensa profeetan tavoin, jotta heidän lähettämänsä viestit loisivat oikeutta ja rauhaa. Pastori Hyeon-gyoon Shin rakasti kirkkoamme. Hän on nyt nukkunut pois, mutta pastori Hyeon Gyoon Shinin sanotaan olleen Korean herätyksen isoisä ja suuri korealaisen kristinuskon tähti yli 40 vuotta. Hän rakasti minua ja kirkkoamme kovasti. Hän antoi korealaisille kirkoille toivoa ja visiota saarnoillaan, joissa hän painotti Pyhää Henkeä ja Korean yhdistymistä ja käytti erinomaista huumorintajua.

Häntä rakastivat monet, uskonlahkosta riippumatta. Koska hän tiesi, että olin joutunut uskonlahkojen auktoriteetin väärinkäytön uhriksi, hän kävi kirkossamme sen vuosipäivän jumalanpalveluksessa lokakuussa 1992 ja antoi meille siunauksen. Hän kävi sen jälkeen monissa tapahtumissa ja kokouksissa ja rohkaisi meitä tehokkailla saarnoilla.

Mikä on kirkon kasvun salaisuus?

Kirkkomme jäsenten onnellinen ja miellyttävä ulkonäky on tehnyt vaikutuksen moneen pastoriin – eikä ainoastaan korealaiseen vaan myös monesta muusta maasta olevaan – ja koskettanut heitä syvästi, ja he tavallisesti kysyvät, mikä on kirkkomme kasvun salaisuus. Minulta kysyttiin usein: "Pastori, en näe että kirkkosi olisi organisoitu paremmin kuin muut tai koulutettu eri tavalla. Mikä siis on kirkkosi kasvun salaisuus? Miten seurakuntalaisesi pystyvät tekemään vapaaehtoistyötä niin miellyttävästi?" En itse asiassa opettanut heille mitään. He saavuttivat kaiken itse Jumalan armon saattelemina.

Kirkkomme kasvusta voidaan olla montaa eri mieltä. Jotkut pastorit sanovat: "Jumala antaa meille vain tämän verran jäseniä" tai "Tämä koko riittää kirkolleni". Raamatun mukaan varhaiset kirkot, joihin Jumala oli tyytyväinen, pelastivat päivä päivältä enemmän ihmisiä. Koska Jumala haluaa, että kaikki pelastuvat (ensimmäinen kirje Timoteukselle 2:4), varhaisten Jumalan tahtoa noudattavien kirkkojen uskovien määrä kasvoi päivittäin (apostolien teot 2:47). Olin iloinen, jos kuulin että kirkko laajeni. Koska jokainen kirkko on perustettu Herran verellä, rukoilen kunkin kirkon ja sen pastorin puolesta.

23. helmikuuta 1995 Korean Pastors' Prayer Fellowship piti kirkossamme 149. kansallisen pastorien konferenssin. Siihen osallistui noin tuhat pastoria. Pidin saarnan kirkkomme kasvun salaisuudesta. Saarnasin kirkkomme kasvun peruselementeistä myös vuoden 1996 Havaijin pastorien konferenssissa ja Argentiinan pastorien konferenssissa.

Ensiksi, pastorin ja kirkon on saatava osakseen Jumalan rakkaus.

Sananlaskujen kohdassa 8:17 sanotaan: *"Minä rakastan niitä, jotka minua rakastavat, ne, jotka etsivät, löytävät minut."* Jumalan rakastaminen on ensimmäisen Johanneksen kirjeen kohdan 5:3 mukaan *"että pidämme hänen käskynsä".* Ja Jeesus sanoi: *"Jolla on minun käskyni ja joka ne pitää, hän on se, joka minua rakastaa; mutta joka minua rakastaa, häntä minun Isäni rakastaa, ja minä rakastan häntä ja ilmoitan itseni hänelle"* *(Evankeliumi Johanneksen mukaan 14:21).*

Toiseksi, meidän on rukoiltava.

Jotta voimme palvella kunnolla, meidän on saatava rukouksen kautta Jumalalta voimaa. Jumalan tahdon täyttäneet uskon patriarkat olivat kaikki rukousten sotureita. Varhaisten kirkkojen apostolit sanoivat: "mutta antaudumme jatkuvasti rukoilemaan ja palvelemaan sanaa." He jättivät kirkon hallinnolliset tehtävät dekaaneille ja keskittyivät ainoastaan Jumalan sanaan ja rukouksiin. Kun rukoilemme, meidän täytyy huutaa rukous kaikin ruumiin ja tahdon voimin (Jeremia 33:3). Ensimmäisen

Mooseksen kirjan kohdassa 3:17 Jumala sanoi syntiä tehneelle Aatamille: *"Kovalla työllä sinun on hankittava siitä elantosi niin kauan kuin elät."* Aivan kuin maamies niittää satoa ainoastaan jos on hikoillut kovasti sen eteen, saamme hengessäkin vastauksen ainoastaan, jos rukoilemme koko sydämestämme hiki otsalla. Kirkkoon tulee nykyään joka ilta tuhansia seurakuntalaisia rukoilemaan. Samoin tapahtuu kymmenissä paikallisissa pyhätöissä, haarakirkoissa ja ihmisten kodeissa ympäri maailmaa.

Kolmanneksi, meillä tulee olla henkistä uskoa.

Usko viittaa tässä meille ylhäältä annettuun uskoon, jonka avulla voimme todella uskoa sydämestämme. Se on usko, että pystymme luomaan jotain tyhjästä, ja se on usko, millä mikään ei ole mahdotonta. Sellaista uskoa ei saavuteta ainoastaan tuntemalla raamattu tietoja tai olemalla kristitty kauan aikaa. Vain Jumala voi antaa sen niille, jotka harjoittavat Jumalan sanaa. Raamattu sanoo, että usko ilman tekoja on kuollutta. Saamme vastauksen rukouksiimme ainoastaan, jos rukoilemme tällaisella henkisellä uskolla. Matteus 21:22 sanoo: *"Mitä tahansa te uskossa rukoillen pyydätte, sen te saatte."* Näin ollen saamme myös vastauksen kirkon kasvuun.

Neljänneksi, meidän on kuultava Pyhän Hengen ääni ja saatava siltä ohjausta.

Pyhä Henki asuu niiden Jumalan lasten sydämissä, jotka ovat tulleet pelastetuiksi, ja Pyhä Henki ohjaa meitä Jumalan tahdon mukaisesti. Jos kuulemme sen äänen ja ohjauksen selkeästi, pystymme näkemään selvästi miten kirkkoa voidaan laajentaa. Jotta voisimme kuulla Pyhän Hengen äänen, erityisesti kirkon pastorin täytyy itse taistella syntiä vastaan jopa haavoille asti ja hylätä kaikki pahuus sydämestään. Hänen on tällä tavalla murrettava kaikki lihan ajatukset ja mielen rakenteet, jotka vastustavat Jumalaa ja ovat hänen silmissään vihamielisiä. Vaikka Jumalan sana ei vastaisikaan joitain ajatuksiamme tai uskomuksiamme, meidän on silti toteltava sitä.

Viidenneksi, meidän on otettava oppia varhaisista kirkoista.

Apostolin teot kertovat, miten varhaiset kirkot kertoivat ristin viestistä. Ne harjoittivat sanaa, ja niissä tapahtui monia tunnustekoja ja ihmeitä. Koska apostolien kautta tapahtui monia mahtavia Jumalan tekoja, monet hyväksyivät ihmeet nähdessään evankeliumin, ja kirkko kasvoi nopeasti.

Koti- ja ulkomaiset lähetyskeskukset kokonaisuudessaan

Afrikkalaisen lähetystyön alku

Pastori Charles Macom Tansanian helluntailaiskirkosta vieraili kirkossamme tammikuussa 1994. Sanani koskettivat häntä, ja kun hän palasi maahansa, hän kertoi minusta muille. Puhuin 4.–6. kesäkuuta 1994 Pentecostal Church Association of Tanzanian järjestämässä afrikkalaisten kirkonjohtajien kokouksessa Tansanian pääkaupungissa Dar Es Salaamissa. Sydäntäni särki nähdä niin monta afrikkalaista, jotka kärsivät köyhyydestä ja monista sairauksista, kuten AIDS:ista, sillä tiesin, että Jumalan sana pystyy vapauttamaan kenet tahansa kaikenlaisesta kirouksista ja auttaa heitä elämään terveinä sekä ruumiiltaan että sielultaan.

Jumala näytti meille kokouksen aikana monia ihmeitä. Kun ryhmämme saapui Tansaniaan, paikalliset pastorit sanoivat: "Pastori, tämä on merkillistä. Nyt ei sada, mutta täällä satoi juuri ennen kuin tulit. Nyt taivas on kirkas, eikä täällä ole edes pölyä. Jumala näemmä hallitsee säätäkin." Siitä päivästä, kun ryhmämme saapui lentokentälle, siihen päivään saakka, kun lähdimme maasta, Jumala antoi meille kuumina päivinä pilviä ja yöllä sadetta, jotta kaikkialla, minne menimme, olisi miellyttävä sää. Jotta kirkon johtajilla olisi todellinen usko, saarnasin heille ristin viestistä. He ymmärsivät Jumalan sanan ja tunsivat sen sisältämän elämän ja vastasivat siihen ainutlaatuisilla melodioilla, taputuksella ja tansseilla. Heidän asenteensa kuvasti lapsenomaista viattomuutta. Monet kertoivat, että heidän uskonsa oli uudistunut ja että heidän luottamuksensa ja uskonsa kasvoi.

Kokouksen jälkeen kävimme katsomassa Tansanian Masai-heimoa. Heimon päällikkö ja monet heimon jäsenet toivottivat meidät tervetulleiksi. Kun he saavat tärkeitä vieraita, he tarjoilevat lehmän verta. Mutta koska Jumala kieltää veren juomisen emmekä me suostuneet juomaan sitä, he tarjosivat sen sijaan kola-juomaa.

Yritin kasvattaa heidän uskoaan kertomalla, miten olin itse kohdannut Jumalan. Puheeni käännettiin englanniksi,

Masai-heimon kylässä

suahiliksi ja masain kielelle. Pastori tri. Myongho Cheong toimi englanninkielisenä tulkkina. Hän oli ennen papiksi ryhtymistä ollut englanninkielisen kirjallisuuden professori Hoseon yliopistossa. Myöhemmin hän päätti perustaa Afrikkaan lähetyskeskuksen ja avasi sen Nairobissa, Keniassa. Pastori tri. Myongho Cheong saarnaa nykyään pyhää evankeliumia 54 Afrikan maalle ja yrittää siten herättää afrikkalaiset sielut.

Japani, evankeliumin autiomaa

Evankeliumi alkoi virrata Japaniin osapuilleen samoihin aikoihin. Goshien pesäpallostadionilla pidettiin 5.–8. marraskuuta Goshien herätyskokous. Paikka on Japanin suurin pesäpallostadioni. Kirkkomme "Art Mission Team" esiintyi tapahtumassa koskettaakseen yleisön joukossa olevia japaninkorealaisia. Myöhemmin samana vuonna, pastori Hyeon Gyoon Shin kutsui "Art Mission Teamin" esiintymään Kiinan kampanjassa ja Baekdu-vuoren yhdistymisrukouskokouksessa.

Pastori Seung-gil Ryu lähetettiin Japaniin lähetystyöntekijäksi vuonna 1994. Tämä oli ensimmäinen lähetyskeskuksemme Japanissa. 22.–23, marraskuuta 1994 pidimme kampanjan Ganaen kulttuurikeskuksessa, Idassa, Japanissa. Tapahtumaan osallistui noin 1 000 ihmistä. Kampanjan nimi oli "Syökse Pyhän Hengen tulta". Sen järjesti Ida Church (jonka pappina toimi Yoshikawa Noboru), ja sitä tukivat monet Idan kirkot. Pidin saarnan nimeltä "Ylösnousemuksen historialliset todisteet" ja kehotin osanottajia uskomaan Jeesuksen ylösnousemukseen ja elämään kristittyä elämää ylösnousemuksen toivossa. Toisena päivänä kerroin, miten elävän Jumalan voi tavata. Saarnan jälkeen rukoilin sairaiden puolesta, ja tällöin tapahtui monia

Pyhän Hengen suorittamia kiihkeitä tunnustekoja. Pystyin vain kiittämään Jumalaa. Kampanjasta vastuussa ollut pastori Yoshikawa Noboru sanoi: "Pastori tri. Jaerock Leen henkinen viesti kosketti monia japanilaisia uskovia. Tämä on Japanissa hyvin harvinaista. Monet uskovat, että ihmeparantumisia tapahtui ainoastaan Jeesuksen aikoihin. Kun kuuntelimme pastori tri. Jaerock Leen jumalaista viestiä, monet paranivat ja tapasivat Jumalan."

Muistan erään tällä kampanjalla parantuneen potilaan. Hänen nimensä on Yoshizawa Motohisa. Hänen selkänsä oli leikattu, kun hän oli vielä työskennellyt koneenkäyttäjänä. Jälkivaikutusten takia hänen oli kuitenkin vaikea kävellä, ja hänellä oli kampanjan aikana kovia kipuja. Hän alkoi tulla uskoon kuunneltuaan ensimmäisen päivän saarnaa. Seuraavana päivänä hän kävi hotellissani saamassa rukouksen. Rukoilin hartaasti hänen puolestaan, ja kun hän rukouksen jälkeen lähti, kipu oli kaikonnut ja hänen selkänsä oli suoristunut.

Hedelmättömät parit saivat vastauksen rukouksiinsa

Helmikuussa 1991 pidimme herätyskokouksen uuteen pyhättöön siirtymisen muistotapahtumana. Tapahtuman nimi oli "Kun sielusi kukoistaa". Pidin kahden viikon aikana 15 saarnaa ja lisäksi johdin sairaille tarkoitettuja jumalanpalveluksia.

Vuonna 1993 aloimme pitää kaksiviikkoisia herätyskokouksia. Pidimme niistä ensimmäisen toukokuussa ja annoimme tapahtumalle nimeksi "Synti, vanhurskaus ja tuomio" (Johanneksen evankeliumi 16:8). Osanottajat oivalsivat kuullessaan kaksi syntiä, vanhurskautta ja tuomiota koskevaa saarnaa päivässä – yksi aamulla ja toinen illalla – millaiset synnin muurit he olivat Jumalan eteen rakentaneet. He tutkiskelivat itseään ja katuivat vuotavin nenin ja kyynelehtivin silmin. He murskasivat Jumalan heiltä peittäneet synnin muurit ja kokivat lukuisia parantumisia.

He eivät edes tienneet, mitä usko on, mutta he kokivat saarnoja kuunnellessaan Pyhän Hengen, ymmärsivät Jumalan sanan ja rukoukset ja alkoivat yrittää elää Jumalan sanan mukaisesti. Tapahtumaan osallistui lukuisia ihmisiä monesta kirkosta kautta maan, riippumatta niiden uskonlahkosta. Uskovat, jotka saivat armon ja tulivat parannetuiksi, täyttyivät Pyhällä Hengellä ja palvelivat sen jälkeen ahkerammin omissa kirkoissaan. Pyhän Hengen tuli paransi ihmisiä syövästä kohdussa ja vatsassa. Kokemuksistaan kertovien joukossa oli sellaisia, jotka olivat saaneet takaisin kuulonsa ja heittäneet kuulokojeen menemään, niitä jotka saivat hyvän näkökyvyn ja luopuivat silmälaseistaan ja niitä, jotka olivat olleet hedelmättömiä mutta tulivat jälkeenpäin raskaiksi.

Joukossa oli monia aviopareja, jotka eivät olleet kyenneet saamaan lasta niinä yli viitenä vuonna, jotka he olivat olleet naimisissa. Monet heistä pystyivät tapahtuman jälkeen tulemaan raskaiksi. Koska monet hedelmättömät parit pyysivät yhdessä, että rukoilisin heidän puolestaan, rukoilin iltajumalanpalveluksessa 5. toukokuuta 1993: "Anna hedelmöittämille raskauden lahja." Kuulin, että kokousta seuranneena vuonna monet parit saivat lapsen. Monet lapset syntyivät samaan aikaan ja valmistuivat Manmin-lastentarhasta samana vuonna.

Elämä oli ruumiillisesti rankkaa, mutta...

Toukokuussa 1994 pidimme toisen kaksiviikkoisen herätyskokouksen nimeltä "Sen minä teen" (Johanneksen evankeliumi 14:14). Myös tässä kokouksessa tapahtui mahtavia Pyhän Hengen töitä. Monet tähän herätyskokoukseen osallistuneet kokivat ihmeparantumisen. Tahdon kertoa Johanna Parkista, joka oli silloin sairaalassa jouduttuaan pahaan liikenneonnettomuuteen.

Johanna Park joutui 27. toukokuuta 1993 matkalla töistä kotiin neljän auton ketjukolariin. Hän joutui koomaan, ja hänet vietiin sairaalaan. Hänen leukansa oli murtunut ja leuan nivel särkynyt. Hänellä oli sisäisiä vammoja. Koko hänen ruumiinsa oli täynnä haavoja. Sijoiltaan mennyt reisiluu pakotti lantion ja lonkkanivelet puserruksiin ja sai ne paisumaan. Hänen oikea jalkansa oli turta, eikä hän pystynyt liikuttamaan varpaitaan eikä nilkkaansa. Pohjehermon halvaantuminen teki hänen toisesta jalastaan 5 cm lyhyemmän. Lääkärit sanoivat, että hänen täytyi elää vammansa kanssa lopun ikäänsä.

10. toukokuuta 1994 Johanna Park onnistui vaivoin saamaan sairaalasta luvan osallistua kaksiviikkoiseen herätyskokoukseen. Hän tuli paikalle kainalosauvoilla, mutta kun rukoilin alttarilta koko seurakunnan hyväksi, parantuminen alkoi. Hänen kiero jalkansa suoristui. Hän ei ollut kyennyt haukottelemaan eikä avaamaan suutaan, mutta nyt hän pystyi haukottelemaan kivutta moneen kertaan. Kun rukoilin henkilökohtaisesti hänen puolestaan, hän tunsi Pyhän Hengen tulen ja alkoi kävellä omin voimin ilman kainalosauvoja. Tapahtuneen nähneet seurakuntalaiset ilahtuivat suuresti ja ylistivät Jumalaa valtavin taputuksin. Hänet diagnosoitiin kaksi viikkoa myöhemmin Hanyangin yliopiston sairaalassa. Hänen oikea jalkansa oli

Johanna Parkin täytyi elää vaivansa kanssa koko elämänsä ajan
Johanna Park parantui täysin ja käveli pastori Jaerock Leen parannuskokouksessa
Johanna Park toimii nyt terveessä kehossaan lähetyssaarnaajana

kasvanut 5cm, ja molemmat jalat olivat saman pituiset.

Kerran eräs vauva, jolla ei tuntunut olevan mitään toivoa eloonjäämisestä, heräsi henkiin. Diakoni Soonim Kim synnytti keskosen, joka painoi ainoastaan 1.2 kg. Vauva laitettiin keskoskaappiin, mutta hänen sydämensä vieressä olevat suonet olivat katkenneet, ja hän sai aivoverenvuodon ja menetti näkönsä. Lääkärit sanoivat,

että vauvan aivoverenvuodolle ei voitu tehdä mitään. Näön menetyksestä tulisi lisäksi ilman leikkausta pysyvää, mutta vaikka leikkaus onnistuisikin, hänen näkökykynsä tulisi olemaan ainoastaan kolmannes tavallisen ihmisen näkökyvystä. 7. toukokuuta 1994 lääkärit käskivät vanhempia viemään vauvan kotiin, koska he eivät voineet tehdä enempää hänen hyväkseen. Onneksi tämä tapahtui herätyskokouksen aikana. Diakoni Soonim Kim toi vauvansa kirkkoon Vauvan tila oli vakava. Hän on saanut niin paljon lääkkeitä ja niin monta ruisketta, että ei painanut kiloakaan. Eloonjäämisestä ei tuntunut olevan toivoakaan. Vauvan isä oli jo antanut periksi.

Rukoilin 8. toukokuuta hartaasti vauvan puolesta, ja Jumalan teot alkoivat. Pupillit, jotka olivat olleet himmetä, alkoivat muuttua mustiksi, ja vauvan näkökyky tuli normaaliksi. Hän jopa vahvistui sen verran, että pystyi imemään tuttipulloa. Hän alkoi syödä enemmän ja enemmän, ja hänestä kasvoi terve tyttö. Hänen nimensä on Hanna. Hän käy nyt peruskoulua ja kasvaa hienosti Herran varjeluksessa.

Aivohalvauksen uhri

Toukokuussa pidimme kolmannen kaksiviikkoisen herätyskokouksen nimeltä "Oikeamieliset elävät uskossa". Herätyskokouksen viimeisenä päivänä pidin rukouksen sairaille, mutta rukouksen kesken sisäänkäynnissä alkoi hälinä ja joku tuotiin sisään paareilla. Vaikutti siltä, että hänet oli tuotu ambulanssilla. Hän oli kriittisessä tilassa. Kuulin myöhemmin, että hän oli seurakunnanvanhin Moonki Kim, joka oli saanut aivohalvauksen. Hänen aivoissaan oli katkennut verisuoni. Hänen vaimonsa oli pastori. Tämä työskenteli vasta avatussa

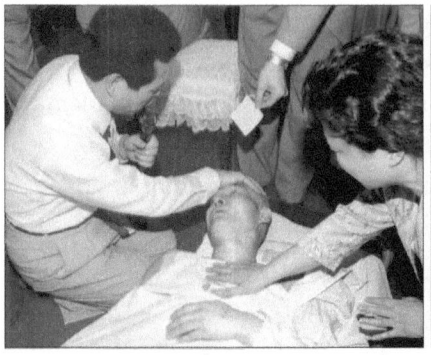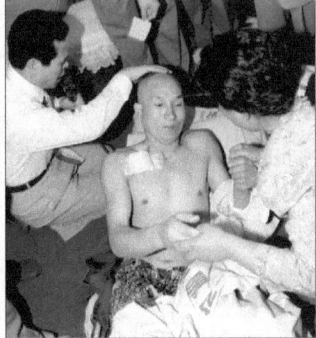

Aivohalvauksesta kärsinyt potilas nousi seisomaan rukouksen jälkeen

kirkossa, ja hänellä oli tapana tulla silloin tällöin kirkkoomme kuulemaan Jumalan sanaa. Kun mies saapui sairaalaan, lääkärit sanoivat että hänellä oli hyvin pieni mahdollisuus jäädä henkiin. Koska tämä pastori tiesi, että kirkossamme oli meneillään herätyskokous, hän toi miehensä sinne ambulanssilla parannettavaksi uskolla.

Rukoilin tämän tiedottoman potilaan puolesta, ja heti kun päätin rukouksen, hän nousi istumaan. Kohtaus oli aivan kuin elokuvasta. Tapahtuman nähneet alkoivat taputtaa käsiään Jumalan kunniaksi.

Parantuminen juuri ennen kuin kädet piti amputoida

Tähän kokoukseen osallistui diakoni Sang-yi Lee, jonka sormista kahdeksan oli alkanut mädäntyä, mutta hän parantui rukouksen jälkeen ja hänen sormensa palasivat normaaleiksi. Hän oli palelluttanut sormensa talvella 1985. Hän oli saanut

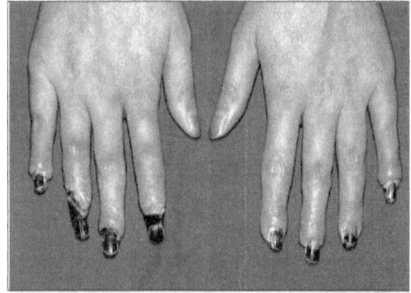

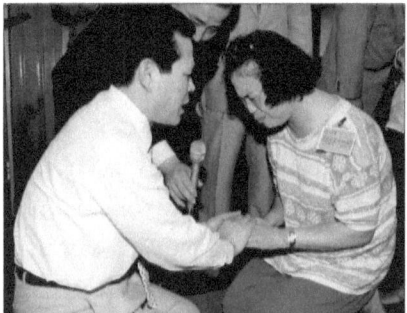

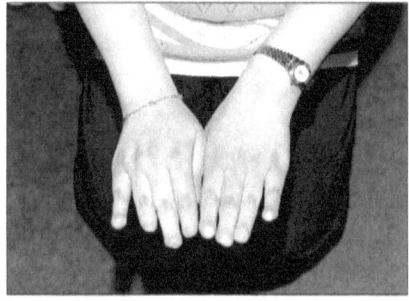

monenlaista hoitoa, jopa akupunktuuria. Mikään ei toiminut. Koko hänen ruumiinsa kärsi reumasta. Hän kävi vuonna 1990 Soulissa, missä häntä neuvottiin alkamaan käydä kirkossamme, ja hän noudatti neuvoa jonkin aikaa. Sitten hän kuitenkin palasi kotikaupunkinsa. Kotiin palattuaan hän unohti Jumalan ja oli uskossaan laiska.

Vuonna 1993 hänen ruumiinsa alkoi kutistua ja hänen niskansa jäykistyi. Diagnoosin mukaan hänellä oli nivelreuma koko ruumiissa, ja oireet tulivat ruumiin rappeutuessa ilmeisiksi. Hänet vietiin Korean yliopiston Guro-sairaalaan, mutta kaksi kuukautta myöhemmin kaikki muut sormet paitsi peukalot alkoivat mädäntyä. Hänen kätensä mustuivat ranteisiin saakka. Hänen käsissään eivät mädäntyneet ainoastaan kynnet vaan myöskin sormiluut.

Lääkäri sanoi, että hänen kätensä täytyi amputoida ranteista, jotta mätäneminen ei leviäisi käsivarsiin. Amputoinnille määrättiin päivämäärä. Diakoni Sang-yi Leen täytyi tuskien takia ottaa paljon särkylääkettä. Hän tuli toukokuussa 1994, päivää ennen leikkausta, kahden viikon herätyskokoukseen. Rukoilin lopuksi hänen puolestaan, ja hän kertoi, että hänen kätensä tulivat sillä hetkellä kuumiksi ja sietämätön kipu lakkasi. Hänen tilansa parani huomattavasti ja lääkärit sanoivat, että hän ei enää tarvinnut leikkausta, ja hänet päästettiin kotiin.

Mätäneminen lakkasi ja mädäntynyt osa, joka oli kuin vanhan puun kaarnaa, putosi pois ja tilalle alkoi kasvaa uutta kudosta. Hän sai jopa kyntensä takaisin. Hän palasi seuraavan vuoden toukokuussa kahden viikon herätyskokoukseen. Rukoilin jälleen hänen puolestaan herätyskokouksen toisena päivänä sairaille tarkoitetussa rukoustilaisuudessa. Hän tunsi rukouksen jälkeen olonsa hyvin kevyeksi, ja nivelreuman aiheuttama kipu lakkasi. Hän oli puhdas ja ehyt – eivät ainoastaan mätänevät sormet vaan koko ruumis oli päässyt eroon sairaudesta ja kivusta.

Turvassa romahtavan Sampoong-tavaratalon keskellä

Kirkollamme on lähetystyöorganisaatio nimeltä Light and Salt Mission (Valon ja suolan lähetyskeskus), joka on tarkoitettu niille, jotka työskentelevät ravintoloissa ja jakeluteollisuudessa. Tämä ryhmä on perustamisestaan lokakuussa 1985 lähtien pitänyt jumalanpalveluksia ja kokouksia monilla alueilla. Se levittää evankeliumia ravintola- ja jakeluteollisuuteen. Koska Light and Salt Missionin jäsenet työskentelevät sunnuntaisin, he tulevat jumalanpalvelukseen sunnuntaisin töiden jälkeen kello 21–23.

Sampoong tavaratalon romahdus

29. kesäkuuta 1995 tapahtui noin kello 18 suuri katastrofi. Sampoong-tavaratalon rakennus romahti. Noin 10 kirkkomme jäsentä työskenteli siellä, mutta Jumala auttoi heitä kaikkia pakenemaan romahdukselta eri tavoin. Tässä kamalassa tapahtumassa koimme sen ihmeen, että he kaikki pelastuivat.

Sampoong-tavaratalossa työskentelevä sisar Jinsook Hong jäi työtovereidensa kanssa ansaan betonikasojen väliin kolmanteen kellarikerrokseen, mutta hänet pelastettiin ihmeenomaisesti. Hän työskenteli työntekijöiden pikabaarissa kellarin kolmannessa maanalaisessa kerroksessa. Hän meni töiden jälkeen neuvolaan lepäämään. Hän oli siellä, kun rakennus romahti, ja hän jäi siellä työskentelevän sairaanhoitajan kanssa ansaan. Sairaanhoitaja loukkasi päänsä ja mursi jalkaluunsa rakennuksen romahtaessa. Koska he eivät nähneet täydessä pimeydessä milliäkään, he eivät voineet kuvitellakaan pääsevänsä ulos. Joskus he kuulivat muiden huutavan kaukaa apua.

"Jinsook, minun päästäni vuotaa verta. Kun kerroit minulle evankeliumista, en pitänyt siitä ja aloin vältellä sinua. Olen pahoillani. Jumala! Olen pahoillani, mutta uskon sinuun nyt!" Sairaanhoitaja itki ja kiljui. Sisar Jinsook Hong rukoili hänen puolestaan pidellen hänen käsiään ja lohduttaen häntä Jumalan sanoilla. Ilmassa leijuva sementtipöly tunkeutui heidän kurkkuunsa. Sisar Hong rukoili: "Jumala, lähetä meille pelastaja – ei ainoastaan minulle vaan kaikille ihmisille täällä. Älä anna rakennuksen romahtaa enempää, ja anna meille raikasta ilmaa."

Jumala vastasi hänen rukouksiinsa. Noin kello 21, kolme tuntia romahduksen jälkeen, he näkivät taskulampun valoa ja kuulivat jonkun huutavan: "Onko siellä ketään?" He vastasivat: "Täällä!" ja kaksi pelastajaa seurasi heidän ääntään. Neuvola oli varauloskäytävän vieressä, ja onneksi se ja portaat olivat kunnossa. Pelastajat laskeutuivat portaita ja kuulivat heidän rukouksensa ja ylistyksensä. Ambulanssi vei sairaanhoitajan sairaalaan, mutta sisar Jinsook Hong oli täysin kunnossa. Suurimmat päivälehdet kertoivat seuraavana päivänä tapahtuneesta ja sanoivat, että pelastajat olivat kuulleet laulua ja siten löytäneet ihmiset.

Kuka laulaisi sellaisessa karmeassa hengenvaarallisessa tilanteessa? Äänet olivat olleet rukouksia ja Jumalan ylistystä, ja Jumala auttoi pelastajat sinne, missä Hänen ihmisensä olivat ansassa. Jinsook Hong oli aina osallistunut iltajumalanpalvelukseen ja antanut asianmukaiset kymmenykset. Kun vietämme Herran päivät asianmukaisesti ja maksamme kymmenyksemme, Jumala suojelee meitä onnettomuuksilta ja taudeilta.

L. A. 1995

Kirkko juuri ennen hajoamista

27.–29. huhtikuuta, ennen lähetystyökampanjoita, yli 40 eri alueilla sijaitsevaa kirkkoa järjesti sarjan yhteisiä kampanjoita. Minulle määrättiin kampanja järjestelykomitean puheenjohtajan, pastori [O:n], [H]-presbyteerisessä kirkossa. Seurakuntalaisemme hankkivat minulle ennen Los Angelesiin lähtöäni rahaa käytettäväksi lähetystyöhön.

Sanoin ennen lähtöäni kirkkomme työntekijöille: "Jumala antoi minulle paljon rahaa lähetystyöhön, ja uskon että sitä tullaan tarvitsemaan johonkin." Edellä mainittu presbyteerinen kirkko, johon kampanjani kohdistui, oli hyvin pieni. Pastori oli jo yli 60-vuotias ja työskenteli yksin ilman kenenkään apua. Kokous oli pieni – sinne tuli vain 100 ihmistä kolmeksi päiväksi – mutta saarnasin kuitenkin parhaani mukaan. Monet

Losa Angelesi kaupungivaltuuston siunaaminen

Los Angelesin kunniakansalaisuuden vastaanottaminen

Los Angelesin kunniakansalaisuuden vastaanottaminen

suurempien kirkkojen pastorit sanoivat, että halusivat minun puhuvan heidän kirkossaan, ja he olivat pahoillaan että eivät olleet saaneet minua. Uskon, että Jumalalla oli syynsä lähettää minut kampanjalle siihen kirkkoon kolmeksi päiväksi. 29. huhtikuuta pastori rukoili viimeisenä kokouspäivänä kirkon puolesta. Hän alkoi itkeä ja sanoi: "Jumala, ratkaise kirkkomme talousongelmat. Tämä kirkko luovutetaan maallisiin tarkoituksiin." Olin jo kärsinyt monia epämukavia tapahtumia puhujana, mutta kuultuani tämän sydämeni huolestui entisestäänkin. Jumala kosketti silloin sydäntäni.

"Auta tätä kirkkoa. Eivätkö runsaat lähetystyölahjoitukset olekin tällaista tilannetta varten? Auta tätä kirkkoa."

Kun kuulin tuon äänen, sanoin saarnassani: "En tiedä, paljonko velkoja tällä kirkolla on, mutta Jumalan kirkon ei tule kärsiä maallisten ihmisten takia. Autan asiassa, joten autetaan koko seurakunta yhdessä." Lupasin kirkolle 20 000 dollaria.

Ymmärsin, että Jumala lähetti minut tuohon kirkkoon sen takia, että pystyin vastaanottamaan ja hyväksymään epämiellyttäviä tilanteita. En halunnut toimia puhujana, mutta sydämeni täyttyi halusta auttaa pastoria ja lohduttaa hänen sydäntään. Yritin parhaani mukaan auttaa pastoria olemaan tuntematta oloaan epämiellyttäväksi ja olla tuhlaamatta hänen aikaansa. Kirkkoni ylistysryhmä johti kampanjan aikana ylistystä. Se pyrki myös antamaan seurakunnalle iloa ja hengen täyteläisyyttä.

Seuraavana päivänä oli sunnuntai, 30. huhtikuuta. Pastori tuli puheilleni synkän näköisenä ja sanoi: "Pastori, eiliseen saakka tähän kokoukseen tuli sinut tuntevia muiden kirkkojen seurakuntalaisia, mutta olen varma, että tänään kaikki seurakuntalaisemme ovat lähteneet. Minun ei edes tarvitse mennä kirkkoon näkemään sitä." Tämä oli yllättävää kuultavaa, ja kysyin mitä oli tapahtunut. Hän kertoi, että kirkon apulaispastori oli reputtanut pastorikokeessa, ja hän valitti nuoresta pastorista. Tämä oli eronnut kirkosta, ja lisäksi jotkut seurakunnan vanhimmat vastustivat uutta pastoria, ja seurakunta oli jakautunut kahtia. Kirkko oli kaaoksessa. Kirkolla oli lisäksi velkojensa tähden rahavaikeuksia, ja seurakunta oli menettänyt puhtinsa.

Menin kuitenkin kirkkoon ja näin, että seurakunta ei ollutkaan lähtenyt vaan sen sijaan kirkko oli tupaten täynnä. Jopa kuoron paikat olivat täynnä, ja seurakuntalaisten kasvot säihkyivät. Jumala tiesi tämän kirkon tilanteen ja lähetti minut sen pelastaakseen sinne saarnaamaan Jumalan sanaa ja auttamaan pastoria rahallisesti.

Vuoden -95 Los Angelesin lähetystyökampanja

30. huhtikuuta 1995 World Evangelization Committee ja Korea-America Christian Spirituality Movement Committee järjestivät kokouskeskuksessa 1995 Los Angelesin maailman lähetystyökampanjan, johon minut kutsuttiin pääpuhujaksi. Maailman lähetystyökampanja oli jumalan armosta menestys. Pari päivää kampanjan jälkeen luin American Christian Newspaperia. Siinä sanottiin:

"30. huhtikuuta noin 50 herätyssaarnaajaa ja yli 8 000

Kutsuttiin Los Angelesin 22. "Korea Dayn"
kunniapuheenjohtajaksi ja otti osaa Culture Centeriin

uskovaa kerääntyi yhteen ja piti lähetyskokouksen monen rodun yhdistämiseksi. Tapahtuman pääpuhuja pastori Jaerock Lee saarnasi otsakkeella'Olkaamme yksi' ja kehotti osanottajia seuraavasti:'Olemme kaikki veljeksiä uskossa riippumatta kotipaikasta, rodusta tai kulttuurista. Tällä yhdistyneellä uskolla voimme luoda pohjan evankeliumin levittämiselle maailmaan.' Kokoussalin täytti väkijoukon huutama kampanjamotto: "Saarnaa evankeliumia maailman ääriin saakka; tee tästä enkelten kaupunki; voitto on meidän!"

Osallistuin myös rukousaamiaiselle, jossa oli noin 300 Los Angelesin alueen johtohenkilöä. He arvostivat kirkkomme esityksiä ja tanssiryhmiä, ja esityksen koskettivat joitakin niin syvästi, että heille tuli kyyneleet silmiin.

Koreanpäivän festivaali

Vuoden 1995 syyskuussa osallistuin kunniapuheenjohtajana 22:n koreanpäivän festivaaleille Los Angelesin Koreatownissa. Pidin muistomerkin paljastamistilaisuudessa edustusrukouksen ja korealaisiltatapahtumassa avausrukouksen. Osallistuin myös tapahtuman kohokohtaan, kukin koristeltujen näytöslavojen festivaaliparaatiin. Yhtä erityisvieraalle varattua lavaa veti neljä hevosta. En tuntenut oloani mukavaksi niin monen ihmisen edessä, mutta minut kuitenkin asetettiin tälle lavalle. Muut ajoneuvot ja lavat seurasivat tätä lavaa.

Minua oli yritetty estää osallistumasta tähän tapahtumaan kunniapuheenjohtajana. Los Angeles Koreans' Association tapasi asian tiimoilta ja julkaisi vastalauseensa tästä häirinnästä ja sanoi, että jos jonkun huomattiin levittävän minusta, kunniapuheenjohtajasta, valheellisia huhuja, he ryhtyisivät lakitoimiin kyseistä henkilöä vastaan. Yllättävään paikkaan kerääntyneet Jumalan ihmiset tukahduttivat Saatanan teot.

- Ensimmäisen kirjan loppu Jatkuu (Toinen kirja)

Kirjailija:
Tri. Jaerock Lee

Tri. Jaerock Lee syntyi Muanissa, Jeonnamin provinssissa, Korean Tasavallassa vuonna 1943. Nuoruudessaan Tri. Lee kärsi useista parantumattomista sairauksista seitsemän vuoden ajan. Ilman toivoa parantumisesta hän odotti kuolemaa. Eräänä päivänä keväällä 1974 hänen siskonsa johdatti hänet kirkkoon, ja hänen kumartuessaan rukoilemaan Elävä Jumala paransi hänet välittömästi kaikista hänen sairauksistaan. Siitä hetkestä lähtien kun Tri. Lee tapasi Elävän Jumalan tuon ihmeellisen tapahtuman kautta hän on rakastanut Jumalaa vilpittömästi koko sydämellään, ja vuonna 1978 hänet kutsuttiin Jumalan palvelijaksi. Hän noudatti Jumalan Sanaa ja rukoili kuumeisesti saadakseen selvyyden Jumalan tahdosta voidakseen toteuttaa sitä. Vuonna 1982 hän perusti Manminin Central Churchin Soulissa, Koreassa, ja siitä lähtien kirkossa on tapahtunut lukemattomia Jumalan töitä, parantumisia ja muita ihmeitä mukaanlukien.

Vuonna 1986 Tri. Lee vihittiin pastoriksi Korean Jesus' Sungkyul Churchin vuotuisessa kirkkokokouksessa, ja neljä vuotta myöhemmin vuonna 1990 hänen saarnojansa alettiin lähettää Australiaan, Venäjälle, Filippiineille ja useisiin muihin maihin Far East Broadcastin Companyn, the Asia Broadcast Stationin ja the Washington Christian Radion Systemin kautta.

Kolme vuotta myöhemmin vuonna 1993 Christian World Magazine (US) valitsi Manmin Central Churchin yhdeksi "maailman 50:stä huippukirkosta", ja hän vastaanotti kunniatohtorin arvonimen jumaluusopissa Christian Faith Collegesta, Floridassa ja vuonna 1996 teologian tohtorin arvonimen Kingsway Theological Seminarysta Iowassa.

Vuodesta 1993 lähtien Dr. Lee on johtanut maailmanlaajuista missiota useiden kansainvälisten ristiretkien kautta jotka ovat suuntautuneet Yhdysvaltoihin, Tansaniaan, Ugandaan, Japaniin, Pakistaniin, Keniaan, Filippiineille, Hondurasiin, Intiaan, Venäjälle, Saksaan sekä Peruun, ja vuonna 2002 Korean kristilliset sanomalehdet kutsuivat häntä "kansainväliseksi pastoriksi" hänen lukuisten ulkomaisten ristiretkien aikana tekemänsä työn johdosta.

Maaliskuussa 2010 Manmin Central Church on seurakunta joka muodostuu yli 100 000 jäsenestä sekä 9000 koti- ja ulkomaisesta jäsenkirkosta kautta maailman. Se on lähettänyt yli 131 lähetyssaarnaajaa 23:n maahan, mukaanlukien Yhdysvaltoihin, Venäjälle, Saksaan, Kanadaan, Japaniin, Ranskaan, Intiaan, Keniaan sekä useaan muuhun maahan. Tähän päivään mennessä Tri. Lee on kirjoittanut 60 kirjaa, mukaanlukien bestsellerit *Tasting Eternal Life Before Death, My Life My Faith (Minun elämäni, minun uskoni), The Message of the Cross (Ristin sanoma, The Measure of Faith (Uskon Mitta), Heaven (Taivas) I & II, Hell (Helvetti) sekä The Power of God (Jumalan Voima)*. Hänen teoksiaan on käännetty yli 45 kielelle.

Hän on kirjoittanut kristillisiä kolumneja useisiin sanomalehtiin, mukaanlukien *The Hankook Ilbo, The JoongAng Daily, The Dong-A Ilbo, The Munhwa Ilbo, The Seoul Shinmun, The Kyunghyang Shinmun, The Hankyoreh Shinmun, The Korea Economic Daily, The Korea Herald, The Shisa New ja The Christian Press*.

Tri. Lee on tällä hetkellä usean lähetysorganisaation ja –seuran johdossa, mukaanlukien The United Holiness Church of Jesus Christ (presidentti), Manmin World Mission (presidentti), The World Christianity Revival Mission Association (pysyvä puheenjohtaja), Manmin TV (perustaja), Global Christian Network (GCN) (perustaja ja johtokunnan jäsen), The Worlds Christian Doctors Network (WCDN) (Perustaja ja puheenjohtaja), sekä Manmin International Seminary (MIS) (perustaja sekä johtokunnan jäsen.)

Taivas I & II

Yksityiskohtainen luonnos ihanasta elinympäristöstä, josta taivaalliset kansalaiset nauttivat Jumalan kunnian keskellä ja kuvaus koko taivaasta, joka muodostuu viidestä tasosta taivaallisia valtakuntia.

Ristin sanoma

Voimakas, herättävä sanoma kaikille ihmisille, jotka nukkuvat henkisesti. Tästä kirjasta löydät, miksi Jeesus on ainoa Pelastaja ja Jumalan tosi rakkauden.

Helvetti

Rehellinen viesti koko ihmiskunnalle Jumalalta, joka toivoo ei yhdenkään sielun putoavan helvetin syvyyksiin! Tulet löytämään koskaan ennen paljastamattoman julmuuden todellisuuden manalan ja helvetin valtiaasta.

Uskon mitta

Millainen asuinpaikka, kruunu ja palkinto on valmistettu sinua varten taivaassa? Kirja antaa sinulle viisautta ja ohjausta uskosi mittaamisessa ja harjoittaa parasta ja kypsintä uskoa.

Minun Elämäni, Minun Uskoni II

Lukemattomat ihmiset ovat maistaneet elämän sanaa ja ratkaisseet elämänsä ongelmia. Me näemme Jeesuksen elämän hänen uskossa ottamiensa askelten kautta, jotka hän otti katse ristiin suunnattuna.